主编 李红 赵宏 熊孝梅 童芳丽

农村学校班级管理案例研究

The Case Research of Class Management in Rural Schools

科学出版社

北京

内 容 简 介

　　班级是学校的基本教学单位。注重班级管理，营造良好的班级氛围，有助于促进农村学生全面发展。本书以大量农村班级管理的真实案例为主要载体，一方面展示参与项目研究的部分农村班主任对班级管理改进的顶层设计智慧与班级管理能力；另一方面通过对这些案例的背景、目标、过程的陈述、分析与反思，帮助读者了解相对完整的班级管理过程，也为广大农村班主任提供可资借鉴的案例。本书有助于农村班主任及其学校德育管理者全面构建、系统提升学校德育及班级管理活动的策划、实施和组织能力。

　　本书呈现中国农村班主任的情感故事、课堂故事，描述他们行走的足迹，分享他们的喜怒哀乐。本书对于中小学班主任、教育理论研究者和实践者，以及其他关心农村教育的人士具有参考价值。

图书在版编目（CIP）数据

农村学校班级管理案例研究 / 李红等主编. —北京：科学出版社，2017.8
　ISBN 978-7-03-053237-4

　Ⅰ.①农…　Ⅱ.①李…　Ⅲ.①农村学校-班级-学校-管理-案例
Ⅳ.①G725

中国版本图书馆 CIP 数据核字（2017）第 128422 号

责任编辑：乔宇尚 / 责任校对：王　瑞
责任印制：张欣秀 / 封面设计：楠竹文化

联系电话：010-64033934
电子邮箱：edu_psy@mail.sciencep.com

科学出版社 出版
北京东黄城根北街 16 号
邮政编码：100717
http://www.sciencep.com

北京京华虎彩印刷有限公司 印刷
科学出版社发行　各地新华书店经销
*

2017 年 8 月第　一　版　开本：720×1000　B5
2017 年 8 月第一次印刷　印张：16 3/4
字数：308 000

定价：79.00 元
（如有印装质量问题，我社负责调换）

序

　　教育部前部长周济曾说过："我们班主任每天做的看起来都是一些很平凡的小事，但是这些小事连接着每一个孩子的成长，连接着每一个家庭的幸福，连接着民族和国家的未来。"班主任工作看似平凡，但是在我们每一个人的成长道路上起着重要的作用。在人们价值观越来越多元化、学生主体意识不断增强、个性日渐凸显的今天，班主任工作的重要性和难度更加不容小觑。

　　《农村学校班级管理案例研究》是一群欠发达地区的农村班主任把自己近年来在班级管理过程中发生的典型案例记录下来，对自己工作中的亲身体验和切实感悟进行总结、反思和提炼，形成的一本融实践探索和理性思考于一体的案例集。在这本案例集中，作者把乡村班主任班级管理的智慧融入生动的故事案例中，娓娓道来，深入浅出。从一个个班级管理故事、个案分析、班会活动方案中，我们可以看出这些朴实的班主任把自己伟大的爱点点滴滴地倾注在学生成长过程中的每一个细节。在每一位班主任眼里，教育无小事，一次抚摸、一句话语、一个眼神、一副表情都饱含满满的爱，都承载着无限的教育契机。教育无痕，不是教育的教育才是最好的教育。我们的班主任用心用情帮助学生快乐成长，让每个孩子成为最好的自己，同时也在享受学生成长的幸福。

　　本书从学校生活的细节出发，从教书育人的实践出发，有针对性地剖析和解决问题，展现了乡村班主任对孩子的陪伴与关爱，记录了乡村班主任们对农村教育的守望与期待、坚守与创新，为广大农村班主任提供了一个个鲜活的可资借鉴的班级管理案例。希望本书的出版能激励农村班主任"善于思敏于行"，在阅读中学有所指，读有所获。

　　班主任的职业修炼是永远没有尽头的，《农村学校班级管理案例研究》生动地告诉我们，学习、思考和行动是乡村班主任提升专业素养和工作能力永远的"法宝"。广西柳江这些班主任用实际行动告诉我们，做一个有梦想、有期待、有收获的乡村班主任是幸福和快乐的！

李　红

2017 年 3 月 16 日

目 录

第三篇　心与心的碰撞

第四篇　我与孩子一起成长

第五篇　多彩的主题班会活动

第一篇
孩子，你的明天会更好

播种行为，可以收获习惯；播种习惯，可以收获性格；播种性格，可以收获命运。

——萨克雷

"慢班"变形记

  本人接手同事眼里的"慢班"是在高二上学期，这是年级分层教学的第三层次（最后层次）班级，班级中男生多女生少，且大多数同学散漫成性。我本不乐意接手，但是学校实际工作需要，加上领导一再软磨硬泡：你不接手，这个班级就更难改变了，除了你没人可以收拾了……就这样，我不得已还是接手了。其实，一直以来我带的都是我们学校的尖子班，目标明确，带领全班冲击重点大学。在这方面我已有一套成熟的做法，带起班级会顺风顺水，不在话下。但这次面对的是最后层次的班级，新困难迫使我要重新琢磨了：穿老鞋走新路肯定行不通，没有措施的改变就不会有班级新面貌的出现，必须另辟蹊径了。

  经过深思熟虑，我决定首先从提升学生成绩上想办法，因为这是显性因素，可以给学生带来自信心和成就感。每个人都一样，有希望才会为之努力；学生进步了才会从心底信服老师。纪律当然也要同步狠抓，根据以往的经验，我知道开端纪律不抓好以后就会难以收拾。于是，我开始"学习纪律两手抓"的新班新尝试。

班级管理故事一 知己知彼，因材施教，狠打基础，对症下药

  在我的教育观念里，教师要努力做到因材施教，因人施教。根据以往体会，学生成绩上不去大都是因为这两方面的原因：学不得法，事倍功半；纪律散漫，习惯不好。

  由此，开学第一周我就联合各学科老师一起进行了摸底测试，以了解学生各科基础知识的掌握程度。结果是在意料之中的：怎一个差字了得！过半学生连初三毕业水平都不具备。课堂上睡倒一大片是常态。召集几个班干部私下了解原因，反

映的共同问题是：高深，听不懂！知己知彼方能百战百胜！踌躇彷徨良久，我召集班级全部科任老师开会，目的在于让老师们对班级状况达成共识：针对学生现状实施因材施教，现阶段狠抓基础，大胆放下年级共同资料，自编自导，开发"班本课程"，灵活处理课本进度，不受学校教学计划拖累，有必要则重回初中课本。头痛医脚是永远治不好病的，处于贫困阶段却大量购进奢侈品更是不合时宜的行为。幸好我们班的科任老师都能接受我的观点，从而开始了全班真正意义上的课改之旅。我们的做法是不求难，不贪多，对症下药，扎扎实实，保证每堂课都有收获，少讲精练，过难内容不讲，学生自学能看懂的不讲，及时练习，当堂巩固。最为关键的是把这一做法持续贯彻到每一节课中。我所任教的学科实现了课后零作业，以最大程度把时间还给学生，让他们学其所需，用两个月狠补初中基本词汇、语法，实施课堂攻坚，惜时高效，练记堂堂清、天天清。

头痛医头，脚痛医脚，对症下药是根本。

班级管理故事二 达成共识，解放学力，互助共赢，取长补短

在学生管理方面，我连续开了两次主题班会，首先让同学们树立信心，自我肯定，认识到班上每一位同学都身心健康、智力正常。接着和同学们分析现状，提出了"三步走"的战略方针：高二上学期补基础，向高二下学期靠拢，高三努力跟上大部队。我们的口号是 "脱贫—致富—奔小康"，号召同学们"不要像角马一样落后，要像野狗一样战斗"。种地讲究因地制宜，根据摸底考试成绩，以自愿为基础，以优劣互补为原则，我把全班分成每一学科搭配一个"强人"的六人互助小组，以该"强人"为中心，每天开展半小时的帮扶活动，不流于形式。每次月考后评选"乐于助人成就奖"，对帮扶主动、成绩突出者大力表扬、奖励，各小组的有效做法则全班推广实施。实施课改，对课堂睡觉现象严格检查，杜绝了"听不懂"的借口，整体情况大为改善。大部分学生学科发展严重不均衡，但是想弥补薄弱科目却苦于没有时间，每天疲于应付作业。针对这点，我知会老师们后，在班上推行"弱科作业先完成，强科作业选择做"，杜绝了不管个人所需搞"批发一刀切"，各科老师齐抢学生课后时间的做法。同时，为了避免个别学生趁机偷懒不写作业，课代表每天登记完成情况并交由我统一审查。由我把关老师们都放心了，而且他们还省去了每天追交作业的麻烦。一个木桶能装多少水是由最短的那根木板决定的，学生总体成绩高低往往是由其科目是否均衡发展决定的。一科致命而且久拖不决则学生必然越来越没信心，其原有强势科目最终也受牵连，干脆一起放弃。短板不短则信心随之倍增，况且强科底子就在那儿，

学来自然轻松有余。

互利互助，取长补短，解放学力力无穷。

班级管理故事三 习惯养成，每天巩固，早晚回顾，天天进步

学困生们之所以"学困"，主要原因在于长期的不良学习习惯。针对这一情况，我每天例行监督，及时一一指出问题。同时意识到依靠我个人的力量是不足以快速有效地改变整体现状的，自省内修或许是最有效的办法。"吾日三省吾身"，在我们班，每一位同学都有一本"收获本"，一收获行为习惯，二收获学业。每天晚上下晚自修前半小时反省当天行为习惯之不足，消除"闲思""闲事""闲聊"，写下明天应该如何修正；接着看着课程表回顾当天各科收获，写下所得所获。此本每周交我检查一次。辅以班级门上的督促提醒对联："踏着夕阳问一问今天进步了多少，沐浴晨风想一想今天应如何努力。"

要高效，最关键精准；欲成事，莫过于坚持!

班级管理故事四 共订规矩，坚决执行，培训班干部，全员助手

没有规矩不成方圆! 然而大多数班级的班规都泛泛而谈，虚而不实，流于形式。我深刻意识到若我班也如此，则势必无助于改变现状。我所需要的是针对性强、可行性高的条例，而且务必是大家讨论过，民主制订的已达成共识的、具有可执行性的。我们采用的是民主收集、班委讨论、投票通过的制订方式，不尽事宜则随时补充完善。每位同学写下不少于五项针对本班存在的问题的对应策略、建议（规矩），然后班干部汇集起来一起讨论整理，择优选用，这其中自然少不了我的补充。最后在班级公开表决，三分之二以上通过才能作为班规确定下来。经过这一系列程序，规矩就变成了大家的规矩，执行起来顺畅了许多。

对于比较突出的手机问题，我们班级成立了纪律委员牵头的手机管理委员会，规定上课和休息时间一律关机。他们监督使用情况，同时收集同学的手机号码上交给我，由我不定期在上课和休息时间拨打他们的号码。如果拨通了，第一次由家长代为领回，第二次则交由学校保管直至期末。对于严重影响他人休息和学习的现象，我不定期举行不记名全员投票，第一次当选者面对全班谈思想，第二次向全班道歉并写深刻认识并交家长审阅签名，第三次则交学校处理。恋爱问题不易处理。首先晓之以理，对于坚持恋爱者则调换为同桌，由于没了距离，看清了对方的诸多不足，也就没了那么多的美感，相信"相看两不厌"也是有时效的。

　　有了规矩，还需要有公正严明的执行者，这就需要充分发挥班干部的作用了。班干部产生于普通同学，除了要提前物色、观察人选之外，对于普选产生的班干部我十分注重对他们进行长期的培训，对班干部身负的荣誉，职责范围，与同学老师如何相处，说话的艺术，如何表扬或批评同学，如何克制调整自我情绪等都一一进行培训。从培训班干部，协同班干部管理班级事务，到放手班干部独立处理，我则退为班干部助手和观察员，有棘手事情我才参与或者出面，这是一个班级走向自我管理的必然途径。我们实行常务班干部值周和普通同学值日班长负责制，班上每一位同学都要轮值值日班长，接受常务值周班干部和其他同学监督。班上设置值日登记本、实行每周日晚上值周班干部和值日班干部例会制度，针对上周班级情况表扬优点、总结不足并对本周工作提出建议。一学期过去后，我在例会上往往只是听众了，因为此时的班干部们已经精于班级一般事务的管理，违规的同学也少之又少。这大概得益于制订过程的民主，所有同学既是被管理者又是管理者，规矩是自己制订的，受罚无话可说，自己也是管理者体验到了管理的难处。学生尤其看重互相之间的情谊，老师的话有些同学不一定听得进，但是同学的规劝往往起到意想不到的作用。

　　民主管理，全员参与，自主管理，养成正气。

班级管理故事五　开展活动，塑造班风，美化班级，优化环境

　　没有活动就不会有班级灵魂，班风的形成很大程度上依赖于班级活动的成功和组织的频率。班级活动可以展示同学风貌和各人所长，培养自信。根据各班实际及学生特点可以进行形式多样的活动。虽然我们班成绩方面为最后层次，但是班级活动却是最丰富、最出色的。定期的活动有：每天大课间的跳大绳、踢毽子、街舞秀等；晚修前的"五分钟小小演讲台"；每周一次的"本周新闻播报"。我们的班会课都针对本班存在的问题，由班干部设计开展，用以解决实际问题。班级走上了正轨后他们更多地把班会演变成了同学们的才艺展示秀，在这个舞台上尽情地演绎他们眼里的时尚，舞动属于这个年龄段该有的青春风采，释放他们的压力和郁闷。

　　班级活动可以从根本上改变一个人。小兰从小父母离异，父亲吸毒多年，一直生活在忧郁之中的她天生有着一副好嗓子，在我们班级的"每周一歌"舞台上她是当之无愧的"歌后"。才艺展示使她充满了自信，得到同学肯定的她脸上的笑容一天天地增多，她还向全班同学表明她要向音乐学院进军的决心，现在的她每天充满了斗志。小兰自我改变的同时也感染了身边的同伴，没了散漫放纵，代以守纪向上。

怎样的班主任就会带出怎样的班级，这是同事们对我的评价。我酷爱运动，所以我们班的大多数同学也是运动场上的活跃分子。利用自己的体育专长，我亲自培训同学们各种球类运动的要领，从理论再到实战，然后开展班内分组比赛、宿舍之间比赛，再向其他班级发起挑战赛。在高三上学期学校举行的班际球类比赛中，我们班一举包揽了男女足球、篮球、气排球冠军，创下了我校绝无仅有的班级运动获奖纪录。

开展活动的同时我们班也注重班级文化的建设。我提建议，班委决定，同学们共同动手美化我们的教室、宿舍，使之干净整洁。桌面采用悬挂书袋放在书桌两边。后墙标语：静可生智，勤能补拙。前墙班级宣言：我们是优秀的团体，我们团结互助，坚韧不拔；我人格高尚，正直善良；我孝敬父母，不负师恩；我追梦不息，为理想竭尽全力；我专注，我高效，我阳光，我快乐；我们注定成功，我们必定辉煌！每周一早读前全班齐声宣读，然后开始一周的"修炼"。一个全校最让人头疼的班级要大声高喊这样的宣言需要何等的勇气啊！但我坚信教育过程是可以自我内化、自我定位的，就是俗话所说的"我说行我就行"，喊着喊着我们就会成为一群真正优秀的孩子！侧墙是："英雄榜""后来居上榜""最给力团队榜"和"日行一善榜"，周围饰以同学们精心制作的贴纸。

活动塑造灵魂，环境净化内心！

班级管理故事六 动之以情，宽容教化，施之以智，灵动教育

触及内心的教育才是最有效的教育，教育需要智慧更需要宽容。

高二下学期我们班来了一名插班男生勇，他长得黑不溜秋，典型农村庄稼地里干活长大的孩子。第一眼就觉得他有点憨，不苟言笑。随着时间的推移我们对他有了更多的了解：因为家庭贫困而辍学一年半，父母离异，和"牛脾气"的爸住在一起，所以有着和他爸一样的"牛脾气"。勇擅长运动，不善于和同学交往，生活习惯很不好，生活用品到处乱丢，不讲卫生，成绩一团糟。就因为他，文明班级的称号与我们班绝缘了两个月。由于勇的性格缺陷和种种不良习惯，加上他给班级抹了黑，班上同学都不喜欢他；尤其是我的那帮亲信班干部，他们把班级荣誉看得太重了，都在有意无意地疏远孤立他。

这一切我都看在眼里，急在心里。我先召集班干部们，对他们说："一个班级是否优秀不仅仅看能获取多少荣誉，更重要的是看能否依靠集体的力量让当中的每一个成员都优秀起来。"经过我的多次疏导和鼓动，班干部们都行动起来了。他们和其他同学一起组成学习帮扶小组，利用课余时间分科目对勇进行学习辅导，生活上主动帮助勇改善卫生习惯。勇脸上的笑容越来越多，话渐

渐多了起来，同学关系也在越来越融洽，成绩同步提升。更令人刮目相看的是在校运会中他充分发挥擅长运动、耐力超人的优势，一举夺取了长跑冠军。一切都在往好的方面发展，勇的进步有目共睹。我深信一个优良的班集体可以育人。

然而不久之后一件令我意想不到的事情发生了。

一天体育课刚结束，几个参加体育专业训练的男生闯进我班教室，在众目睽睽之下从勇的抽屉里搜出一双名牌运动鞋，认定勇趁他们训练将鞋脱在运动场时偷走的，并且强烈要求我处分勇，班里一片混乱。事发突然，我先让那几位气愤难平的体训生平静下来，然后不知哪里来的念头，我突然大声地对闹哄哄的全班同学宣布："这鞋是我叫勇同学捡回来的，因为我以为是我们班上哪位同学遗留在操场上了。"全班同学惊愕了一下，随即安静了下来，几位体训生也将信将疑地拿着鞋子走了。随后我把涨红着脸的勇叫到办公室，盯着他惶恐而充满疑惑的双眼问他这件事，或许是出于羞愧吧，他把头深深地低了下去，涨红着脸一言不发。看着他已经露出脚趾头的运动鞋，我沉默了两分钟。这事要是他爸知道非把他打个半死不可，而且读书生涯很有可能就此结束。最后我靠近他，拍了拍他的肩膀，轻轻地说了句："别丢人！记住这是我俩的秘密。"欲言又止的他用力地点了点头，眼眶里有晶莹的东西在打转。说完这话我就留下不知所措的他径直走了。两天后我去市场上买了一双"回力"牌运动鞋，悄悄地塞进他的抽屉。

再后来他成了我们班的劳动委员，脏活累活几乎全包。高三上学期当上了体育委员，并且创造了我校长跑纪录，这纪录至今还无人打破。高中毕业后，他考进了一所高等体育名校。现在是我所在城区的一名出色的警官，更是我时常相聚的好朋友。至于那事我们都再也没有提起过，也无须再提！因为那是我俩的秘密。

这样的个体转变故事实在太多！

这是我们班级成长的部分故事。学生们在成长，我也在成长。教育是一门永远修不完的功课，只要我们乐于此，用心于此，我们就会一路鲜花一路歌！

（柳江县中学　李耀锋）

向"班级荣誉栏"敬礼

上周，学校刚举行完运动会，所以今天的班会课，我对全班参加学校运动会的情况进行了总结。在总结中不仅表扬了同学们团结进取为班级全力拼搏的精神，还对那些在运动会中为班级立下汗马功劳的同学进行了奖励，同时我让几个同学把我们班获得的奖状贴在专门设置的"班级荣誉栏"上。贴完后，我要求同学们全体起立，面向"班级荣誉栏"行致敬礼。正当同学们庄严肃穆地面向"班级荣誉栏"等待着我发出号令的时候，教室里突然传来了"立正，敬礼，唱国歌……"的声音，并伴着几声坏笑，逗得同学们都忍不住大笑起来。为培养学生集体荣誉感而营造的庄严肃穆的活动氛围被破坏了。面带不悦，我寻声望去，查找是谁在搞恶作剧。同学们显然都看到了我脸上的不悦，注视着我，似乎在等待着"暴风雨"的来临。我一边思考着如何对付捣乱的家伙，一边想如何让这个仪式继续进行。终于我发现了目标，我们班最调皮学生之一，小超。看着他得意洋洋的样子，我真想狠狠批评教育他，可当感受到同学们紧张的情绪时，我想：如果在学生面前"暴跳"起来，那之前树立起来的威信就会大打折扣。于是，我深呼吸，快速平复一下冲动的心情，有了主意。

我装作生气的样子叫小超到前排的荣誉栏下站着，并用最响亮的声音喊道："小超听好，立正！向班级荣誉栏敬礼！"这时同学们都望着小超笑了起来，可是我仍然严肃地站着，面向荣誉栏。同学们看到我的样子，也就静了下来。他刚开始以为我不是认真的，但看到我一丝不苟地站着，他不敢做声，不情愿地站好。当最后一张奖状贴好之后，我任命小超主持全班同学向荣誉栏敬礼的活动，这一"任命"让小超很是纳闷，狐疑地看着我。我为自己的冷静决定感到高兴，想要达到的教育效果应该可以实现。我微笑着看着他说："还不快点，刚才你也实习过，我也示范给你看了。现在正式开始主持。"他一听，好像是来真的。这孩子有胆量，声音洪亮，性格外向，也爱表现。这一来，他更是备受鼓舞，大声发令："同学们，向荣誉栏敬礼！""礼毕，同学们请坐下！"。接着我让小超向同学们回敬了一个标准的礼后，回到他的座位。

我在全班同学面前对小超刚才的表现进行了肯定和表扬，同时，也指出了他有待改进的地方："如果你能把军礼练得更好些，就一定能成为我们班的优秀指挥员，但是，优秀指挥员要德才兼备才能服众啊！"接着强调："班级荣誉栏是个神圣的地方，我们要尊重我们的荣誉，才能为班级的荣誉而不断奋战！"最后宣布，以后向班级荣誉栏敬礼的仪式都由小超来主持。这一任命是小超所没想到的，他的自豪溢满脸上，应该也感到了自己对班级的责任吧！

回到办公室，静下心来回想刚才的那一幕，假如当时我对小超的捣乱行为直接地狠批一通，肯定不会有这样的效果。

（柳江县里雍镇初级中学　韦寒泉）

一位成功的教育家说过：老师一句不经意的批评，可以毁掉一个学生的自信；而老师一句由衷的表扬，却可以重塑一个学生光明的未来。从教育心理学的意义上说，教师恰当的教育行为对学生心理健康起着积极作用。在面对学生突然的恶作剧时，韦老师经过不悦甚至想发怒到最终冷静下来的情感变化，在解决问题过程中没有任凭情绪发展，这对事件的处理起到了关键的作用。埃里克森人格发展理论指出，青春期孩子特别重视同伴关系，渴望在同伴、异性面前有良好的表现。小超的行为就是渴望同伴关注的一个表现。韦老师在突发情况中，及时克制情绪，并把原本的单向灌输式的教育转化为参与式德育实践，让小超参与到班级荣誉保卫活动中。一方面让小超的特长得到同学们的正面关注和认可，另一方面又转化了可能发生的威信危机，同时还起到了增强班集体凝聚力的作用。所以说，实实在在是做好德育的态度，时时刻刻是确保德育效果的方法。

（柳江县教育局　童芳丽）

奔跑吧，135 班！

　　班级是青少年成长的小社会，青少年时期的学生在心理上逐渐成熟，初步具有独立的自我评价能力，但在一定程度上重视同龄人的态度和想法，寻求一种群体认同感。一个有着良好班风和健康舆论的班级对学生树立正确的人生观和世界观，形成积极心态至关重要。班级的纪律、规范、舆论可使学生感受到集体的要求，从而规范自己的行为，对集体产生"认同感"；可使自己在思想和行为上和班级大多数成员相一致，从而融入集体。进入"名班主任"工作室以来，我以我所在的 135 班作为实验基地，一步一步地优化班级环境，使班集体和学生获得共同成长与发展。

　　我所在的学校是一所乡镇中学，我的 135 班是学校的一个普通的平行班级，共 55 人，其中男生 29 人，女生 26 人。班级成立之初，整体成绩与其他班级的成绩相比有差距，优秀生流失严重，班级成绩前十名的学生有 6 人转学。在常规段考试中，我们班的成绩处于整个年级末尾，在学校组织的各种比赛中也没能取得好的名次。班级像一盘散沙，凝聚力不强。于是，为了增强班级凝聚力，我认真思考了班级文化建设的路径，完善了班级文化建设的各项内容。

一、班级文化建设的各项标识

　　我引导班上的每一位同学分享本班宗旨"让每位学生都有机会体验成功的快乐"，口号"我学习，我快乐；我参与，我快乐"，目标"把班级建设成一个'团结、民主、快乐、上进'的市级优秀班集体"；还起了一个班名——"和谐号 135"。

　　在同学们的集思广益下，我们赋予"和谐号 135"以积极、丰富的含义：一是表明 135 班是一个和谐的大家庭，二是表明 135 班会以"和谐号"那样的速度进步。我们还设计了班徽：55 双手托起一艘帆船，寓意是，在 55 位同学的齐心协力下，135 班这艘船一定会一帆风顺，驶向理想的彼岸。同学们选定了班歌，根据羽泉的《奔跑》改编成《奔跑吧，兄弟姐妹们》，激励大家为理想去奋斗、去拼搏。

此外，全班同学还一起制订了班级公约，然后大家签名生效，张贴在教室，大家共同遵守。同时，我们班级文化的核心是"竞敬"，即引导学生敢于在各个方面去和别人竞争，但无论什么时候，对任何人都要有尊敬之心、敬畏之心。经过两年半的坚持与实施，我们班基本上形成了"积极向上，团结拼搏"的班风。在大合唱、运动会、篮球赛这样的大型集体比赛中，我们荣获了大合唱二等奖、运动会第二名、篮球赛第一名。成绩、纪律、卫生等各方面的评比中我们班都排在年级前列。从初一到初三我们班有 2 人辍学，辍学率远远低于年级其他班级。

二、班级文化管理的各项制度

（一）值日班干部负责制

值日班干部由班干部轮流担任。轮值当日，班上发生的相关事务主要由值日班干部来负责协调与处理。如有同学没有按时来校上课，值日班干部应在第一时间打电话给没来同学的家长了解情况，然后再向班主任汇报；如有同学要请假，也先由值日班干部签字确认，班主任再签字批准；如有同学出现违反校规班纪的行为，也是由值日班干部按照班级公约进行管理，之后再以书面形式反馈给班主任，同时在班级记录册中做好记录。

（二）宿舍管理舍长负责制

根据实际情况，我们班所有的学生都是住校生，所以除了学习，还有生活。宿舍的纪律、卫生问题也是班主任管理工作的一个难点。我们班实行宿舍舍长负责制，对舍长的权利义务和责任都做了详尽的规定。首先，舍长的人选由舍员们选举产生；其次，舍长跟班主任签订协议，确认责权；最后，舍长发表任职宣言，明确大家努力的目标。在日常的管理中，舍员请假要向舍长申请，宿舍的纪律、卫生等都由舍长安排。如果宿舍纪律、卫生被扣分，我不会找舍员，只找舍长。这样，既赋予了舍长权利，又让他承担了一定的责任，也更利于舍长对舍员们的管理。一直以来，我班的宿舍都被评为"文明宿舍"。

（三）学习小组长负责制

根据成绩水平，把55名同学分成8个小组，每组综合成绩最好的两个同学担任小组长。每次测验按小组来统计平均分，成绩好的组会有奖励。这样，后进的同学会尽力去学，成绩好的同学为了本组和自己的利益也会主动去帮助后进的同学。"互帮互助，共同进步"的学风也因此形成。

三、班级文化建设的各项措施

1）针对班级整体成绩上不去的问题，我决定从最基础的座位安排做起，在座位安排上尽量做到"一个优等生带一个学困生"；另外再四人形成一个学习小组。这样，优等生和优等生之间可以探讨，学困生和学困生之间可以互相竞争。

2）定期召开班委会，利用班委会的时间向班干部了解班级存在的问题与不足，并商讨解决对策和方法。这样，既能够让学生时刻明确自己的班干部责任，还能提高他们在班级管理中的能力，有利于更好地管理班级。

3）通过和学生谈心和开展形式多样的主题班会，激发学生学习的"内驱力"。每天找1至2名学生谈心，并重点开好以下主题班会："XX科目，想说爱你很容易""我行，我秀""您的支持是我前进的动力""十四岁我懂得……""因为有我，135班非同一般"。

4）通过开展各种活动，如西瓜会、饺子宴、师生游戏等，来拉近学生和老师之间的距离；通过建立班级QQ群，增进师生之间的了解。

5）组织学生多举行一些体育比赛，如乒乓球、羽毛球、宿舍接力、宿舍篮球赛等，来促进学生进行体育锻炼。另外，每天早上晨跑五圈是必不可少的。

我希望，我们班的每一位学生在各种活动中都能体会到学习与成功的快乐，让我们的集体越来越温暖、越来越优秀，让我的班级也越来越和谐。

四、班级文化建设中的成长案例

建立一个良好班级，充分发挥它的积极功效，使每一个学生都尽可能地参与其中，感受到班级的正能量与影响，从而在集体中实现个人的成长与发展。这是班主任管理工作的一个重点和长期的研究课题。下面两个学生的变化更让我认识到教师的苦心不会白费。在初中孩子的成长环境中，教师是他（她）最专业的支持力量。

案例 1 小曦的变化

小曦的家长曾对我说："刘老师，感谢您对我孩子的培养，我真不敢相信我的女儿成绩能这么好，能这么懂事。"

说起小曦，我们年级的老师没有一个不认识的。她是八年级上学期从其他学校转来我们班的，后来听说是那所学校管不了她，一再劝她转学。她刚来我们班的第一天，就跟班上的女同学说："你们班怎么没有一个帅的仔，我以前的那些男朋友不但帅，还有钱经常带我去柳州'嗨'。"因为她的刘海不符合学校的规定，我要求她去剪，她总找借口拖延，到了第三天她还没剪，其他同学包括男同学都剪好了。这使我没办法向其他同学交代，只好亲自动手给她剪。当时我也考虑到她是女同学爱美要面子，只是象征性的剪了一点，然后要求她再请假出去剪。谁知，她回到宿舍后就在宿舍里骂："变态婆，头发长点都不行，下次她再敢剪我的头发试试，我就去抄她的家，把她家的东西丢下楼……"

很多同学都在日记中记下了这件事并谴责她。要知道在我们班还没有谁那么嚣张、那么对老师不敬的。当时我看了日记，伤心失望，恨不得找她来扇两个耳光。但我想起了李红教授在第一次培训的时候跟我们说过："要做一个有智慧的班主任，用自己的智慧去教育学生，用自己的爱心去感化学生。"第二周星期一的班会课上，我把班会主题定为"妙招大比拼之改正错误篇"，设置了上课睡觉、玩手机、讲话、迟到、拖欠作业、骂老师等情景让同学们出妙招来改正。第二天中午，小曦来到我办公室诚恳地请求我的原谅。我告诉她，我原谅她了，但是对她有要求："我没听见你骂我，在我的心目中你还是初见时可爱、率真的女孩。你需要道歉的对象是听见你骂我的同学，因为你在她们心目中的美丽形象毁了。人，什么时候都要注意自己的形象，你见我们班同学有不注意自己形象的吗？我如果不喜欢你就不会要你来我们班。我相信你不会让我失望，无论是成绩还是为人。"在这之后，我又一个一个地去找那些对她有意见的同学，希望她们与其他同学沟通，原谅小曦的错误，并让她们帮助小曦改掉身上的坏毛病，让她尽快地融入班集体。

案例 2 携手家庭，为孩子创建健康的成长环境

现代社会开放多元，张扬个性，崇尚自由，为家庭不和谐埋下了伏笔。孩子有可能成为家庭不和谐的受害者，从而影响其智力、性格、品质、世界观、人生观、价值观的形成和发展。

刚进入初三，我发现原本活泼开朗、成绩优异的阿哲同学变得不爱说话，脾气也越来越暴躁。任课老师也反映他上课越来越不认真听课，作业越来越马虎。我刚开始以为是男孩子的青春逆反期所致，因此在找他谈话时，总是想办法疏通这种心理，但他基本面无表情，言语不多，只点头略表认可而已。一个周五下午的课间，有同学跑来报告："阿哲和同学打架了！"我跑到教室时，看到的是这样一个场景：阿哲挥舞凳子，像只发疯的小野兽，狠狠地向同学劈去，其他同学拉都拉不住；幸好挨打的同学躲得快，否则后果不堪设想。我把他们请到办公室，挨打的同学早已吓得半死，可他呢，一脸的桀骜不驯与冷漠。我通过询问挨打的同学才知道，原来是因为他无意间说了一句："你妈妈外出打工，怕是有意要和你及你爸分开吧！"当同学再次说到那句话时，他的表情很特别，双手紧紧握拳，嘴角抽动着，想说什么，但终究还是没有开口。当我指出他的行为可能造成的严重后果时，他冒出一句："我都不想活了，还管他的死活。"看到他那愤怒无助的眼神，我的心一阵刺痛：他是受了怎样的伤，这样不管不顾？

当务之急是要了解事情的缘由。事后我马上给阿哲的母亲打电话，谁知他母亲的电话关机，他又不肯把他父亲的电话给我，所以我只好去家访了。当我好不容易找到他家时，家里只有他爷爷奶奶在。当我说明来意后，爷爷只是一个劲地抽烟，奶奶则一边叹气一边跟我诉说："这几年阿哲的父亲一直在外打工，母亲在家操持家务，逢年过节阿哲的父亲也都会赶回来团聚，就算实在请不到假，也会寄些钱、物回来，生活虽然不是很富裕，但一家人在一起还是非常开心幸福的。阿哲的妈妈反对阿哲的爸爸买六合彩，今年春节阿哲他爸回来后，就老跟他妈吵架，后来甚至分居闹离婚，他妈妈一气之下就外出打工了。阿哲是他妈妈一手带大的，对他妈妈一直很依恋，妈妈的离家，对他的打击非常大。爸爸呢，除寄钱回来，其他的一概不闻不问。我和他爷爷劝他，他根本不听。老师，你说原本一个好好的家，一个好好的孩子现在变成这样，唉，我们有什么办法呢？"说完，老人老泪纵横。

我该怎么帮他呢？时间在忙碌中飞速流逝，一晃一个多月过去了，这期间我给阿哲的父母打了四次电话，他们也分别给我打过两次电话。

阿哲的妈妈对于他的现状表现出了无比的担忧，决定回家。经过我几次开导爸爸也知道了自己的错误，主动回归家庭，担当起做父亲和丈夫的责任。

为了第一次月考能考好，我要求同学们写一篇备考作文，题目是"看到×××，我笑了"。阿哲的文章题目是"看到你们和好，我笑了"，文中写到"我每次看到你们吵架，我的心像撕裂了一样痛。后来，你们竟然说要离婚，那一刻我就想离家出走，永远不见你们，甚至我还想，如果你们真离婚了，我也不活了，活着有什么意义呢……后来不知道是什么原因，你们又和好了，现在父亲不去远的地方打工了，和母亲一起在新兴工业园上班。放假，你们会一起去逛街，晚上一起坐在沙发上看电视。看到你们这样，我笑了，也变得懂事听话了……"看着看着，我也笑了，我的那些电话没有白打，心血没有白费。同时，也让我更明白了，一个家庭对一个孩子的影响有多大。

其实，很多孩子的问题归根结底就是父母的问题。如果，每一个家庭成员之间都能够相亲相爱和睦相处，那么，孩子就会变得懂事、孝顺、感恩、上进，也就不会有那么多"问题孩子"。此刻，我真想代表全天下的孩子对全天下的父母说一声："你们若好，我便是晴天。"

他真的变了，变回了以前的那个聪明好学的阿哲，在刚刚结束的期末考试中，他竟然荣获了特等奖（全年级第八名）。现在，他的脸上时常挂着暖暖的微笑，充满着自信。

实施班级文化建设两年来，我的135班集体蒸蒸日上，荣誉不断：有57人次荣获县级一、二、三等奖，7人次在柳江县中小学生田径运动会上获得第二、四、六名的好成绩，有232人次获得校级各类比赛的一、二、三等奖；班级还两次荣获校大合唱比赛二等奖，五次荣获黑板报评比一等奖，两次荣获校运动会团体第二名，等等。

如今，我的135班进入九年级了，同学们在学习上更加努力自觉了。每次考试，都有十来人能进入全县的前1000名（这也就是能上柳江中学的人数），进入前1500名的有20人左右（这也是能上实验高中的人数），并且每次排在全县前200名的有一两人。我们班在校级比赛中获奖的人数基本上比七年级的时候翻了一番。我越来越深地感受到，班级的正能量是实现个人成长与发展的最坚固的堡垒。一个优秀的班主任，最重要的就是要营造出积极、和谐、向上的班级风貌，让每一个孩子在其中感到安全、充满力量。同时，谐和家庭、社区的力量，也为孩子的成长提供有营养的支持。

（柳江县穿山二中　刘君君）

内宿生的自主管理

又是一年新生入学时。从小学跨入初中，学习环境变了，生活环境也完全改变了。这些才十二三岁的孩子，稚气未脱，出入依赖父母，此刻，却需要面临 10 个左右的同学同住一间宿舍，并要求自我管理个人的生活，比如，学会整理和摆放个人的日常用品等。这些孩子一般周五回家，周日晚上返校，大部分时间是住在学校。学生迫切需要学会适应在校的生活与学习。在我们学校，对于孩子们的生活与学习，采用了早跟班、午跟班、晚跟班的方式，即早上 5:30 起床跟操，中午 12:40 巡宿舍，晚上 10:20 巡视晚寝。这样安全至上的管理方式，安全是大概能保证的，但学生抱怨，老师劳累，教育成长的效果一般，也未能达成让学生适应住宿生活、学会自我管理的目的。我反复思忖，过于频繁的跟班包办式养成教育，对正在成长中的学生来说，不但不感激，反而会有逆反心理，是否换一种教育方式，让师生都能愉快地教与学呢？

2015 年 3 月，我参加"名班主任工程"培训，其中有关于班级管理的内容，又适逢我所教的班级重新组合，这是一个很好的机遇。我们的班级建设就从宿舍管理开始吧！让学生自主管理，营造一种轻松和谐的氛围。

一、在班级活动中物色班干部

开学第一周，我把班级管理工作的重点放在学生生活习惯的养成教育方面，主要是教会学生打扫卫生，整理日常用品。学校也要求把学生生活习惯的养成教育设为本周班会课的重点。我想了想，既然是关于宿舍的日常打理，与其空口说教，不如来个现场指导。

我决定把班会课的主阵地放在男生宿舍。当我把这个决定告诉学生时，班上像炸开了锅一样，男孩子大声尖叫起来："为什么呀？我们的宿舍整理得那么差，这不是让我们丢脸吗？"

星期二的班会课，我带着女孩子来到了男生108宿舍，男生们虽然也进行了精心准备，但还是红着脸站在宿舍门口，生怕女孩子知道自己的铺位在哪。有一些女孩子则羞答答地站在门口，不好意思进宿舍。看到这种情形，我灵机一动，马上宣布我的游戏规则：学会叠被子，现学现考核，每人最多两次机会。孩子们听到后赶紧凑过来，我手把手地教他们，他们也一一尝试，收获的喜悦洋溢在每个人的脸上。小玉的小手胖嘟嘟的，但不一会儿就把被子叠出了一个方方正正的豆腐块形状，掌声顿时响了起来。宇豪手略显笨拙，叠了两次被子都像卷着的大肠，我和孩子们都笑弯了腰。最后我把示范的任务交给了小玉，坐在旁边欣赏孩子们的杰作。

学会叠被子之后，我就教孩子们摆放物品。最后一项活动是"巧手表演"，即让几个表现好的同学展示他们在这节课学到的技能。结果五分钟的时间，这些孩子不仅把被子叠好，而且东西也摆放得整整齐齐。

活动接近尾声时，我认为时机已经成熟，就让孩子们推荐出可以信赖的、能为他们服务的舍长。108宿舍的男生都把目光投向了小玉，异口同声地说："我们就选他。"看着这几个比小玉高出一个头的男孩子，我故作惊讶地问："为什么呀？"孩子们说："小玉很能干，平时又待我们很好，当然非他莫属了。"小玉听到同学说的话，两手搓着衣角，憨厚地笑着。最后我意味深长地对他们说："舍长是众人选出来的，说明同学们信赖你，你不要让他们失望；既然是你们选出来的舍长，就要一切服从舍长的指挥。下星期我们将进行宿舍内务整理的评比活动，我相信你们选出来的舍长肯定不赖。"

一节特殊的主题班会课就在轻松愉悦中结束了。期末班级宿舍管理养成习惯评比中，经过孩子们共同努力，我班获得了全校第一名。

在活动中选拔出来的班干部，是真正的强者，有着榜样的风范，值得同伴们的信赖和支持。有了他们的努力，这个团体会更加优秀。

二、在执行制度中，形成特色

一个优秀的团队，单有凝聚力是不够的，还应该确立富有自我特色的文化管理制度。

开学第二周，学校就开展学习"宿舍管理制度"的活动，要求学生每天都要学习学校的管理制度。为此，我专门开展一节主题班会课，和学生一起解读与学习，让他们自己去适应并遵守学校的规章制度。

一个月后，女生306宿舍的舍长丽香对我说："老师，307宿舍有些吵，晚上影响我们睡觉，我们曾经跟她们协商，但还是没有改变。我们真的无法再忍受了，希望您能帮我们解决这个问题。"意识到了问题的严重性，我对她说："谢谢你及时向我反映情况，我会把情况反馈给她们，请再给老师和她们一点时间吧。"

周日是我的晚修，我决定晚上住校，了解她们晚上休息的情况，用事实作为突破口。晚上10：30，值日老师结束了当天的工作，只剩下保安巡夜，校园非常安静。我悄悄地来到这些孩子的宿舍门前，默默地站在那里，不一会"咯吱"一声，307宿舍的门就打开了，一个孩子出来晾衣服。她看见我吓了一跳，想缩回宿舍去。我赶紧拉住她并示意："把衣服快速晾完，安静地回宿舍，不要说我在就行。"女孩把衣服晾完之后，就安静地躺到自己的铺位上，宿舍里面还有几个同学在嘀嘀咕咕的，她们在聊同学、聊老师、聊明星……15分钟之后，我实在是听不下去了。我对她们说："现在是10：50，你们也聊得差不多了，该睡觉了。把被子盖好，别受凉了，有什么事明天再说。"也许她们也被这突如其来的声音吓着了，顿时鸦雀无声。

第二天的大课间，我召集这个宿舍的孩子开会。看着她们垂着头，我想也无须再去批评指责。我让她们找出自身存在的问题，然后再给她们一个任务：商量解决这些问题的方法，并以书面的形式把情况反馈到我这里。

两天后，307宿舍的舍长小晴诚惶诚恐地将字条给我，我看到上面列有好几条条款，但是却没列出相应的责任承担条例，这样的约定是难以执行的，而且诚信度不高。我再次召集这个宿舍的成员开会，把我的看法反馈给她们，再次让她们商议修改。

一天后，小晴再次把字条给我，我看了看，感觉我的预期目标达到了，但还是不动声色地跟她说："既然是全体舍员共同讨论的结果，那是不是应该庄重些，比如说签名呀什么之类的。"小晴听后笑着说："这个建议好，这样她们就赖不掉，我的管理也就轻松了，谢谢老师！"第二天，一张印有鲜红大拇指印的"宿舍公约"送到了我的手中。

这个宿舍的舍规一出炉，我就在班会课上极力地夸赞307宿舍同学的做法和她们的进步，当然也强调了守约的重要性和我的期待。其他几个宿舍的同学也嚷开了，要纷纷效仿，很快每个宿舍都有自己的舍规。

如果每个孩子都能积极地参与宿舍的管理，为自己营造一个安静、和谐的家，那还有什么比这更好的吗？制度是要执行的，在大制度下形成自己的班级文化制度特色，这不是更接地气吗？

三、在参加评比中，走向成熟

任何一个孩子，都是在磨炼中走向成熟的，我的学生自然也不例外。

为迎接"美丽校园"的评比活动，学校要求宿舍的蚊帐统一用蚊帐杆挂好。很多同学都说没有蚊帐杆。班干部统计，缺80根。班长跑来问我："老师，缺那么多，我们该怎么办呀？"我说："由班委决定吧。"同学们就七嘴八舌地议论开了。

"小卖部有卖，5元2根，班长你是外交部长，你去讲价，看看能少点吗？"

"价格讲定，至少4元。"

"4元？那还是贵了。"

"我问我妈，看她能帮我们解决问题吗？"小汉接过同学的话。

"那赶紧打电话吧。"

"打通了，我妈说50元就可以解决问题，你们看怎么样？"

"好！"

中午，小汉带着几个男孩回家修竹竿，下午放学就挂蚊帐，竹竿大小不合适，几个男孩找保安借来钢锯和柴刀修整，大家弄得满头大汗，饭都顾不上吃，最后把男生女生的蚊帐都挂好了。

后来男孩小富对我说："老师，你知道吗？其实是小汉的爷爷帮我们修的竹竿，我们想买些水果送给爷爷，表达我们的谢意，您看如何？"我说："你的建议很棒，跟班干部说说吧。"后来全班同学都支持他的建议，支出25元买水果给老人，班干部代表还打电话传达了我们全班同学的谢意。小汉也被同学们的真诚而感动，后来听说他为了给班级种上一株含羞草，不顾一切地钻进刺丛里挖幼苗，甚至还为此掉进水坑里。看着这些孩子，我觉得很欣慰，他们不仅学会了担当，还学会了感恩。

距离"美丽校园"的评比活动就只有一个下午的时间了，男生宿舍虽然也布置了，但总觉得少了些什么。我正犯愁的时候，看见了窗台上转动的风车，很悠闲、很自在。对，就制作风车吧，我班男孩子喜欢风车，而且我还有很多彩色的卡纸。一下课，我就抱着一堆卡纸走进教室，告诉孩子们吃完午饭后制作风车，布置宿舍。

午饭过后，我来到108宿舍，他们忙得不亦乐乎，小玉裁纸最拿手，家健忙着粘双面胶。我说："制作好了，分配好，两个宿舍都贴得漂亮些。"这时小玉气呼呼地说："他们不但不帮忙，有两三个同学还去打球，一个都不给他们。"我走进107宿舍了解情况，他们都说不会叠，最后我说："那粘双面胶总会吧。"听我这么说，他们都跟着到108宿舍，说："小玉，你教我们，给我们分任务吧。"就这样，我和这些孩子们都忙活起来，忙活一阵，我的头痛病又犯了，忍不住捂着头。这时平时比较调皮的小祥留意到了，就说："老师，您就放心地去休息吧，我们一定会按时完成任务。"其他同学也随声附和着："老师，您就去休息吧。"

40 分钟后，我再次来到宿舍，看到门上、窗台上、墙壁上都粘满了五颜六色的风车，真的好漂亮！我真不敢相信这些都是出自男孩子之手。看着这些，我感受到了他们满满的爱。

后来，我找小玉谈谈他对班级男孩的看法，他说："我们班的男孩子很团结，虽然有那么几个调皮的，但他们也有自己的优点，我不应该总盯着缺点，而忘了去欣赏优点。我应该把他人的优点放大，用他们的优点来帮助他们。"

经过这一次的评比活动，这些孩子不仅懂得了担当、感恩、欣赏，还懂得了包容和团结互助，我为他们的成长感到高兴，也为我自己收获满满的关爱而感到幸福。其实每一次活动都是一次磨炼，都是孩子成长的机遇，我们要善于创造和把握好这些机遇，让每一个孩子都能在磨炼中快乐成长！

　　学生宿舍的自主管理过程，就是孩子逐渐走向成熟的过程，不仅要营造一个温馨和谐的环境，更是培养学生各方面综合能力的过程。而教育是一个漫长而短暂的过程，更是一个需要等待和智慧的过程。

（柳江县进德第四中学　何小姣）

学生自习课的自我管理

苏联教育家苏霍姆林斯基说，真正的教育是自我教育。班主任应该积极发挥学生的主体作用，给学生提供一个自主管理、自我教育的机会，让学生自我成长，从而实现"以学生为中心"的自主管理。

自习课是学生对自学能力的挖掘与培养，是学生养成自主、探究学习能力的重要途径之一。自习课利用得好，对学生个人而言，有利于提高学习效率，培养自主学习能力、管理能力，矫正不良行为，提升学生人格；对于班级而言，有利于培养班级良好的学风班风、有利于班级的整体建设和快速发展。因此对学生自习课管理方式的实践与研究尤为重要。

我们是一个寄宿制的农村中学，学校有近 1000 名内宿生，每个年级安排一位老师轮值，我想这便是训练学生自我管理的契机。于是我开始尝试在自己的班级中创造机会，创新制度，促使学生们在自习课中自主管理，使自己成为学习的主人。

一、自定自习课公约

师生共同商议、制订自习课公约。其实，对学生的管理，我们的方法再巧、情感再真挚、措施再好，但最后总归要落实到学生自己的认识、思想和行动上。因此，班主任工作不如因势利导，优化学生的角色意识，激发学生的上进心，养成学生参与班级日常事务的习惯，让学生学会自主管理。因此在自习课的管理上，班主任老师用命令的方式去约束孩子的行为，往往只能是一时，如果换了老师，孩子们有可能又恢复原样。因此，我尝试走进学生心中，了解学生的真实想法。只有通过他们自己讨论、确定的自习课规章制度，才更有针对性，因为他们最熟悉老师不在时同学们的表现，也最清楚老师不在时，同学们讲话甚至吵闹的起因，因此，由他们商定制度也许最有针对性、可操作性和实效性。让学生从制订制度做起，开始实践自我管理。

由于各种原因，我中途接任了 142 班班主任。第一节班会课，我就让孩子们写一写"我希望这样上自习课"。多数孩子表达了渴望安静地写作业，部分孩子提出写完作业可以看一些名人传记等课外读物。在大家的共同努力下我们制订了《自习课公约》：

(1) 不做与学习无关的事情；

(2) 不影响他人学习；

(3) 如果违反公约，将获得一份"大奖"。

二、实行"班干部竞选制""班干部轮值制"

一个好的班集体，班干部所起的作用不容忽视，他们将在集体中充分发挥正能量。因此，培养班级学生学会自主管理，要发挥班干部队伍的核心力量。对于班干部的选择，我的原则并不是成绩最优秀的学生才能参与竞选，有热情、乐于奉献、有一定号召力的学生都能参与。参与竞选的人员自荐与推荐相结合，然后进行就职演讲、民主投票，最后确定新学期的班干部队伍。我要求新当选的班干部既要以身作则，身先士卒，从小事做起，从我做起，也要积极开展工作，大胆管理。每次自习课，安排两位班干部轮值负责管理，希望班干部间相互支持与配合。"班干部竞选制""班干部轮值制"的实行，为更多学生提供了发展主体意识、提高服务能力的舞台，使学生在实践中学会合作、学会负责。

三、学生评选"纪律之星"

营造良好的竞争氛围，充分调动学生的积极性，对于学生来说是极好的教育措施。因此，不管是初一，还是初三，孩子的好胜心、荣誉感是相同的。结合自习课的实际情况，我引入竞争机制，增强了学生的自我约束能力和自我管理能力。

（一）开展"自选同桌"活动

每个学期开学的时候，我总希望能给学生带来些新东西。经过两天的自选、指导、调整，他们都选到了自己理想的同桌。上课时，每个孩子都认真听课，发言积极，有问题、有提醒时，目光交流，达成了默契。做作业的速度也有明显的提高。"自选同桌"第一天，很多学生在日记中将自己的感受写了下来，其中有一个孩子写道："以前做作业时，我会悄悄地讲些小闲话，不过，我保证不会再有这样的事情了，我绝对会管好自己的，因为不想和宸分开……"看到学生的这句话，我便有一种豁然开朗的感觉，自习课上可以加上一条制度：如果自习课上讲话，就取消和自己最喜欢的同学做同桌。这条规定出来以后，他们也都能接受，为了和好朋友做同桌，自习课上不再讲话。我不再需要担心了！

（二）实施"积分卡"奖励制度

不管成人还是小孩，行动是需要兴趣和动力的，学生的学习积极性也是如此。为了进一步提高他们自觉遵守纪律的积极性，同学们设计了纪律"积分卡"：如果一周积满 80 分，就能颁发一张特制的喜讯卡——某某在自习课表现优秀，被评为本周"纪律之星"，让孩子把喜报带回家中。自从推行"积分卡"后，自习课纪律有明显好转。

（三）违约的"特殊奖励"

学生毕竟是未成年的孩子，总有一部分孩子的自制力比较差。

少数学生有时忍不住，偶尔也讲一下小话。值日班干部在下课时，会把名字公布在黑板上。被记名的孩子如有异议可以当着全班同学的面提出申诉。例如，有一次一位同学上课看漫画，他的同桌跟着看，两个人一起低头在下面笑。同桌被记名后不服，说不是自己主动看的，但由于违反了自习课公约，两个人从班级的"百宝箱"抽到了一份"特殊的奖励"：为全班同学讲一个笑话。两位同学讲不出笑话，最后经大家同意，他们一起跳了一个兔子舞才算过关。

共同的公约，大家一起监督，共同遵守，让每位学生都成为管理者、参与者，让每位学生都在自我管理的氛围中学习成长。班主任要把重点放在"把班级还给学生，让每个学生都参与班级的管理活动"上，努力从学生中来，到学生中去，把教育工作落到实处；努力培养学生的主人翁意识，提高自尊心和自信心，充分发挥学生自我管理的内在潜能。让学生的自我管理之花不仅在自习课上绽放，而是处处绽放！

总之，班级自习课实行学生自主管理，班主任必须切实放手，让每一位学生参与班级自习课的决策中；同时要处理好放与收、松与紧、多与少的关系。"放"是建立在"收"的基础上，"放手"不是"放任"。要通过深入细致的思想工作，将全班同学的不同意志、心愿和想法都收拢到一个目标上来；要随时洞察班级的细微变化，以轻松的心态去面对学生管理中的失误、缺点；更要以负责的态度去引导学生正确看待并改正自身的不足，使班级管理在一松一紧之间，收到"外松内紧，形散神聚"的效果。最后，以 "自主性"和"主体性"为主的管理模式，要求班主任多观察、多分析，少指示、少干涉。即多观察学生的变化，多分析学生的心理，多引导学生的言行，少凭自己的想法干涉。只有这样，才能把更多的机会真正地留给学生，让学生自己去思考、创新和发展。

真正的教育是自我教育。在努力探索学生自我管理的道路上，荆棘伴着鲜花。我高歌着继续前进，我相信最美的风景在路上。

（柳江县新兴中学　覃东艳）

不走寻常路

一、给同学们的一封信

亲爱的同学们：

大家好！欢迎又回到我们曾洒下无数汗水、时间、精力和情感的可爱的 145 班！

自从上学期开学的第一天，我们就注定有缘！大家都是满怀憧憬来到这里的：中学是什么样子？新同学是什么样子？新老师又是什么样子？学习和生活又是什么样子？……现在，我可以高兴地告诉你们：祝贺你们！你们已经实现从小学到初中的完美跨越，你们已经长大了！你们已经告别幼稚的童年，进入令人憧憬、值得期待的青春时代！一切因为你们的到来而精彩。

为让你们的未来变得更加美好，我想和大家说几句悄悄话：

第一句话："让别人因为我的存在而幸福！"

让别人因为我的存在而幸福，说明我们活得有价值，活得有分量，活得有意义！你们曾经幸运地得到了家人、老师、同学、同伴的呵护和关爱，享受着幸福。今天你们长大了，也可以勇敢地对父母和一切爱你们的人说："感谢您为我的成长付出的一切！从今天起，我要做一个知道爱、懂感恩的人，要让你们因为我的存在而幸福。"孝敬父母，尊重老师，关爱同学，这就是让别人幸福的好办法啊！优秀是一种品质，而把爱写进优秀人格的人，更优秀！我期待"让别人因为我的存在而幸福"这句话从你们的口中，一直走进你们的心底，如此，我可以肯定地说，中学三年，你们都是幸福的人。

第二句话："我很重要！"

每个人都很重要。在父母的眼里，你的幸福和平安就是整个家庭的幸福和平安，你们的优秀和出类拔萃就是你们家庭的优秀和出类拔萃，你们是父母的全部希望和寄托。不要认为你们对同学、朋友不重要，人生有很多偶然，也许很多同学和朋友的一生，因为你们的一个建议、一句话而改变，而你也会成为同学成长中的重要人物。人生关键的就是那么几步，一定不要轻易否定自己，忽略自己，忽视自己对别人的影响。不要说你们对班级不重要，班级操行评估中每个人都很重要，每个人的行为都会影响班级操行评估的得分；班级活动离不开每个同学的支持，哪怕有一个同学随意应付，活动就是不完美的；班级管理，少了谁都不行！让每一个同学都获得发展，班级才能够发展，你们敢说自己不重要吗？无论什么时候，请你们记住：珍爱自己，珍惜生命，珍惜成长的每一天，因为在老师眼里、在同学心中、在父母的心里，你们很重要！

第三句话："我和他们不一样。"

我想悄悄地告诉你们一句话，这句话我不敢对别的老师说，也不敢对家长们轻易说，但是我想很坦白地对你们说："初中三年，我将放手让你们自己管理自己，教育自己，发展自己。换句话说，我将采取的是与你们以前所接触的任何一个班主任都不同的班级管理办法，你们将在班上很有权力，你们可以决定你们的一切！而不是我要求你们怎样、规定你们怎样和不能怎样；你们将自主管理，自主教育，自主学习，自主生活，自主成长。老师做的，就是为你们的成长和发展服务。这是一个很美妙的想法，也是一个具有挑战性的做法。为什么呢？它更需要你们强大的自我控制力。

因此，我把第三句话送给你们，当你们在面对诱惑、面对困难、面对倦怠和偷懒时记得对自己说："我和他们不一样。"

这句话中的"我"是谁？"他们"又是谁呢？"我"就是"你们"，就是我们班的每一位同学，每一位有明确成长目标、有主见、有追求的人。"他们"是谁呢？肯定不是我们班上的人，而是那些无所事事、不求上进、没有明确人生目标的人，是依靠父母、不想改变、不遵守纪律和公德的人，因此，"我和他们不一样"！他们可以浑浑噩噩地过日子，你们不能！他们可以不学习而去上网打电子游戏，你们不能！他们能够在老师不在的时候调皮捣蛋，你们不能！"因为我和他们不一样！"你们是实现班级自主化教育管理的人，你们想做一个优秀的人，你们这辈子注定是要干一番大事的呀！因此，请你们一定记住这句话——"我和他们不一样。"

"我和他们不一样"，我们的班级也将和别的班级不一样，我们班每一位同学都是班级的主人。

第四句话："相信自己，我能成功！"

我知道，现在有些同学的成绩很好，但是也有一些同学没有考好，有点灰心丧气。在这里，我要告诉你们一句话："无论是成功或失败，过去都不能证明将来。"只要你们有上进的念头，只要你们愿意跟着我在中学三年里扎扎实实努力学习，我相信你们一定能成功！现在请你们握紧自己的拳头，跟着我在心底默默地念诵："我能成功！我能成功！我能成功！！！"心灵是能够自我充电的，在你们面对困难、遭遇挫折的时候，请在心底默默地念诵这句话。我相信，没有什么不能，年轻就是可能，年轻就是希望，你们完全能够成为非常成功的人！

第五句话："把学习当成一件快乐的事情。"

这是最核心的一句话，也是最后我想和大家说的话。我知道有些同学已经体会到学习的快乐，每天学到新东西，每天领会新思想，每天进步一点点，这都是快乐。但是我也知道，还有很多同学没有体会到学习的快乐。他们以学习为苦、为负担，怎么办？学会改变吧！学习是学生的天职，是学生的义务，是成长的需要，只要你们是学生，你们就必须无条件地接受学习，这是我们改变不了的，我想这世界上不存在不要学习的学校。我们改变不了这个职责，那就改变我们的看法吧！我们不能改变以前的分数和等级，但我们可以改变今后的分数和等级；我们不能改变学校的作息时间，但是我们可以改变自己的生活习惯；我们不能改变父母的要求，但是我们能够改变自己的心态；我们不能改变考试制度，但是我们能够改进自己的学习方法。学习苦，是因为厌烦它，如果换一个方向，喜欢学习，那感觉就完全不一样了。学习是一个人重要的能力，也是今后你们在这个社会上生存的能力，当你们把学习当作愉快的事情时，我敢肯定，一切将会与以往不同。

最后，谢谢你们耐心地阅读完这封信，我期待你们就信中提到的一些事情给我一个大大的惊喜！欢迎你们又回到145班！

二、班主任不在的日子

这天，我刚从南宁培训回来，到学校已经是晚上十点钟了，因为想自己的学生了，所以一下车我就直奔宿舍。正在这时，对面的男生宿舍传来了政教主任的声音："你们起不起来？刚才是谁吵的，自觉起来，到下面排队去！"我朝对面一望，原来是409宿舍，我们班的！嘿，这帮小家伙还真不消停呢！心里升起一股无名火，真想跑过去狠狠地训斥他们一顿，但转念一想，劈头盖脸地大骂一通又有什么用？我先观望一下，看看政教主任是怎么处理的，再想想等会儿如何对付这几个家伙，把话说到他们的心里去。我偷偷地站到他们身后，和政教主任相互默契地示意点头，偷乐着用手轻轻地弹了每个人的耳朵一下，再转到同学们面前。同学们诧异地望着我，老班到底是从哪里飞出来的？政教主任一走，我开始发威：

"你们是 145 班的同学吗？"

"是！"

"可是，刚才政教主任叫你们起来的时候，你们怎么都不敢起来呢？男子汉敢做敢当，你们像是 145 班的人吗？我和同学们说过，我们班进行的是自主化的班级管理，你们说说看，班主任不在的这几天，你们都做得怎么样？是否能做到像我们班的口号，145 班以我为荣？"

同学们都进行了深刻的自我剖析之后，我说："好，既然你们都明白自己犯的错，那就写 1000 字以上的说明。"但当我拿来笔的时候，我又加了一个条件："你们也可以写《班主任不在的日子》，所以你们现在有两个选择，一是你们要写出 1000 字以上的说明；二是，你们要写出班主任不在的时候你们做的对得起 145 班的十件事情，字数不限。"

这下，这几个家伙当然愿意写出十件字数不限的对得起班级的事情。但同学们还是有点疑虑，我就指点：比如，你每天是否按时到校呀，是否按时交作业呀，是否按时完成班级的日常工作呀，是否积极回答问题，等等。此时最捣蛋的阿华最先领悟，并在五分钟内就写完上交了。可是最后有一位同学写了好久，就是写不出第十件事，经过很多次的提醒，还是没有找到适合他的事情。我想了想，问道："星期一的晚读你认真读了吗？星期二的早读你认真读了吗？"他说："认真读了。""好，那不就得了吗?写上！"最后他也高高兴兴地回宿舍了。

我想，第二天，我不但不会在全班同学面前批评他们，反而还要大力表扬他们为班级做了那么多事情，封住他们退步的后路。我们应该在孩子们的心里多种下积极向上的种子。我相信，正能量多了，就一定能压住那些歪风邪气。

三、假如今天是你的生日

从上学期开始，我们"辉煌 145 班"一直都延续着为班上同学过生日的活动，用的是晚读前或者下晚修后的十分钟，由班上选出四个"生日天使"来组织。很多时候，即使我不在教室，同学们也能自行组织，而且花样不断，热闹非凡，同学们乐着，玩着，幸福着。一个多学期以来，这个活动特别受同学们的欢迎，但是，小超的生日却出现了一些意外。

晚读前，"生日天使"来报告：今天是小超的生日。我说：好，那你就叫小俊和小雪两个人来组织一下吧。我特意交代了两位同学，今天晚上我不在教室，你们要自己组织，也是给你们一次锻炼的机会。可是第二天出操的时候，我向几个"生日天使"了解情况，"生日天使"们都丧气地反应，下晚修后，同学们由于回宿舍心切，先是有同学叫："快点快点！"接着教室就开始吵闹起来，于是有人就开始发牢骚："真无聊！"慢慢的教室就开始失控了，任凭"生日天使"怎么叫喊都没有用，大胆的同学就干脆走出了教室，然后其他人也就全都溜出去了，小超也无奈地走了。

听到这个情况后，我就在课间操结束后，把同学们留了下来，并让上节课在教室里面吃东西的小黄和在课堂上乱起哄的小机、小邓站到队列前面。我问同学们："知道为什么我要让他们几个站在这里呢？"许多同学都大声回答："因为他们在上课时吃东西，大声吵闹！"于是我就开始和同学们分析事情的危害性及原因："同学们，大家想想看，我一直要求同学们要懂得'敬'这个字的含义，我们做人做事都应该以'敬'的态度。可是，昨天晚上是小超同学的生日，大家却闹哄哄的，根本不顾小超的感受，并在生日活动没有开始的时候就一哄而散了，这是对同学的不敬啊！你们设身处地想一想，如果当时是你的生日，你会怎么想？同学们，你们让自己的同班同学失望了，难过了，伤心了！这是你们对同学的不敬啊！而一个心里对同学不存敬意的人，也不可能对老师、对父母心存敬意啊！大家看，今天这几个同学在课堂上吃东西，大喊大叫，就是对老师的不敬！"看着同学们都低下了头，我就再出一招："好，等下我们的英语课，大家回到教室，就先用笔来写一下：假设今天是我的生日，并且生日上你遇到了像小超这样的遭遇，你会怎么想？大家把自己的心情写出来，让我们来交流和感受一下。"

当我回到教室的时候，小超笑着问我："老师，那我还用写吗？"

"用，你要写的是昨天晚上你在生日会上的感受。"

同学们一下子就写完了，交上来后，我就开始在班上把同学们的字条一张张地念给大家听。我列出其中几张的内容：假设今天是我的生日，同学们这么吵闹，我会很难过，很伤心；假设今天是我的生日，我宁愿在家里过；假设今天是我的生日，我宁愿一辈子都不过生日；假设今天是我的生日，我宁愿永远都不要有这样的生日，为什么同学们会这样对我，毕竟我们同学一场嘛；假设今天是我的生日，碰到这种情况，我会非常难过，会对这个班感到极其失望，但是现在，我仍然对这个班级抱有希望，因为我相信同学们以后不会这样了……念了十几张后，同学们都为此难过地低下了头，几个女同学还流下了伤心的泪水，但令我始料不及的是，小超自己竟然是这样写的："昨天晚上我很开心，因为，只要同学们开心我就开心！"当我念完后，班上的同学竟然哈哈大笑起来，我一时不知所措，但忽然灵机一动："大家看，我们的小超多大度啊！我真佩服他这一点，小超同学平时乐呵呵的，他所写的正合他的风格啊！

这么好的一位同学，即使表面上这么开朗，遇上这样的事，也还是免不了心底有一丝难过啊！如果我们能够真诚地为他祝福，我想他肯定会更高兴！"说完，我望着小超，看到他之前嘻嘻哈哈的脸上也露出了羞涩和笑意，然后我就让同学们举手主动来念这些字条，大家都非常踊跃，而这些字条上所说的，几乎句句都深深地烙在同学们心里。最后，我做了简单的总结："人与人之间，不论是同学之间、老师之间、师生之间还是与父母之间，都要心存敬意，这就是为什么我们的教室里要'敬、静、净'的原因。大家一定要时刻牢记，要让别人因为我们的存在而幸福！"此时，并不用说太多，因为，孩子们已经经历了一场心灵的洗礼。

下午的时候，我把小超叫到教室外面，说："昨天的生日让你过得不够开心，但今天早上同学们都知道了当时的做法真是不应该，并且都敬佩你的大度。为了把我们班的这个活动开展得更有趣，更有吸引力，我想和你商量一件事。"

"商量什么呢？您说吧。"小超的好奇心也来了。

"因为你的生日已经过了，我担心让同学们再对你说祝福意义不一样了，所以我想让你在白板上画上你的自画像，不管你画得怎么样，都让同学们对你的自画像真诚地送上一句祝福语，以便把我们的生日活动能够延续到下一位同学。你是愿意站在讲台前接受祝福呢？还是愿意画个像，给同学们一个表示祝福的机会呢？"小超刚开始说愿意站在讲台前接受祝福，但后来又改口说愿意在白板上画个自画像。于是我就让他到讲台的白板上画了他的自画像。看着他那快乐而得意的样子，我真正体会到了，给孩子一个尊重和展现的机会，比纯粹说教的效果好十倍，因为给他尊重和展现机会，实际上就是让他收获了他人和自我的双重肯定。当小超画完后，我和同学们说明了我的设想，我说："你可以对着画像说句祝福，也可以面向大家或面向小超说句祝福，但是，你要保证你是用真心去祝福的。"于是，按活动的老规矩，优先举手的同学到讲台上说祝福语，然后同学们分组依次上来。和我预想的一样，同学们都很踊跃，很真诚地送上了自己的祝福。而不一样的是，我原以为会有很多人会对着画像说祝福，但是只有两个人是对着画像，其他人都是面向小超的，我问他们为什么，他们都说："这样才不别扭，才实在，感到有诚意！"

当祝福语说完后，我就让同学们对小超进行采访，先设定只能问三个问题，但同学们都觉得不过瘾，就增加到六个问题。最后，小超干脆说："老师，让他们随便问吧，我都回答！"还挺老练嘛！但他的回答时不时让班上同学笑得前俯后仰，俨然是幽默风趣的答记者问。

在"假设今天是你的生日"的活动中，学生们有了一次很好的换位思考的体验，从中所受的自我教育应该是深刻的。

四、我"教"学生打架

有一天下午，教政治的张老师在回家的路上碰到了小福同学，经过一番追问后，才知道他是因为和小丁、小军打架要跑回附近的亲戚家躲避。张老师及时电话告诉我这个情况。我想这个事情应该不是特别严重，但是必须及时处理。于是我马上到宿舍去找另外两名同学，一路思考着该怎么处理。没想到他们都不在宿舍，于是我又满校园找，最后终于在学校商店门前的榕树下找到了小军和小丁，他们正在玩手机游戏。我把他们带到我家，先是表扬了小丁在跳绳比赛中为班级获得第二名立下了汗马功劳，然后再询问这个手机是谁的，拿来学校干什么，让他们自己分析一下，最后突然话锋一转问："你们两个今天是不是做错了什么事？"刚开始他们还不愿承认，但是当我语气一坚定，他们就开始招认了。原来是小个子小军和小福拿跳绳的绳子玩时，由打闹变成了打架。小军找小福到偏僻的饭堂后面去单挑，最后打不过就邀上了小丁做帮凶，把小福给打败了。小福怕他们再找麻烦就逃到亲戚家去"避难"。

了解到具体的情况后，我心里觉得这些孩子们蛮可爱，开始尝试用自己的方式来解决实际问题了，而且还蛮有勇气。但我还是要他们明白用打架的方式处理矛盾所产生的后果及带来的危害。我先从打架可能产生的医疗费、赔偿费算起，因为要拍片，大约需要 500 元，如果主谋 300 元，帮凶 200 元，该怎么来筹集这笔钱（其实小福只是脖子被抓出了一条小印子）？一谈到钱，俩孩子就开始紧张了，可是我就是要让他们再紧张些，一再询问是叫爸爸还是叫妈妈送来。当他们知道后果的严重性后，我再顺手推个人情："如果你们能认真地反思一下自己的错误，并能主动和小福把事情友好地解决，那也许问题就可以化小，并且不打不相识，也许还会变成好朋友呢。这些都是因为很小的事引起的，你看班上有的同学可能有更大的矛盾，都没有闹成你们这样，说明你们有点小气哟！现在回去把事情的经过和自己的反思写好，打架之后是什么感想，有什么反思都写出来，在晚读之前交给我，并且先自己去找小福尝试着解决问题。"

晚读时，我来到教室，不见他们把情况说明交给我，我也没有立即问他们要。到了晚自习的第二节，我给同学们看了一场电影《合家欢》，是一部特欢乐的片子，讲的是一个香港的家庭如何与来自内地的亲戚相处的搞笑故事。下课后我把全班同学都留了下来，分析了我们如何和不同性格特征、家庭和文化背景的人相处的问题，并与当天这三位同学的为人处世方式进行了对比，直接指出了不妥之处，他们三个人都有些触动。当同学们都走后，我又把他们三个叫到了办公室，他们把写好的情况说明交给我，并且小丁、小军也去问过小福的脖子是否还疼。我先肯定了他们的男子汉气概，敢于单挑，但是小军没有采用正确的解决问题的方式，让事情演变成了真正的打架事件。他们都以惊讶的目光看着我，不敢相信我会这样看待这些问题。平时我处理学生打架，经常以让他们相互握手为结束，但是我知道，学生们在老师面前的握手，并没有马上除掉心中的疙瘩和别扭的，很多是装给老师看的，于是我就改变了解决方式。因为是初一的小孩子，我干脆就让他们"玩一把"。我说："既然不打不相识，那我们就再加深点印象，你们两个到下面的草地上摔一跤，不准用手捶打，三局两胜，我和小丁做裁判。"刚开始他们俩以为我是在开玩笑，都说不来了。我就很认真地和他们说："一个男人学会打架很正常，我们就去下面认真地玩一下，有老师在，不会出什么事的。去吧，把心里的疙瘩给摔掉！"在我的鼓励下，四个人真的就到了草地上，我教他们怎么抱腰，怎么用力，并让他们把各自的手放到对方的肩膀上之后，摔跤比赛开始了。刚开始他们都不好意思，转了一圈后小军就干脆假装倒下，算输了一局。第二局开始的时候，我特别强调不许装输。于是他们俩尝试着用了一下力之后，小军觉得不是对手，就又主动倒地了。比赛就这样结束了。我们又围坐在草地上聊了一会，就各自回去休息了，走的时候他们三个是并排走的。

五、另类的批评

近期班级出现了一些不良行为，有的同学随地吐痰，乱拿别人的东西，还有更为严重的是，阳光 409 宿舍竟然有同学在宿舍里撒尿，尿到矿泉水瓶里后，把瓶子塞到别人的床铺底下，甚至是棉被里，以此来博得一笑！这是个严重的问题，如不及时纠正，将会后患无穷。

于是，我思考着如何来改变这一现象，这可不能用表扬的方式了，那批评会不会也和表扬一样起到良好的教育效果呢？这时我想起了我们班主任群里韦敬娱老师曾经让全部的学生都来批评藏着的小偷，最后竟然把小偷给逼出来的故事。韦敬娱老师当时拿一张凳子放在讲台上，并把它当成讨厌的小偷，让同学们来批评。而我环顾教室，发现我们近期用来训练的篮球。我用一个黑色的塑料袋把球套住，说这是一个在宿舍里乱撒尿的"同学"，大家如果对这种行为感到不满意，甚至是厌恶的话，就来对这位"同学"进行批评，但是，不能骂脏话。听我这么一说，同学们都很好奇，一下子都来劲了，议论的场面像一场精彩电影的开场般热闹，个个都跃跃欲试。我一宣布开始，就有七八个同学举手，他们上来后批评得很激烈，"你怎么那么不讲卫生，竟然在宿舍撒尿……""真缺德啊，真不是东西……""你好恶心啊，怎么都不知道差耻啊？怎么都不顾别人的感受，我们的宿舍可被你害苦了，真丢我们宿舍的脸啊……"下面的同学都笑得合不拢嘴。但是，过了一会儿，就没有人再举手了。我问："大家怎么都不举手了？是不是认同了这一行为？""不是！"回答得很响亮。也许是因为不让说脏话，很多同学不知道该怎么批评了，就不敢举手了。于是，我干脆让同学们按组依次上来进行批评，如果实在说不出来就用动作表示不满也可以。这样，很多同学都用手恶狠狠地拍了那球，表示对在宿舍撒尿行为的不满，而小喜干脆就把球放到地上，用脚狠狠地踩了踩，说："看你在宿舍乱撒尿，踩扁你。"

同学们发泄着不满的时候，我也一直在观察每一位同学的表情，有点担心这位在宿舍撒尿的同学会因为他们的批评而心理承受不了，但是，据我观察，还没有出现我所担心的情况，也许是因为初一的孩子本来就天真无邪吧！不论是对自己所犯的错，还是对别人的批评都不会考虑太多，倒是在这活动中以一种好玩的心态去认识并改正自己的错误。但是我想，在宿舍撒尿的这一个或者几个同学，心里一定会受到一定程度的震撼而不得不进行自我反省。这就是批评的力量，尤其是集体批评的力量。今天同学们又拿着这球去训练的时候，都说看到这球就想起昨天那件有趣的事情，还想笑！

下午的自习课，我又让同学们匿名把近期班级里的一些不良现象写出来，一个人只写一件就可以了，比如："我不喜欢……"，"我讨厌……"，"我最恨……"。写完后，我就让同学们主动举手，到讲台上抽出一张纸条大声念给大家听。台上同学念的时候，台下的同学都很认真地听，但时不时也会哄堂大笑，然后几乎是全班的同学都同时转向某一位同学，经常弄得这位同学满脸通红，不知所措。脸皮比较厚的就会反击一句："你们看我干什么？又不是我！"我在旁边保持沉默，但是心里却乐得很：你再解释也没用啊！

最后我做了总结，最不受欢迎的行为是随地吐痰、未经过同意乱翻别人的东西、在宿舍撒尿等。然后我再引导同学们，不要猜测所念的字条是谁写的，我们对事不对人，因为我们是成长中的人，是可以改变的，所以我希望大家能"有则改之，无则加勉"。

经过集体批评，我看到班上的很多不良现象都消失了，效果还真明显。所以我认为，在对学生的教育中，表扬是不可或缺的，甚至起着巨大的作用。但是，我们也不能忽略批评的作用，而且，如果运用得当，同样也能收到意想不到的效果。所谓奖罚分明，历来都是教育和管理永恒不变的真理。

"批评"是一门艺术，批评的前提是尊重，需要智慧和技巧，特别要注意时机的把握、言辞的分寸等。通过这两件事，我也在不断地反思我的这些教育行为。这样做还真是不够艺术，也不够智慧，教育的技巧性稍显欠缺。因为，我用的是集体舆论的力量，但语言上过于暴力，对当事者的心灵可能不是震撼，而是一种摧残了，所起到的教育作用也就大打折扣了。当然，教育是一门遗憾的艺术，正因为如此，我们就更应对我们的教育行为进行更深层的反思，这样才能不断提升我们的教育水平，提升我们的品格。

六、你还在"粪豆"吗？

2015 年 2 月的最后一周，我在和班上的许多同学进行期末考前"一对一"的思想动员工作。我把班上可爱的"小不点"小馨叫到教室门口的走廊上，跟她说："这学期你应该是班上最努力的同学了，你的成绩在段考中也是进步最快的，你个子虽小，但是我却看到了你的大将风度。老师真为你感到骄傲！"我和她聊了许多关于学习、生活、同学之间关系、班干部工作等方面的事，她一直都在认真而诚恳地听着，很少说话。最后，我鼓励她这几天的复习争取把百分之百的精力投入学习当中，细心做题，争取在考试中有更大的进步。当看到她在高兴中带着些压力走进教室的时候，我就开始反思刚才给她的压力是不是大了些？

下午课间的时候，小馨来到了办公室，用一种请求的眼光对我说："老师，你帮我写一下'fen dou（奋斗）'两个字。"刚开始，我还没反应过来：怎么？叫我题词呢，我的书法可不怎么样啊！我心里这样想。但我很快就想到她是让我给她写两个字励志呢！我问她是想要中文的还是英文的，她说要中文的，于是，我故作镇定地转了一下，背对着她写了两个字，然后郑重地把题词交给她，当她看到我题的竟是"粪豆"两个大字的时候，忍不住捂着嘴巴，"扑哧"笑了起来。"老师，你好幽默噢！"我也忍不住大笑起来。但是，她还是把这两个字精心地包好，回到了教室。等我去上课的时候，看到她在课前拿出来炫耀，不断地和同学们解释："这是老师的幽默！"小馨的学习劲头更足了。

偶尔，我在她的 QQ 上问道："小馨，你还在'粪豆'吗？"

她来了一句："必须的！"

七、给女生上青春期教育课

有一天我把班上的男生支开，以"自尊、自爱、自强、自护——做青春的主宰者"为题，开始了女生青春期成长教育主题班会课。

因为我是男班主任，刚开始女孩子们的脸上都露出了害羞的神情，于是我就从祝贺同学们的成长开始说起："首先，我要祝贺我们班的很多女同学已经真正长大，今天这个话题，本来是应该由学校的一位女老师来和大家谈更好，但是，学校一直没有这样的计划，我们的健康老师也从来不和大家谈这方面的问题，我的女儿和大家的年龄差不多,这学期也是刚来了例假。你们也就像我的女儿一样,所以,我就毫无避讳地和大家谈一下女生青春期需要注意的一些问题。这是大家成长当中不可避免的,应该了解一下这方面的知识,以便更健康地成长。"于是我就用幻灯片来展示青春期的生理特征,包括月经初潮应该注意的生理和心理卫生。很多同学不知道有关这方面的卫生常识,比如,月经来潮后部分女孩会出现两种烦恼,一是经前紧张症,二是痛经;经期容易感染细菌,人体抵抗力下降,所以要特别注意经期个人卫生。

我和同学们开始讨论相关的一些问题:青春期月经不调正常吗?来月经时捶腰好吗?来月经时吃油炸食品好吗?来月经时吃生冷食品好吗?来月经时可不可以做运动?同学们对此也非常感兴趣,慢慢地就没有刚开始那么害羞了。接着,我就和同学们谈到了青春期的一些外在和内在的变化,比如,男同学总体上比女同学较晚进入青春期,所以,你们是否觉得我们班的男同学现在特像孩子?你们发现哪个同学嘴上有胡须了吗?发现哪个同学的喉结明显地隆起来了吗?女生们像发现新大陆一样认真地听着,想着。当我又回到女生的特点时,我给同学们展示了这样的幻灯片:

青春期带来的变化:

● 讲究打扮,留意谁在看自己

● 喜欢看描写爱情的电影和小说

● 爱去看高年级男生打球

● 喜欢上网和陌生人聊天

● 喜欢给异性朋友发短信

● 有打不完的电话

● 在特别的日子喜欢给人送礼物

● 爱把抽屉和日记加锁

同学们都很有兴趣地把这些和自己对上号,看哪条符合自己,当我问道:"你们小学时是否有过一段时间特别讨厌男生,特别不想和男生说话?"孩子们都惊奇地回想着,点着头。于是我进一步深入引导,给同学们讲了《少女怀孕背后的故事》,以及发生在我们身边的一些令人痛心的悲剧,再向同学们讲述一些怀孕避孕方面的知识。最后就如何与异性同学正常交往进行交流和沟通,就像拉家常一样。

班会课结束后,很多同学的脸上都洋溢着笑容,有的同学和我一起走在操场上,边走边聊,我感到和同学们的距离又拉近了许多。因为,我一直觉得,如果一个班的女孩子真的要"坏"起来,绝对比男孩子还要难管理,所以我把这些事情做在前面,肯定可以避免进入初二后的许多麻烦。

八、跟学生说当年的我

我曾和学生谈到学习应该学会多做笔记，生活中应该多写日记，我说："我当年初中、高中的日记和读书笔记都还在呢！"孩子们都不信，于是我就把我的日记和读书笔记拿来给他们看。他们翻看我的读书笔记时都赞不绝口，说我画的画真是太绝了，说我的字写得太好了，等等。看着孩子们羡慕的目光，我把我的一篇日记念给他们听，题目是《缅怀远逝的父亲》，我深情地诵读着，父亲和当年正值叛逆期的我的点点滴滴又涌现在脑海中。当我读完，很多孩子的眼里都含着泪。

谈到每一个人都应该有梦想时，我把我的梦想是什么，后来哪些梦想实现了，哪些梦想破灭了，是什么使我的梦想破灭了一一说出。说到深情处，我又念一段当年的日记为证，孩子们都全神贯注地听，佩服得五体投地。哈！有时人生的经历还真是宝贝呢！许多好学的、有正能量的同学还真把我当英雄呢！

我希望在每一个孩子的心中播种梦想，因为一个人有了梦想，才会有希望，才会有寻梦的动力，才不会颓废……最后，我让同学们把初中三年的梦想都写在一张小纸条上，再用同学们自制的信封把它封存起来，约定三年后再把它打开，看看谁的梦想实现了。在我的鼓励下，同学们都认认真真地把自己的梦想写下来。我不断地强调，同学们一定要慎重对待，因为，人的很多行动都是由思想来决定的，有什么样的梦想，就会有什么样的未来！

九、用正能量引领孩子的成长

我校八年级 135 班是个优秀的班集体。这学期，学校安排我来担任这个班的英语教师。在刚和学生们接触的一周里，我就发现这个班的班风很好，有着很浓厚的学习风气。晚读前，学生能够自觉地互相组织听写，并自主批改，纠正错误，然后向老师反馈；英语课前由英语课代表带领大家进行课前朗读；试卷讲评完后，学生们的试卷上都详细地写着对题目的分析和记录。班级团结进取的氛围时刻让人感到心旷神怡而又充满力量，所有这些，都在向我展示着：这个班级，已经进入了比较好的自主化管理的状态，班级各科成绩优秀更是水到渠成的事了。这些都给我带来了班级管理上的许多启发，有那么好的现成的经验，我为何不拿来为我班所用呢？

我带的是七年级的 145 班，我把 135 班的很多做法都引入班级管理中来，取得了良好效果。但是，我仍然能感受到这两个班学生之间的巨大差距。我班的学生怎么说也不比他们班的学生那么阳光进取，礼貌懂事，尤其是他们班上有很多学生每天都能够在下午放学后自觉到操场上进行跑步锻炼。他们穿着整齐的校服，脸上挂着灿烂的笑容，三五成群地在操场上锻炼着，看上去充满了这个年龄段所应有的朝气和活力。他们的跑步锻炼已经坚持一年半了，并且取得了良好的效果。所以，我思索着，如果我班的学生也能有几个像他们那样就好了，可是我班的孩子在体育锻炼上实在是太懒了，得想点办法才行啊！于是有一天，当我看到 135 班三个可爱的女孩子跑完步后在那里压腿放松，我就走过去对她们说："我很羡慕你们三个，无论是学习还是平时的锻炼，你们都做得很棒！你们能帮我个忙吗？"聪明的小丹笑着说："您不会是要我们带你们班的学生也来跑步吧？"听她一说，我竖起了大拇指："真聪明，正是！"因为我和孩子们的感情很好，所以她们很爽快地答应了。于是我决定介绍她们和我班的三个女生认识。就在当天晚上，我找来了 135 班这三个特别阳光的女孩子和我班的三个女孩子，让她们在办公室里会面，先是互相介绍认识，说说自己的一些特长和爱好，让学姐们多多关照学妹。在我的撮合下，这六个孩子很快就像老朋友一样了，但三个学姐担心可能没有什么时间来帮助学妹们的学习，我说："这方面你们不用担心，你们只要带她们每天一起跑跑步，聊聊天，让你们的阳光心态影响影响她们就可以了。"看着孩子们互相认识后的那股高兴劲，我心里真为我这个想法感到骄傲，因为，我相信，正能量一定能引领孩子们健康地成长！

接下来的日子，孩子们在跑道上总是有说有笑。我还经常和我班上的三个孩子讲述她们的学姐是如何努力学习，养成良好学习习惯的故事，并且找来学姐们工工整整的学习笔记来给她们欣赏，这几个小学妹真是大开眼界。在学姐们阳光心态的引领下，我看到了我班的几个学生在生活和学习上有明显进步！更令人欣慰的是，刚开始只是班上的小馨等三个人，到后来，在她们的影响下，还有小雪等 11 人参与到阳光运动中来，慢慢地就形成了班级的正能量团体。并且我一有空也和她们在操场上跑几圈，一边聊天一边跑步，感觉好极了！我发现，凡是参加了这一运动的孩子心态都特别好，阳光、开朗、懂事！这真是意想不到的效果！

"近朱者赤，近墨者黑"也许不是放之四海而皆准的真理，但是，我相信，在对孩子的教育中，如果能够有意识地引领她们多参与些有益的文体活动，多交些正直善良的朋友，多读些有益于身心健康、励志向上的书籍等，让他们在成长中有了正能量的激励，得到正能量的熏陶，那么，久而久之，在这些正能量的引领之下，孩子们一定会在心态和气质上都朝着健康阳光的方面发展。社会的和谐发展需要正能量的引领，学生的个人成长更是如此。

半个学期过去了，在聊天中我常常问这三个孩子："你们现在和 135 班的几个学姐经常联系吗？""当然，而且我们聊得好嗨哦，我们都有她们的 QQ 呢！"
看着她们高兴而自豪的样子，我心里也感到高兴和自豪！每天孩子们在操场上跑
步的矫健身姿总能打动我，让我的心态也阳光了许多，见到她们在那里有说有笑
地跑着，我也忍不住换好运动服，飞奔到孩子们中间，分享着她们的共同快乐！
和孩子们共同长大的感觉真好！

（柳江县里雍镇初级中学　韦寒泉）

走向生命自觉的自主管理

一、研究问题

　　背景分析：我们学校是县里指定的农民工子弟学校。我带的是 102 班，现已
五年级了。全班有 54 人，男生 30 人，女生 24 人。学生多来自异地农村，自小就
随父母来到城里，他们少了一份农村孩子的淳朴，却又不能与城里的孩子站在同
一起跑线上。这种特殊的身份，导致他们在生活、学习和认知等方面难以达到一
个基本的高度，在知、情、意、行方面存在着偏差。从整体上看，我们班多数家
长还是很关心孩子的，只是因生活所迫，他们有时力不从心。带这个班四年多了，
班级存在的问题主要有：①同学们自我管理能力不强，集体观念欠缺，缺少凝聚
力，较自私；②知识面狭窄，辨别是非能力偏低，虚荣心强；③缺少理想指引，
学习兴趣不浓厚，缺乏目标和动力；④家庭教育不到位，家长对孩子的督促不够，
一些孩子长期不能按时完成作业。

　　拟定管理提升目标：家长没时间也没有精力来管理孩子，作为班主任，只
能义不容辞地担起教学生学会学习、学会做人的责任。那么如何做到既会"偷

懒"又有成绩呢？我想到了向郑学志老师学习，将"自主管理"确立为班级的提升目标。

二、研究计划

在 2014 年 5 月的集中培训学习中，李红教授给我们发了一本郑学志老师的《做一个会"偷懒"的班主任》。我看得很仔细，完全被书中的教育艺术吸引了，并决定要向郑老师学习，把"自主管理"带入自己的班级管理中去。

三、研究过程

（一）还权

时间：2014 年 9 月至 2015 年 1 月

作为"名班主任工程班"的一员，我是幸运和幸福的。在经历了一期和二期的培训后，我对待教育的心态更从容了，对班级的管理也更理性了。开学了，我也正式迈出了做一个"懒"班主任的第一步，把班级的管理权交到学生手上，人人参与班级管理，让每位学生成为班级管理的一员。

案 例 1 把班级的管理权还给学生

我把班级分为 4 个组，每组 2 个组长。首先在组长的选拔上，我一改以往的任命方式，而是实行竞争上岗。第一天，没有学生上来竞选，显然他们还不够自信。我在班上给他们做思想工作："要把自己当作一个优秀的人来培养，给自己一个机会，相信自己能行……我期待，明天有人能主动上来竞选，为我们的班级服务。"第二天，开始有人上来竞选了。真没想到，最后选出来的 8 个组长中，只有小贝和阿妹做过班干部，其他的 6 人都没做过，都是原来班级里极普通的学生。他们能行吗？我的心有些纠结！可是又想，如果还是原班人马，那改革还有什么意思呢？于是，我坚定地支持他们！选好组长，我就让他们双选，两个人一组，自由组合。很快的，他们就选好了自己的合作伙伴。接下来，就是组长和组员的双选了。我给他们开了个小会："作为组长，一定要有宽广的胸怀，一定要让每个同学都有组，不能丢下任何一人！"最后，组长和组员的组建工作顺利进行，大家都找到了合适的位置。

在学校里，每天都要面对学校的一些常规检查，如晨练、清洁区、教室卫生、午餐发放等，这就会产生一些岗位。以前这些都是老师选定班干部，给学生分好工，由班干部去督促完成。现在分好了组，我就根据学校的常规检查工作定好岗位，让组长给组员分工。我记得在《学生管理的心理学智慧》中提到："管理班级，一定要渗入竞争的意识，这样才会让班级永葆活力！"于是，在分工时，我规定他们在一定的时间内完成给小组起名字、定目标、口号、合理分工等任务，看哪个组完成得又快又好。果然，各组的成员都很活跃，组长们更是忙得欢。看到组长什么事都亲力亲为后我提醒他们，你们是一个团队，要学会合理分工合作。有些组长写字不够漂亮，可以请写字漂亮的组员来执笔分工，等等。经过提醒，交上来的分工合作表就明显地干净顺眼了。

看着交上来的分工表，我又灵机一动，说："各组把自己的分工合作表拿回去设计一下，就像我们做手抄报、出黑板报一样，明早上交，要评选出名次的。"有了前面的提醒，组长们领悟得很快，纷纷派出本组的精英去设计。只有第四组存在分歧，有的组员认为小月不能胜任这一工作。我说："既然多数同学选了她，就要相信她，要给每个同学机会才对。我们要相信小月会尽全力去把这件事做好的。"第二天一早，各组就把设计好的分工表交了上来。我特别看了小月设计的分工表，很不错。于是对她的认真负责给予了表扬，让第四组的同学心里不再纠结，觉得自己的选择是对的。

接下来是民主投票决出胜负。采用举手的方式表决，并强调要公正投上自己的一票。第一次行使自己的选举权利，学生们很认真地对待，公正地投上了自己的一票。

建好组，分好工，我就按组来轮流管理班级，一组负责一周。我先让第一组走马上任，期待第一组的同学能有个好的开头！

案例 2 偶得"班名、班歌"

学校的红歌比赛定在 28 日，这之前我恰好出差。当我悄悄地提前一天回到学校的时候，一进校门，就看见我们的清洁区已经有熟悉的身影了。走进教室，黑板上写着课代表安排的晨练内容，同学们都在认真安静地晨练。道德班长也神清气爽地站在讲台上迎接同学们的到来。我不经意地看了看"中队角"，流动红旗还挂在那里，心里感到非常安慰。

孩子们看见我回来了，都很高兴，从他们的目光里，我感到了一种信赖！孩子们迅速地排好了队形，我用目光一扫，发现还有三五个同学没按要求穿校服。特别是看到组长小杨居然也没有穿时，我心里不免有些不悦，问他："为什么不穿校服？"他一声也不吭！看着他的样子，我心里很火！但我忍住了，只是用了较严厉的语言批评了他，让他自己去找别班的同学去换一件来。但他还是不吭声。压着这团火，我继续领着同学们排练大合唱。其实对他最近总是闷不吭声，我心中还是有点疑惑的。但毕竟当务之急还是红歌比赛，也就没来得及想那么多。

会场上，孩子们都在关注着场上的表演，可第三组的组长小麦一直在说话，嘴没停过。于是，我忍不住对他动了点"小粗"，捏了他一下，尽管他不敢作声，但也很不高兴。吃完午餐放学时，小宇对我说小覃用石头来打他的眼睛，差一点就击中他的眼球。我当时就来火了，"如果你把小宇的眼睛弄瞎了，你怎么赔？你养得起他吗？他以后怎么办？……"小覃被我问得一愣一愣的，眼里满是泪水。

这一连串的气撒完后，回过神来，我突然觉得很对不起孩子。这是怎么了？我要求孩子们懂礼仪，可是我自己呢？我想挽回一些局面。下午放学时，我郑重地对孩子们说："同学们，老师要向你们道歉！今天，我是把小杨、小麦、小覃好好的'收拾'了一顿。可是，老师的语言、行为都很粗暴，老师觉得很对不起同学们，在这里给你们道歉。老师保证，今后绝不对你们动'粗'，请同学们监督我，好不好？也希望同学们能向老师学习，学会知错就改。"一瞬间，孩子们马上露出高兴的神情。我清楚地看到，小杨也笑了！

看着同学们会心的笑容，我马上想到了"彬彬有礼"这个词。我说："同学们，我给我们班起个名吧，就叫作'斌冰有礼'。我希望我们班的男生文武双全，女生冰清玉洁、冰雪聪明。"呵呵，没想到，孩子们一下就通过了这个班名，联想到工作室制定的"孝"文化主题，我马上就决定了以《礼》作为我们的班歌。接下来，我还跟孩子们说要设计我们的班徽，孩子们很高兴。还真没想到，我这一道歉，不仅拉近了与孩子们的距离，还一下就弄出了班名和班歌。也就在那一瞬间，我才明白：班名、班歌，其实就是班级的灵魂、班级的文化。这可真是"妙手偶得之"啊！感谢孩子们，让我对班级文化有了更深刻的认识，让我得到了成长。

自从有了班名、班歌之后，孩子们会自然而然地约束自己的言行、自觉地规范自己的行为，人人争当彬彬有礼的好孩子。

（二）人人有事做　事事有人做

时间：2015 年 3 月至 2015 年 7 月

自"还权"给学生后，班级自主管理建设的各方面都取得了实质性的进展。但随着时光的流逝，这样的管理模式似乎又对孩子们失去了吸引力。我每天看着孩子们日复一日地做着相同的事，也觉得好像少了点什么。如何才能让班级重现活力呢？2015 年 3 月底我到南宁三塘小学跟班学习，韦宗诚老师的"人人有事做，事事有人做"又给了我新的启发。

如果说，通过"还权"实现了用团队来管理班级，那么"人人有事做，事事有人做"的这样管理模式是比前者更高层次的管理模式，它要达到的是"人人自治"的高度。

案例 3 用甘特图来管理班级

三塘小学的韦宗诚老师用甘特图来管理班级的模式引起了我的注意。韦老师把班级的日常管理分成各种任务，有扫地的、收发作业的、帮老师做小秘书的，等等，然后把这些任务分给各个同学，并将他们的任务分别打印到甘特图上，领到任务的同学每天根据自己的任务完成要做的工作。此外，班里还另外有一个总管，来量化这些领到任务的同学是否保质保量地完成工作。这样看来，人人有事做，事事有人做，班级也无需班干部了。看着韦老师的班级一切都井井有条，我也想向韦老师学习，用甘特图来管理班级！

跟班学习结束回来之后，我就尝试把班级管理的日常事务分为 35 个岗位，让学生来进行竞聘岗位，实行双选。

这样的"双选"孩子们还是第一次经历，但有了上学期的竞选经历，孩子们很踊跃地报名。在这 35 个岗位中，我最担心的就是清洁区和教室的打扫没有人来竞选，因为这两个地方的工作可以说是个脏累活，还是"流动红旗"的重要量化评比之处。因而，这两个岗位的人选除了要能吃苦耐劳，还要细心、有责任心。

竞选开始了，果然是清洁区、教室的打扫无人问津。正当我满心期待的时候，意想不到的事发生了。班上那些看起来并不是我心中所谓的"品学兼优"的学生，却很大方很勇敢地来竞选这两个岗位。一瞬间，我的心被他们的那种质朴感动了。之后，每个同学都竞聘到了适合自己的岗位。

根据孩子们的工作岗位，我做好了甘特图，开始了"人人有事做，事事有人做"的新的管理模式。在实施这样的管理模式的一个多月内，孩子们热情高涨，班级也一度出现了"无为而治"的良好景象。但久而久之，孩子们好像又失去了热情，回到了"无政府"状态！首先是因为各个岗位的工种不同，孩子们感觉不到自己的重要性；其次是自己做自己的，久了，孩子们感受不到团队的力量，也自然地散漫起来了；最后，孩子们的"自治"能力还是不够。

看着班上孩子们状态的渐变，我很着急！我也曾尝试着用发"喜报"、评"彬彬有礼之星""彬彬有礼团队"这样的活动来激励学生，但都难以达到最初的那种热情高涨、热火朝天的状态了。班级还是稳稳地向前走着，只是少了些许我所期待的那种火热的气氛。

（三）"在平凡中追求卓越"

时间：2015 年 9 月至 2016 年 1 月

背景：使用甘特图一个多月以后，孩子们的"冷淡、无政府状态"，反思起来还是很正常的。试想，哪个班级能一天到晚都是轰轰烈烈地搞活动呢？再想，千做万做，也还得落实到常规来啊！把常规做好了，能在平凡的日子里把看似普通的事做好，这难道不是班级管理的特色吗？由此，我对班级特色又有了更深层次的理解。在新的学期开始之时，我很明确地对孩子们提出了新的目标：在平凡中追求卓越！

那么，在日常的教育中，如何在平凡的日子里去提升学生的生命质量呢？

案例 4 "生命教育"的启迪与思考

2015 年暑假，我有幸走进了北京"生命教育"的课堂，这是我初次接触"生命教育"。"生命教育"理念源于美国，2000 年"生命教育体验式"课程进入我国，逐渐应用于企业等组织。通过全身心参与练习、游戏、训练、分享等的"体验式学习"，由体验引发探索、省思与感动，进而回归内在，增进认知与实践行动，达到"知行意情合一"。在北京的生命教育"觉醒之旅"中，我最大的收获是找到了最初的自己，在那一刻，我失声痛哭！当时的情景还历历在目，我无力地抱着我的搭档，任由泪水哗哗地流出，感觉非常痛心、自责！我丢失了那个阳光快乐的自己那么多年，竟然不知道！从而也激发了在今后的日子里，我要去找寻那个最初的自己的决心。

更幸运的是，在 8 月 23 日至 26 日，"生命教育"课程走进了南宁市兴宁区，我和几位同事因为先一步在北京学习了"生命教育"的课程，而成为南宁市兴宁区生命教育"觉醒之旅"的助教。让我有机会重温"觉醒之旅"的课程，同时也给相对安静的我又一次成长的机会。因为是助教，我跳出了课堂本身，很清晰地看着学员们走过每一个课程，看着他们慢慢地、一点一点地去感悟并喜欢上这个课程，成长、醒觉，丢掉自己身上的负能量，从而以积极向上的心态去生活、工作。我真的觉得他们就像我的孩子一样，每次看着他们的身影，都让我很感动，甚至有想流泪的冲动。

经历了这一段学习成长的历程，我想：其实每个人身上都或多或少地会有一些负能量，只是人们没有觉察到而已，但这些负能量会影响自身的工作和生活态度的。那么，在我们的教育中，该如何去提升学生的生命质量呢？我能否用"生命教育"的一些理念来教育学生，让他们明晰对生命本质、价值目的和意义的认识，燃起对生命价值的积极渴望，克服消极厌学等不良情绪，有效地提升学习动力，树立激情、喜悦、尊贵、幸福的高品质人生的积极信念呢？

带着这样的想法，我开始尝试着把"生命教育"课程的一些元素带入我的班级管理中。

案例 5 相信，就能看见！

开学了，我和孩子们又迎来了一个崭新的 9 月。第一天到校，为了让大家迅速地进入状态，把常规抓稳抓实，我沿用最初的"分组组建团队"的管理模式，先让孩子们回顾了我们上学期走过的路程，特别对期末那段时间班级出现的一些"混乱"局面作了原因分析；之后与孩子们达成了共识：我们这学期的目标就是"在平凡中追求卓越"。我告诉孩子们："相信，就会看见！"我们深信，把那些普普通通的事做好了，我们就是不平凡的，就是卓越的！

在班级管理中，我会在自觉和不自觉之中就把"生命教育"中的一些元素引进课堂，让我的课堂、我的学生也不自觉地变得阳光起来。一天，我发现班上的同学特别无精打采，我想起"生命教育"中吴导师在教导学员时，让他们把右手向上伸直，手掌打开，然后用力握紧，自然地往下拉，同时大声地喊"Yes"。在一次次的"Yes"声中，我告诉孩子们："你想要什么，就能抓到什么！相信就会看见，只要你努力，坚持，就会拿到你想要的！"刚开始，孩子们还不好意思，但经过我的示范、引导和多次训练，孩子们终于能够大声、自信地喊出来。再一看，孩子们也都兴奋起来了，整个课堂让人感觉焕然一新！

案例 6 到达目标的方法有N种

想起我做助教时，每每有不明事项都会去问总管韦老师。可是，几乎每次他都会说："您自己想办法解决，到达目标的方法是有N种的，相信自己。"就是在这样的回答之中，我也都能自己解决问题。于是，我也这样去训练我的孩子们。那就是只给任务，不给办法。

班长和组长选出来后，我首先让组长调位置，看看自己本组的位置还有哪些不妥的。这下，组长的热情就上来了，谁都想让本组更出色卓越。于是，组长们马上开使行动，高的、矮的、男的、女的、喜动的、喜静的、成绩好的……都一一搭配起来了，还真是细心！看着组长的协调、组员的配合及提出的合理建议，我可真是不亦乐乎啊！安排好了组员们的座位，我还提出了个要求：就是组长必须坐后面，说是用来压阵的，让组长时刻掌握本组的状况（其实是想用他们本身的能量场去掌控局面）。没想到这一举动得到了组长的大力支持。

如今，每每有学生来问我一些事情怎么办的时候，我只会淡淡地告诉他们："达成目标的方法有N种，你会想到办法的，老师相信你。"由于大胆放手，学生们还真的找到了适合自己的办法，解决了问题。我深信孩子们一定会越来越棒，会渐渐在平凡中卓越起来！

案例 7 全力以赴，守住承诺

"生命教育"课程中，有一节是"信守承诺"。我也趁热打铁地问孩子们："大家想不想在一个美好的学习环境中学习？是否想过要创造一个怎样的学习环境守护我们的学习和成长？"问题一抛出，孩子们果然来了兴趣，纷纷说出了自己的想法，最后在我的引导下，师生终于达成一致，就是要创造一个高效、守时、洁净、乐学、友爱的学习环境。接下来我又问孩子们："我们承诺了要共同创造的良好学习环境，那么，谁知道什么是承诺？"孩子们说："承诺就是说到做到，说话算数，答应别人的事要做到，君子一言，驷马难追。"听着孩子们的答案，我很是欣喜，孩子们成功地理解了什么是承诺。接着，我引导孩子们，应该以一种什么样的态度去兑现自己的承诺。孩子们说："尽量、坚决、一定、尽力……"我又告诉孩子，当你使用尽量、尽力时，都不算是承诺，都是在给自己留后路，没有想过去兑现。你必须是用肯定的语气和态度，这样才能够去兑现你的承诺。经过不断的引导，孩子们终于得出了实现自己承诺的关键词：全力以赴。最后，我还让一位组长把承诺和关键词写在一张白纸上，每天上课前读一遍，再加上"Yes"。还别说，孩子们真感受到了一种自信的力量。此后，每每有孩子出了错或影响了课堂，我都会问他们："有什么比你的承诺更重要？你做到了全力以赴吗？我相信你可以做得到的。"没想到就这么几句简单的话语，孩子们却都能接受并愿意去改正自己的错误。也许是因为自己本身具备了一定的能量场吧！孩子们浮躁的时候，我都没有用更多的言语去制止他们，相反，我会用我的眼神，以一种以静制动的方法去安抚孩子们。看着孩子们的眼神和及时的改变，我就知道，在我所及的范围内，孩子们更阳光、更自信、更自觉了！

感　悟

　　从依葫芦画瓢的"还权"到"人人有事做、事事有人做"的人人自治，再到回归常规、回归内心愿望与完成承诺的信念，我自己作为班主任的体悟在增长，我与学生之间的相互期待与促进在增强。自主管理，让每一个学生成为自觉的自我管理者，更需要成年的引导者不断深入认识生命本身的力量。这里面，有愿望，有力量，更有专业。"名班主任工程班"的专业成长经历，让我成为一个全新的自己，也让我的学生在这个过程中和我一起成长。

（柳江县拉堡镇中心小学　龙瑶）

与家长结成"统一战线"

我们班的学生小洪由于没有养成好的学习习惯，成绩和班里的同学差距大，几门科目的低分都是他。他的动作、思维、反应都比较慢，又爱玩，作业肯定是不能按时按质完成的。可孩子的爸妈认为孩子应该多玩身体才好；作业没写完问题不大，孩子再大点就会完成的。小洪的作业到了"你让我补我就拖，拖到家长来领我"的程度。这出"戏"，主角不唱，人场不捧，我这个"导戏"的还真有点走投无路了。

面对这种情况，我想了又想，决定先争取家长和我组成"统一战线"，于是多次家访，迂回争取。刚开始时，我和家长拉家常，想方设法地让家长了解我对学生的用心是和他们一样的。慢慢地，我在肯定孩子的同时，对孩子提了些要求：小洪作业写得真工整，如果他在写作业的时候认真些就好了；孩子近来喜欢大声读书了，老师和同学们都为他高兴；我发现，小洪昨天回答问题很到位，要是能多读几遍课文就更好了，其他的问题他一定能很快地思考出答案的……

在家访期间，我也了解到，家长忙于生计关心孩子的时间有限，想任其发展。他们虽然知道孩子的学习不好，但是希望老师对他是"好"的。于是，我继续关心小洪的生活，也加大了对他学习的辅导。我想让家长相信，老师和家长在教育孩子的方面，目标是一样的，教育要保持一致性，家长的信任是对我工作的最大支持。

一次，小洪又因作业连续几天没完成被留在教室里补作业，我打电话让家长给他送点吃的。过了一会儿，家长气冲冲地空着两手来了。在我还疑惑的时候，家长冲着小洪劈头盖脸地一通咆哮，最后还撂下话："以后写不完作业不用想着吃饭，我也不可能来领你了！"然后转头恳切地对我说："梧老师，真是对不起，总给你添麻烦，孩子真是不争气！"那天中午，他的爸妈真的没让孩子回家吃饭，还一再嘱咐我也不能给他饭吃，让他提前尝尝以后没有知识吃不上饭的滋味。面对他爸妈态度的转变，小洪很意外，他的表情明显地由等待时的有恃无恐到见到家长时的得意，再到听到家长怒吼的愕然、看到家长离去时的茫然、不知所措，最后看到我不松口所表现的委屈、焦急。终于，在无计可施后，他"唰唰"地做起作业来。小洪这一系列丰富的表情变化和现在努力做作业的样子，是我今天收到的最好礼物。后来，回到家，家长也没给小洪好脸色，一直等到晚饭的时候才准许他吃饭。对于这件事，他在周记和作文中几次提到，表示挨饿的滋味真不好受，以后再也不敢不学习了。

当然，小洪的情况，要改变也不是一天两天的事。但是后续工作因为家长的支持、配合，同学的热情帮助，我的时时提醒，他的情况慢慢地有了很大的转变。在这学期，小洪基本不再拖延作业或者不做作业；在期末考中，他的成绩都及格了，而且语文科目还达到优秀。小洪爸妈每次遇到我都说："梧老师，真是太感谢了，没有你，就没有小洪的今天。我们忘不了你。"其实，因为有了家长的支持，学校教育才能发挥本身的作用，老师才能收获桃李的芬芳。

每一个孩子都是一块璞玉，每个孩子又千差万别，对孩子的教育要忌怒忌躁。教师、学校、家庭要共同努力给予他们更多的鼓励与帮助！

（柳江县基隆开发区小学　梧咸杏）

经典引领，促习惯养成

一、研究背景

"养成教育"，顾名思义就是培养学生良好行为习惯的教育。它往往从行为训练入手，综合多种教育方法，全面提高学生的"知、情、意、行"，最终形成良好的行为习惯。叶圣陶老先生曾说过："教育是什么，往简单方面说，只需一句话，就是要养成良好的习惯。""养成教育"是小学教育的主要目标之一，特别是小学的低年级段学生，他们具有年龄小、模仿性强、可塑性大、辨别是非能力差的特点。我所执教的二年级（3）班的大多数学生是独生子女，父母及长辈倍加呵护，部分学生已养成了一些不良习惯，例如，有的学生易焦躁、任性，缺少起码的文明素养，无团队精神，自制力差，经不住挫折。在生活方面，他们行为散漫，不守规矩，随心所欲，更不懂得规范自己的行为；在人际交往方面，他们是家庭的中心，是爸爸妈妈生活的主宰，习惯了凡事以自我为中心，做任何事情不考虑后果，缺乏关心、宽容、体谅他人的心。如何引导这个年龄段学生养成好习惯，"养成教育"尤为重要。十多年来，担任班主任的我每接手一届新生，都竭尽全力想方设法培养新生的良好习惯。日常我们使用制度管理法、量化管理法、思想引导法等约束学生的行为，虽然取得一定成效，但是老师教育疲惫，学生被动接受教育，这显然不符合当下提倡的"以学生为本"的教育宗旨。虽然培养学生良好的行为习惯的方法很多，但随着课程改革的深入，对学生良好行为习惯的培养方式、方法、内容和目标也有所不同。有没有一种方法，能让学生自发地主动接受思想熏陶，然后内化为学生的道德品质，从而顺理成章地促进低年级段学生行为习惯的养成呢？这需要有针对性地探索、研究。

二、研究计划

结合我所带的 13（3）班（低年级段二年级）学生实际，我确立了"用经典引领　促养成教育"为主题的班级管理行动计划，以及以"孝亲、尊师、友学、立志"四德中的"孝亲"为内容，打造特色班级文化；以学习践行《弟子规》为重点，确定了"培养德行兼备的学生，促进班级和谐发展"的班级目标。为什么选择《弟子规》作为学生践行的重点？因为《弟子规》用通俗的语言对儿童言语行动提出要求，阐述了在家和在外做人的道理，核心思想是"孝悌仁爱"。学习《弟子规》，就是要把圣人教诲贯彻到生活中，落实到一言一行中，这也符合学生的知行特点。根据计划，我决定从 2014 年 9 月开始在班级实践，一直延续到 2016 年 4 月。采取主要的措施如下。

（一）开展"四每教育"

"四每教育"即"每日一读，每日一善，每周一省，每月一歌"。

"每日一读"：每天在老师和领读员的带领下，利用课前三分钟诵读《弟子规》；"每日一善"：要求学生无论在家还是学校，从身边做起，每天做一件善事，从小懂得"勿以善小而不为"的道理，并做好"日行一善"记录本；"每周一省"：利用班会、队会组织学生学习立正，行队礼，齐诵"感恩词"，然后对照反省上一周自己不正确的言行，运用《弟子规》深挖根源，从思想上充分认识；"每月一歌"：利用班会课、音乐课指导学生每月学习一首孝亲敬老、感恩的歌曲，让学生在愉悦中体会父母、师长的养育和培养之恩，学会感恩，学会做人。

（二）开展"以爱育爱"活动

博学博爱，循循善爱，适时索爱，传递友爱。结合传统节日及现代节日（如，母亲节、父亲节、端午节等）进行感恩教育。

（三）学科课堂教学与践行《弟子规》活动结合

把传授知识与陶冶情操、养成良好行为习惯结合起来。比如，音乐课要在音乐教师的指导下，学会《弟子规》《礼》《感恩的心》《习主席寄语》的手语、《游子吟》等系列孝亲歌曲。

（四）开展道德讲堂和主题班会

成立道德班长轮流值日制度，在实践活动中促进学生良好的道德品质和行为习惯养成。

（五）家校互动，巩固拓展

要求家长每天给孩子填写一份力行表——《13（3）班学生〈弟子规〉践行表》，对孩子在家的表现给一个合理的评价，并针对孩子在家的表现进行个别心理辅导，使其改正自身的阶段性不足。家长和孩子一同唱《孝亲敬老歌》《彩虹的约定》等歌曲，并学会做手语，让孝亲之风吹进每个家庭，深入每个学生的心灵。

将近两年的实践，我力求通过"以读促行，以行促思，以思促化"这一方法循序渐进开展丰富的班级活动，同时借助家长的力量，形成家校合力，从而引导全班学生做一个孝亲敬老的有德少年，使全班学生行为习惯在原有的基础上进一步提高，形成独特的班级精神文化。

三、研究的过程

古人朱熹说："论先后，知为先；论轻重，行为重。"可见知与行是不可分的。对学生进行行为习惯养成的教育应从学生的认知情况出发，按照"先入为主"的规律去实施。根据 2014 年 8 月我拟的 "'用经典引领　促养成教育'班级管理提升计划"，结合所带的二年级（3）班学生年龄小的特点，我有条不紊地开展班级工作，用了将近两年的时间，我在学生熟读《弟子规》的基础上，让学生把《弟子规》知识用行动落到实处。同时我也用《弟子规》很好地解决了班级学生不良行为习惯，促进了班级学生之间和谐发展，我的班级管理理念也得到了更好的提升。

案例 1 "取暖"事件，班级管理柳暗花明

时间回到 2014 年二年级上学期。临近期末考试的 12 月份，天气寒冷。下午第一节课的铃声响起，我快步向教室走去。以往每每走到离我班教室十多步的距离，就会听到孩子们诵读《弟子规》的声音，班里的道德班长会有序组织课前纪律。可此时我刚走到门口，就听到一阵"呜呜"的哭声，情况不妙，班里肯定又是哪个捣蛋鬼惹祸了。

循声望去，原来是坐在第一组第二张桌子的中队长小嘉哭了，想想有点纳闷：中队长可是我的得力助手，她一贯得到全班同学的拥护，谁会这么欺负她呢？看到我，她哭得更厉害了，其他同学则在座位上窃窃私语。此时的我火冒三丈，嘴里低声念叨着："看看你们课前不好好做准备，还有人惹是生非，谁吃了豹子胆了？"凭我十多年的教育经验，一般不是很严重的班级事务，为了不耽误上课时间，我都是先上课冷处理，下课再找肇事者谈话。但我突然想起著名特级教师李镇西说的"教育无小事，事事皆育人"，班主任就应该有一颗会发现的心，及时找到教育的契机，真的，有些事很小，但对于教育来说就是大事。我知道我的机会来了。想起广西师范学院陈劲教授曾经给我们班主任培训讲座时所说的"当情绪的大脑过于兴奋的时候，智慧的大脑将无法启动或难以启动"。于是我马上深呼吸，让自己平静下来，慢慢走上讲台，扫视了教室四周。此时班里除中队长小嘉的抽泣声外，鸦雀无声。我走到小嘉身边，带着安慰和幽默的口吻对她说："我们勇敢的女汉子中队长，好样的，先不哭，告诉老师，受了什么委屈？"中队长立马停止哭泣，像遇见救星一样娓娓道来："潘老师，刚才课前几个男同学说天气冷，为了取暖，他们围在一起相互'挤兑'，我当时正坐在板凳上，他们不小心就把我挤倒了，身旁的板凳也跟着倒向我，现在我的肚子还有点痛。"看来她痛得不轻，因为她边说边捂着肚子。当时的我还是很想大发雷霆，为这小女孩打抱不平。但为了搞清楚状况，我还是要听听那几个肇事的同学怎么说。我用眼睛扫视了一下教室的四周，本想让那些挑事的孩子自觉起立认错，没想到身为副中队长的小姚第一个主动站起来。我用惊讶的眼神看着他，他的眼眶有些湿润，不知所措地看着我说："潘老师，

我错了，作为班干部，我却带头'取暖'，没想到发生这么严重的事。"接着马上走到小嘉面前，边擦眼泪边看着她说："小嘉，对不起，我知道错了！刚才我不应该为了取暖而和同学'挤兑'，碰到了你，我不是故意的，请原谅！"小嘉同学也低声应着："没关系。"待小姚回到座位后，另外一个平时沉默寡言的男同学小海也主动起身走到小嘉面前道歉，接着是其他两位同学不约而同起身围在小嘉身边，真诚地鞠了三个躬，得到了小嘉的原谅。看到此景，我的内心涌起一阵莫名的感动，同学们也都为他们默契的道歉而自发地热烈鼓掌。

我知道，此时作为班主任的我，不能"此时无声胜有声"，而应是通过他们真诚的敢于认错的表现适当予以鼓励，让全班同学在今后生活中学到真诚待人的处世之道。用什么样的语言才能达到以点带面的效果呢？我想起在"名班主任工程"培训时，全国著名班主任郑学志老师给我们讲到的"班主任工作最重要的不是管理，而是营造一种文化，让文化去熏陶、影响学生的心灵"。我突发奇想，我们班不是用《弟子规》来引导学生为人处世吗？于是问道："孩子们，今天这几个同学无意间弄伤了小嘉，能说真话，敢于承认错误，他们真正做到了《弟子规》里的什么内容呢？"孩子们若有所思，《弟子规》诵读高手小涵第一个站起来说："老师，他们都做到了'惟其是，勿佞巧'。"有少部分孩子似懂非懂，我让小涵解释其中的含义："我们说话要实事求是，不要花言巧语。"我给小涵竖起了大拇指，教室里再次响起了热烈的掌声。

至今回想起来，我为自己能认真倾听孩子的心声而感到自豪，要是那天我大发雷霆，直接在全班同学面前批评那几个"取暖"的同学，不知道会有怎样的结果？但我可以想象孩子们一定很伤心地被动接受我的教训，更严重的可能下不来台。作为班主任，我能用《弟子规》里的"见未真，勿轻言；知未的，勿轻传"告诫自己：班主任处理班级事务时，任何事情在没有看到真相之前，不要轻易发表意见。作为班主任，我们真的很有必要弯下腰来，静静聆听孩子的心声，才能"拨开云雾见明月"，事半功倍地对学生进行思想教育，我们收获的必然是班级管理的"柳暗花明又一村"。

案例 2 快乐是什么?

"取暖"事件之后的一周里,我静下心来,反思着班级里存在的一些小矛盾。由于学生年龄小,对于一些事情是非不分,做事不考虑后果,甚至会把自己的快乐建立在他人的痛苦之上。这样的事情我相信在任何班集体都时有发生。为了让学生更深刻意识到同学之间该友好相处,分辨什么事该做什么事不该做,增强辨别是非的能力,减少同学之间的摩擦矛盾,促进班级和谐,我决定用事发之后第二周周一的班会课,开展"快乐是什么"的主题班会。

我先是让孩子们回忆上周"取暖"事件,并谈谈自己的认识。我趁机引出主题:"'取暖'本是一件小事,但是把自己的快乐建立在他人的痛苦之上,你们觉得这样会快乐吗?今天咱们一起来聊聊'快乐是什么'的主题。"我让全班同学以小组为单位,先在小组里进行讨论。学生情绪高涨,各抒己见,别看他们年纪小,走近他们,你会听到许多有哲理的声音呢!我派每个小组的代表上台发言,要求对于"快乐是什么"的答案不能相同,说得越多越好。平日里最积极的小简第一个举起小手说:"快乐是和同学一起玩游戏。"小宏迫不及待地接着说:"助人为乐是快乐。"之后学生们像吃了"兴奋剂"一样,每个人都跃跃欲试:"帮助他人是快乐""团结合作是快乐""不打不闹是快乐""和同学一起开心地玩是快乐""助人学习是快乐""热爱劳动是快乐""为班级做事是快乐""快乐是我为人人,人人为我""快乐是学会感恩"……学生们的回答真的在我意料之外,作为老师的我真是低估了他们。最后我进行了小结,希望全班同学能团结协作,与同学友好相处,减少摩擦,真正做到小霖说的"帮助他人,快乐自己"。然后我结束了当天的班会。

这节课很朴实,没有课件,没有太多形式,但比起我参加县里、市里那么多次的班会课比赛,我却认为这是上得最成功的一次班会课。通过发生在班级里活生生的事件,结合学生存在的问题及时设计一个话题,为孩子们创设一个交流的空间,让他们畅所欲言。无需我用太多的例子和大道理去说教,学生在交流讨论中说出自己的见解,无形中学生的感恩之心被点燃,懂得了为人处世之道,提高了学生明辨是非的能力,学生行为养成教育收到了意想不到的效果,真正实现了"润物细无声"的教育境界。正如 2016 年 1 月 17 日"名班主任工程"培训时一位导师所说:"我们一个班级,一定要经常搞活动,有自己的主题活动。"是的,一定要搞活动,我和孩子一起成长。

案例❸ 在活动中体验，构建家校合一"立体化教育场"

自加入"名班主任工程"后，我制订的班级管理提升计划以"用经典引领促养成教育"为主题，如期开展丰富的班级系列活动。虽然教育的主体是学生，但是不能忽视作为孩子成长的引路人的家长，他们是班主任教育的有力支撑。因此在实践活动中，我合理运用家长资源，鼓励家长参与班级管理，不仅成立家长委员会，更是让全体家长有效参与班级活动，与孩子一起诵读《弟子规》，与孩子一起践行《弟子规》。

无独有偶，借着我们德行天下工作室面向"名班主任工程"工作展示的难得机会，同时在李红教授、导师韦琴丽、党雪妮的智慧点拨、精心指导下，我设计了一节师生家长同台的班会课，搭建起学生和家长沟通交流的平台。让学生和家长在活动中体验，引导全班学生做一个孝亲敬老的有德少年，促进家长在活动中和孩子一同成长。

一切仿佛还在昨天，感动的画面历历在目。2016年1月17日是我从教10多年来最难忘的日子，因为我第一次尝试着和全班学生及家长同上班会课，第一次感受着孩子、家长、教育专家面对面心灵的碰撞，第一次和孩子家长一同在短暂的35分钟体验着教育的别样精彩。

上课伊始，我通过创设情境，采用字理解析的方式，以"孝"字导入，让学生进行丰富的联想，从而引出话题。"今天老师和同学及家长朋友们一起来上一节班队活动课，聊的就是有关孝的话题。"单刀直入，简单明了。接着用两个发生在身边的反面案例，以情景剧的表演形式再现，让学生、家长在角色互换的情境体验中体会为人父母、为人子女的不易，在交流中激发学生对父母尽孝的情感。这样的创设，生动再现了学生的生活情境，营造了浓厚的学生和家长共同学习的氛围，为后面学生的孝心行动、家长的自我反思作了很好的铺垫。

接着我采用"以读促思，体验感悟"的方法，通过学生、家长一起诵读《弟子规》的形式（主要内容是《弟子规》中"入则孝"篇："父母呼，应勿缓；父母命，行勿懒。"），使学生和家长在读这个"场"中产生共鸣；进而以读促思，追问："同学们都会读会背了，那么你能理解其中的意思吗？孔子曰：'三人行，必有我师焉。'下面请你跟你的同伴或者家长一起讨论讨论，并且用你喜欢的方式表达你对这句话的理解。"就这样，我深入创设让学生自主选择喜欢的方式理解经典诗句的含义的这一环节，充分发挥了学生的主体性、家长参与的积极性。

为了检验学生是否真的理解经典诗句中所讲的含义，采取让学生通过与家长讨论、表演等灵活多样的形式，使学生明白今后要按照《弟子规》的要求去做。家长在活动参与中增进了与孩子的情感，无形中达到了与孩子共同学习和成长的目的，同时达到了导之以行的目的。然后，我通过让学生家长观看当今家庭普遍存在的教育现象视频（视频大体内容：孩子完成作业后，家长检查很满意，于是孩子想放松一下看电视，但家长以班级竞争激烈为由，要求孩子继续看书，孩子很不情愿去看书。接着家长提出让孩子周末上兴趣班的要求，孩子一脸无奈地接受），围绕"父母的话不管是对是错都要完全听吗"这一热点话题进行讨论交流。这一环节重在搭建一个学校、家长、学生互动交流的平台，让孩子敢于说出真心话，家长敢于审视自己的教育行为，实现"面对面，心交心"的有效沟通。其中小霖妈妈的发言深深触动了在场的每一位，她满含热泪哽咽着说："我不停地给女儿报很多班，什么作文班、奥数班、围棋班，等等，总怕女儿落后于别人，却从没有想过我其实是在剥夺女儿的自由。我知道我很对不起她，可我也不想这样……"话语中说出了多少家长"望子成龙，望女成凤"的心声，我也听出家长们内心的无可奈何，面对孩子他们有时也彷徨，不知所措。这时，我郑重邀请坐在台下的教育专家党雪妮老师对这一教育现象进行解析，党老师的精彩点评，更是让学生、家长及听课者的视角得到拓展，思想得到升华。家长和学生犹如"拨开云雾见明月"，达成了教育共识：家长要静待孩子"花开"！"带孩子学习各种才艺，那只是掌握技能；跟孩子一起学做人，这才是正道。"

在这节课进入高潮之时，为了让孩子和家长的距离拉近，使他们的心靠得更紧，于是我提出让孩子诉说心声："同学们，听了刚才专家和爸爸妈妈的心声，此时此刻你有什么话想对他们说？下面老师给大家一个难得的机会，走到爸爸妈妈的身边，把你心里想说的话大声告诉爸爸妈妈，好不好？"此时，学生的真情被调动，彼此的情感得到了升华。最后，此次主题班会在学生和家长的诵读声中、班主任的寄语中结束，实现了家校协同，有效地对孩子进行孝亲教育，不只是停留在课堂上，更要融入广阔的生活中。鼓励孩子在日常生活中践行《弟子规》，用行动孝顺父母长辈，做一个真正有修养的人。孩子、家长在活动体验中共同成长，收获满满，家校合一的"立体化教育场"在这节课中得到了延伸！

回味这节课，带给我的是感动，是震撼，更是感恩！我在"名班主任工程"项目的导师李红教授、韦琴丽和党雪妮老师的智慧点拨下，仅仅用三天的时间备课就登上了讲台。我把全班家长请进课堂参与讨论，构建了"立体化教育场"。在这个场域里，亲子共读《弟子规》，家长与孩子共同理解《弟子规》、演绎《弟子规》；教师组织现场评价与讨论，较好地做到了导之以行、晓之以理、动之以情，达到了家长与孩子共同成长的良好效果。《弟子规》不是用来读，而是用来做的。这不正符合了陶行知先生所提出"教学做合一"的教育思想吗？这也是我所追求的孔子所说的"教学相长"的最佳境界。将近两年的教学实践，有太多太多令我感动的瞬间，学生和学生、学生和家长之间发生的平凡而朴素的感人故事，点点滴滴都化为幸福的源泉，滋生一种无形的力量。千言万语汇成一句话：感恩我可亲可敬的导师！感恩可爱的孩子和家长们！

案例 4　立好标杆，学生成长欢乐多

"潘老师，您终于回来了！小雅又迟到了，文明班级又被扣分了。"一大早来到教室，值日的道德班长急匆匆向我报告。外出学习了一周，回来第一天就向我报告这样的"喜事"，我眉头紧皱，心里像压了块石头。我在学校时都好好的，怎么一外出就出事？这个问题其实困惑了我多年：怎样才能实现即使我外出，学生也觉得我这个"老班"与他们"如影相随"，班级常规管理还能有条不紊地进行？

趁着孩子们做早操的时间，我沉思片刻，想起了在"名班主任工程"培训时，全国著名班主任钟志红曾说过："班级管理的好坏，班主任是关键因素。"我的班级存在这样的情况，一定是我这个"老班"的班级管理出问题。我应该从自身的管理方法反思。

于是待孩子们做完早操回到教室，我先向班干部了解我不在学校的一周里全班的表现，班干部们反映在劳动、纪律方面同学们都能很好遵守，各负其责，只有几个同学因为迟到被扣了文明班级的分。这在我的意料之外，因为我外出学习之前是做了充分准备的，很早就下发了校讯通给家长们，一定要监督孩子按时起床不能迟到，可为什么还是有人屡屡迟到？是家长们不重视，还是学生把我的话当耳旁风？于是我立即用5分钟时间在班级大大表扬全班表现很好的几个方面，然后再针对迟到的问题与同学们探讨：平日你迟到了吗？为什么迟到？迟到有几种解决的办法？孩子们的答案层出不穷，而且非常有可操作性，比如，"早餐

不能慢慢吃，平日吃得慢的就提前30分钟起床""路上因为塞车迟到，就要求家长早起提前出发"等。

其实在班级管理中，不光是迟到问题困扰着班主任，还有学生忘带校牌、不佩戴标志、忘记拿课本、笔忘加墨水等。这些琐碎的问题，既影响班级常规管理，也导致学生养成不良的行为习惯。对班主任来说是头疼之事，但却束手无策。有没有一种办法让孩子们养成一种自觉主动的行为习惯，自己的事自己做呢？

我考虑再三，还是结合我们班级用《弟子规》引领的班级文化特点，通过在网上查找相关《弟子规》践行的表格，并征集家长意见，特别是2015年9月我还得到了工作室党雪妮导师和南宁市三塘中心小学韦宗诚校长的指点，修改并完善了表格，制作了适合我们班级学生的《〈弟子规〉践行表》。让孩子们在家按照《〈弟子规〉践行表》去做，同时要求家长每天对孩子在家的表现给出合理的评价，教师针对孩子在家的表现进行个别辅导，使其阶段性地改正不足之处。同时利用家长会，引导家长有意识地践行《弟子规》，为孩子做出表率，家长也动笔写写孩子践行《弟子规》后的变化记录。表发放了一个学期后，班上基本没有出现迟到现象，家长们普遍反映很好，孩子变得主动积极了，我的班级常规管理得心应手，心里像喝了蜜一样甜。

在我们班里有个叫小浩的孩子，他的妈妈在召开家长会时分享道："班级推行了《弟子规》的学习后，我在老师的引导下，以《弟子规》为教材，以孝为契机，一步一步培养小浩的'四心'。也就是孝敬之心、感恩之心、责任之心、关爱之心，这使他在成长的道路上，获得了充裕的养分。如今的小浩敬老爱幼，关心爷爷奶奶。爷爷奶奶喜欢听山歌，小浩就帮爷爷奶奶到网上去下载山歌，还和他们讨论抗日剧的故事；奶奶患有冠心病，小浩时常提醒奶奶记得吃药。在感恩之心方面，小浩特别体贴孝顺爸爸妈妈，今年在生日那天我很感动（从小到大，我真没过过生日）。晚上十点下班回到家，看到孩子送的生日祝福，满满的幸福感涌上心头。我把这幸福放到朋友圈，很多亲朋好友的点赞！平日里，小浩还帮我做力所能及的事：洗碗、拖地。'三八节'还帮我洗脚，让我感到温暖。在责任之心方面，特别是在班级发放了《〈弟子规〉践行表》，对孩子的日常行为规范提出要求之后，小浩有了更大的进步，可以说践行表起到了立竿见影的效果。他记住'朝起早，父母呼，应勿缓'的要求，每天早上6：30闹钟一响就起床、洗漱上学；他学了'置冠服，有定位，勿乱放，致污秽'以后，整理书籍房间的事就自己做好了。他还要求我要向他学习，不要乱放衣物、手机等物品呢。上三年级之后，小浩懂得了'泛爱众，而亲仁，有余力，则学文'，他跟我说，学习是我自己的事情，妈妈以后不用陪着我写作业了，你可以带弟弟去散步，回来后哪题不会再请教你。在他一、二年级的时候，为给孩子养成良好的学习习惯，晚上我们都陪着孩子写作业。现在，他能自己完成作业并检查。写完作业之后还按任务完成他的康复训练。此外小浩还非常有关爱之心，关心同学，热心为老师同学服务。班上的同学生病请假了，他主动把老师当天发的试卷和布置的作业送到同学家；每次班级开展活动，他都很积极地邀请妈妈参加。

"孩子学习《弟子规》后，似乎一下子长大了，我真的感到很欣慰。《弟子规》像是领路人一样教导着孩子怎样做事，怎样做人。在上二年级时小浩获得学校的'孝敬之星'称号，2015年10月获得'柳州市品德优秀学生'的光荣称号。"

以上小浩妈妈的肺腑之言只是班级所有家长的代表，在我们班里，还有许许多多像小浩一样的学生，运用《〈弟子规〉践行表》对照自己，按表上的要求实践。在家长每天的评价鼓励中，学生由被动接受老师、父母的教育，转变为主动地践行生活学习常规，慢慢实现了学生行为习惯的养成。

四、收获与反思

"弟子规，圣人训；首孝悌，次谨信；泛爱众，而亲仁；有余力，则学文……"每天清晨，我的班级里都会传来学习《弟子规》的琅琅读书声。这是我班开展将近两年时间开展的以"用经典引领促养成教育"为主题的班级管理活动的一个缩影。两年的班级管理实践探索，在导师的精心指导下，与工作室同伴的合作交流中，我通过将传统文化经典《弟子规》引进我的班级，激发和培养了学生健全的人格和良好的品质，达成了班级管理的预期目标，形成了一种精神文化氛围，尤其是孝文化。学生在潜移默化中受到教育，促进了行为习惯的养成。主要体现在：

1. 学习和践行《弟子规》与贯彻《小学生日常规范》紧密结合，促进了学生良好的日常行为习惯的养成

在日常的秩序管理中，我能选择好结合点，有机地结合《弟子规》教育实践活动，灵活地渗透优秀传统文化精髓，取得了良好的效果。例如，利用学校"六一"文艺汇演，教会孩子们吟诵《弟子规》，演唱《弟子规》；在每天的第一节课前，朗诵充满正能量的《感恩词》："感谢天地滋养万物，感谢父母养育之恩，

感谢老师辛勤教导……"伴随着习习的晨风，孩子们的诵读声在校园里弥漫。《弟子规》的诵读与背景音乐和谐交融，形成一条生命之河，在师生们的心间缓缓流淌。在老师的教育引导下，学生们了解了什么是感恩，明白了为什么要感恩，懂得了如何感恩。

2. 充分认识《弟子规》，让学生、老师和家长接受和学习《弟子规》，让《弟子规》成为班级管理的最美德育教材

如《弟子规》第一部分"入则孝"，讲述的是儒家文化首倡的"孝道"，《小学生日常行为规范》也用"勤劳俭朴，孝敬父母"来规范现代小学生的"孝行"。由此可见，重视为人子女的礼仪与规范教育是自古传承至今的。《弟子规》因其厚重的文化意蕴和现实的指导意义，可成为现代小学生的礼仪与规范教育读本。所以让学生、老师、家长了解学习《弟子规》，方便我们更好地落实《弟子规》学习。目前，我班师生人手一本《弟子规》，学生在学校学习《弟子规》，回家后又带动家长学习。通过学习，学生在校尊敬师长，在家孝敬父母，家长看到孩子的变化非常高兴，家庭生活更加和谐。

3. 强化学生对《弟子规》的背诵，并指导学生去实践

我班为了扎实开展学习实践《弟子规》活动，把学习实践《弟子规》的工作方案发给每个家长。按照班级实践《弟子规》的工作方案，从每个学期开学第一周开始，每周一小节内容，边朗读背诵，边实践，边体会，边总结。在每天的《日行一善》记录本中，学生不但记录当天所做的善事，同时也摘抄并学习实践《弟子规》中一条具体内容。久而久之，养成了良好的读书习惯，不断开展人文活动，丰富知识、开阔视野、活跃思维、陶冶情操并提高审美情趣。

4. 学习实践《弟子规》，学生家长教师齐成长

在学习实践《弟子规》的活动中，由于我采用边学习、边实践、边体会、边总结的做法，学习实践"入则孝"内容以后，效果明显。

1）在平日里与家长通过面对面、班级群、家长会等各种形式的交流分享中可以看到，学生在家里的行为习惯发生比较大的变化。以前不少学生在家里是小皇帝或小公主，不知道要孝敬父母，更不知道怎样孝敬父母，把父母的叮咛当耳边风，父母要自己做事就以要做作业为由不愿做，父母责备就顶撞。通过学习《弟子规》，尤其是"入则孝"后，大大改变了学生过去不敬不孝父母的行为。如我班的小明同学在心得体会中写道："以前父母叫自己做什么事，总是得到'等一下'的回答。妈妈经常责备我'你就会说等一下'。学习《弟子规》中的'入则孝'后，我很少说'等一下'了。父母随叫随到，还主动做力所能及的家务活。"小俊在心得体会中写道："我以前比较调皮，妈妈最怕蜘蛛，我偏偏抓蜘蛛放入妈妈的包里，妈妈打开包时吓了一跳。学习《弟子规》'亲所好，力为具；亲所

恶，谨为去'后，我感到以前做的事太离谱了，今后，我一定要做到：尽量不做父母不喜欢的事，努力做好父母喜欢的事情。"因此在每学期召开的家长会上，一个重要内容是了解学生在家里实践《弟子规》的情况。

2）根据我对家长填写的《三（3）班'弟子规'践行表》反馈的情况，家长对班级开展学习实践《弟子规》活动十分赞同并大力支持，家长们几乎都这样说：学习《弟子规》以来，小孩子比较听话，懂事，有规矩，还能主动做一些家务活。确实，在我的班级里，学习践行《弟子规》以来，学生在学校的文明礼貌和道德行为也发生了比较大的变化。学生除了在上课前鞠躬向老师问好，下课时鞠躬谢谢老师外，平时遇见老师都能敬队礼向老师问好。从教室的环境卫生可以看到学生的公共卫生意识增强了：乱丢废纸废物的现象几乎没有，学生个人的卫生也能保持；在教室、楼道、走廊很难看见废纸废物；即使地上偶尔有废纸，也很快被学生悄悄捡走。之前道德行为问题较大的个别学生也有明显的变化。班级里人人有事做，事事有人做，大家都是班级的小主人。加入"名班主任工程"之前，对于班级的卫生和日常管理我亲力亲为，虽然也小有成绩，但常常弄得筋疲力尽，而现在我轻松自如，班级管理得心应手。我班连月拿下"文明班级"称号，连年被评为县级"先进班集体"，这都是学生们在班级里"当家作主"的最好见证。

3）加入"名班主任工程"以来，我的教育教学理念得到了升华，专业能力得到很大提升；和孩子们在学习践行《弟子规》的日子里，作为班主任的我心灵变得纯净向善，心态变得更加积极，身上所积蓄的正能量也随之增多。2014年10月参加全国传统美德教育第二十四次研讨会优质课现场说课竞赛获特等奖，2014年12月参加柳州市队课竞赛获二等奖，2015年6月指导我校韦雪巧老师参加柳州市主题班会课大赛获一等奖；2014—2016年连年被评为"柳江县优秀班主任"，2015年12月在全国"十二五"中华民族传统美德教育研究与实践中被评为"百佳班主任"。我与学生一起学习践行《弟子规》，能很好地运用知识理论结合实践，班级管理如鱼得水，有种破茧成蝶之感，从内心真正感受到作为一名班主任的幸福。这不正是我当时加入"名班主任工程"的初衷吗？

冰冻三尺，非一日之寒。养成教育是一项系统而漫长的育人工程，需要的是班主任的信心和毅力。我想：在为期两年的学习实践《弟子规》班级管理并取得一定成绩的基础上，我将一如既往、坚持不懈地进一步学习践行《弟子规》，让每一位学生和家长通过学习践行《弟子规》，让学生自发地主动接受思想熏陶，从中明白做人的"孝悌信"之道理，为精神打底，为人生奠基，让学生与经典为友！让家长主动参与班级建设，为构建和谐班级、为学生的幸福人生奠定基础。通过对照践行《弟子规》，将传统文化的精髓内化为学生的道德品质，从而顺理成章地促进低年级段学生行为习惯养成。我愿意与学生一道坚持学习、践行《弟子规》，在学习中完善自我，在践行中升华自我，在班级的园地里一路成长，一路欢歌！

附：

三（3）班《弟子规》践行表

同学们，只要对照这张表，每天开开心心地生活，我们就会成为最棒最幸福最有用的人哟！

_____年____月____日至____年____月____日

学号：_____ 学生姓名：_____

填表的家长请注意：

每天根据孩子的情况实事求是地填写，在□内勾选：好（√），一般（△），差（○）

周（一二三四五六日）

□□□□□□□1.有人和我说话，我看着对方立刻回应，不拖延。

□□□□□□□2.随时随地力所能及做善事，为他人服务，让他人欢喜。

起床之后，不让父母着急

□□□□□□□1.父母一叫或闹铃一响马上起床，不吵闹不赖床。（朝起早，父母呼，应勿缓。）

□□□□□□□2.自己穿好衣服。（冠必正，纽必结；袜与履，俱紧切。）

□□□□□□□3.向大人请早安。（晨则省，昏则定。）

□□□□□□□4.自己刷牙洗脸。（晨必盥，兼漱口；便溺回，辄净手。）

□□□□□□□5.服装整洁就行，不挑衣服、鞋子。（衣贵洁，不贵华。上循分，下称家。）

□□□□□□□6.出门前向家人告别。（出必告，返必面。）

放学一回到家，把快乐带给家人

□□□□□□□1.放学回到家，就跟家人问好。（出必告，返必面。）

□□□□□□□2.将鞋子、书包放在固定的地方，不乱扔。（置冠服，有定位。勿乱顿，致污秽。）

□□□□□□□3.自己的事自己做（洗手、倒水喝、擦嘴）。（将加人，先问己。己不欲，即速已。）

□□□□□□□4.只看能提升道德的书或碟，尽量不看电视。（非圣书，屏勿视。蔽聪明，坏心志。）

□□□□□□□5.认真做作业，书放正，人坐正，字写正。（墨磨偏，心不端。字不敬，心先病。）

□□□□□□□6.收拾好文具，整理桌子，备好红领巾或队徽。（列典籍，有定位。读看毕，还原处。）

爸爸妈妈下班回家后，让他们欢喜

□□□□□□□1.要主动打招呼，迎上前去帮拿拖鞋、倒水。（冬则温，夏则清。亲所好，力为具。）

□□□□□□□2.和爸爸妈妈分享学校的事。（闻誉恐，闻过欣。惟德学，惟才艺。不如人，当自励。）

□□□□□□□3.父母打电话或忙碌时不打扰。（人不闲，勿事搅。人不安，勿话扰。）

吃晚饭，全家和乐融融

□□□□□□□1.帮忙拿碗筷、端菜。

□□□□□□□2.念感恩词，请大人先吃自己再吃，不挑食。（或饮食，或坐走，长者先，幼者后。）

□□□□□□□3.夹菜给长辈。（亲所好，力为具。亲所恶，谨为去。）

□□□□□□□4.饭后帮忙整理，收拾碗筷，擦桌子。

感恩词内容： "感谢天地滋养万物，感谢父母养育之恩，感谢老师辛勤教导，感谢同学关心帮助，感谢农夫辛勤劳作，感谢所有付出的人。"

睡觉前，让父母放心

□□□□□□□1.自己脱衣服洗澡。

□□□□□□□2.10点以前上床睡觉，睡前向家人道晚安。（晨则省，昏则定。）

子曰："弟子入则孝，出则悌，谨而信，泛爱众，而亲仁；行有余力，则以学文。"童蒙养正的教育将影响孩子的一生，如果我们希望现在及将来给孩子快乐的生活，我们就必须遵从圣贤的教诲，从以上日常生活学习的小事做起，与孩子一起学习做一个快乐的人，一个与人同乐的人。

本周家长留言

（柳江县拉堡小学 潘文芳）

让农村孩子的明天更加美好

我是穿山镇思荣村小学的一名班主任,自从中等师范毕业就一直在这个学校工作。这里有美丽迷人的景色,有淳朴的乡土民情,更有触动我心弦的孩子们,这些孩子给我带来很多欢乐。每天都和他们分享成长的快乐之余,我还很忧心农村孩子的问题行为,农村小学班主任的工作任重而道远,要想做好班主任工作,管理好班级,就应认真分析学生现状,对症下药。

一、问题行为的成因

我们农村小学由于环境的因素,学生家长文化素质比较低,且多外出打工,留下很多"留守儿童";现在的独生子女也比较多,"重男轻女"的思想根深蒂固,学生家长对孩子疏于管理,使得孩子逆反、高傲,在校有严重的问题行为。农村小学的大部分学生能遵守学校的规章制度,完成学习任务,但是少部分学生如果管理不好,将会对社会造成负面影响。现在的农村小学生娇惯脆弱,受不得点滴委屈;"留守"的孩子一般由目不识丁的爷爷奶奶带。由于娇惯,疏于管教,养成了一些坏习气,例如,生活自理能力差,缺乏自觉性,学习马虎,纪律松散。

二、根据孩子的问题行为逐一突破

案例 ① 留守儿童的春天

留守儿童简况：小叶，男，11 岁，小学六年级学生，生性好动，经常乱打人，乱拿人东西，脾气暴躁，学习成绩差，父母在外打工，跟随爷爷奶奶一起生活。

不良行为：我在 2014 年 3 月接受这个转学生，了解到这是个令人头疼的孩子，来到我们班后，果真很调皮！我每每走进教室，总是听到很多报告声，听到最多的是"小叶"这个名字，"莫老师，小叶打我！""老师，小叶把我的鞋子丢到垃圾堆了。""老师，小叶偷我的铅笔。""老师，小叶把我的椅子弄坏了。"……这是学生向我报告的，还有其他任科教师也反映："小叶这个学生上课不听讲，还经常打扰别的学生学习，作业经常不交。"……附近的村民也向我诉苦："小叶在回家路上经常偷甘蔗，糟蹋农作物。"我时时被"小叶"这个名字冲击着。

找出原因：我知道小叶这些行为后，感到很震惊，及时与他家长联系，但从家长的"唉声叹气"中，我也明白了：由于家里地少收入低，父母外出打工维持生计，小叶只好跟随老人生活，爷爷奶奶年老多病，生活都无法自理。静下来仔细分析他的这种不良思想及行为后，我找出原因：①家庭教育占重要作用，缺乏父母的管教及关爱，爷爷奶奶的教育方法不当，造成其专横跋扈；②由于他的不良行为造成身边没有和他一起玩的小朋友，从而想通过搞蛋来引起大家的注意，希望得到更多的关注；③最重要的是没有一个人用心去关心、体谅他，包括他的父母，使他在心灵上感到周围人对他排斥，想拥有一份特别的关心和"爱"。

经过我的了解，小叶比其他同学更加好动，好惹是生非，上课不专心听课，课余常搞恶作剧；好冲动，闯祸后，自己却满不在乎；但是他脑子并不笨，当他专心学习时，比其他孩子还要学得快。其实，他内心里也想做一个好孩子，也想得到老师的表扬和认可。

采取的措施与方法：

1. 给予留守儿童家庭教育的温暖

我多次家访和其爷爷奶奶进行诚恳的谈心，使他们明白孩子的成长离不开良好的家庭教育，希望他们及父母给予孩子更多的关心和爱，不能像以前那样对待孩子。我也像其父母一样，用心去教育他，当他犯错时，我都会严爱相济，让孩子找出原因，然后有针对性地批评教育，坚持"晓之以理，动之以情，导之以行，持之以恒"的原则。

2. 从培养良好的习惯入手

作为班主任，我与其他老师达成一致意见，对像小叶一样的留守儿童多一些耐心、宽容和帮助，来矫正他们的不良思想及行为。一次，小叶同学在上课时低着头专心用纸折飞机，当时我没有当全班的面批评他，而是叫他到单独谈话，认真地指出他的行为不当，他不理解地看着我，可能认为上课折飞机不是一件违反纪律的事情。为此，我慢慢地跟他讲道理，课堂上怎样做才是一个学生该做的，他终于认识到自己做错了事。此时，既没有大人的责骂，也没有孩子的眼泪。此后，我还能收到他的小礼物，虽然是幼稚少年送的礼物，但我如获至宝，因为我赢得了孩子的心。

3. 让留守儿童体验成功的喜悦，增强他们的自信心

实践证明：在学习中，成功的体验有助于进一步激发小学生的求知欲和自信心；屡次失败则会使小学生学习兴趣低落，消极逃避等。小叶的自卑感就是失败之后的体验。因此，我有针对性地为他提供获得成功的条件和机会，随时捕捉他的闪光点并加以表扬，让他在实践中积累成功的经验，在实践中体会和享受成功的喜悦，认识到自身的价值从而增强自信心。

4. 给孩子创建一个友好的班集体

在一次班会上，我给学生们讲留守儿童的孤独和他们心中对友爱的渴望；我希望同学们不是向我告小叶的"状"，而是向我汇报他的优点。在我的指导下，学生也试着接近他。过了一段时间，学生们关于小叶的谈话发生了很大的变化："其实他挺活泼可爱的！""他现在能按时交作业了呢。""我发现小叶写字真漂亮。""小叶今天帮助六年级的同学冲厕所。"听到这些话，我感到非常欣慰，我付出的用心并没白费，同时也使一个将走向极端的、有不良思想行为的孩子转变为一个爱学习、爱助人为乐、健康成长的好孩子。这不就是我们教师的职责吗？

案例 2 给逆反孩子一个台阶

2015 年 3 月，我在班里正式实行《班级德行记录》，每周都由一名班干部当道德班长，负责班级的日常行为记录。这一周轮到小唐当道德班长，我找他到办公室准备交给他道德记录簿时，他却说："老师，我不想当小班长！"我非常吃惊，别的学生都希望自己能多当一天这个"小官"呢！而他却不愿意服从我的安排，我很耐心地问他："为什么呀？可以把你的想法告诉我吗？""不想就是不想！没有什么原因！"他非常生硬地回答我。我知道他个性比较强，如果此时硬逼着他，肯定会适得其反。我耐心地做他的思想工作："小唐，让你做班长，有两个理由：一是你在男同学里最遵守纪律了，成绩也是数一数二；二是你在男同学中最有威信了，他们都很佩服你，你是最合适的人选了。"他的目光闪烁着，飘忽不定，好久都没有说话。在我的再三追问下，他终于开口了："我怕影响我的学习，当了小班长，就没有更多的时间学习和玩耍。"他实话实说。我并没有灰心，继续开导他，如果他能答应我这次的安排，就是转变他思想的一个切入口。因为他在开学初就拒绝过我，我让他参加全区小学生作文比赛与校园"小卫士"评比，都被他拒绝了。他根本不在乎，也可以说他不把这些放在眼里，在班级里造成了不良的影响。我想对症下药，好好教育教育他，"小唐，如果你怕当小班长影响你的学习与玩耍的时间的话，老师可以减少工作量呀，再说了，当小班长才一个星期而已，对你的影响并不大嘛。当小班长是一件多么光荣的事呀！"我想用"优惠政策"打动他，然而还是无济于事，回答我的还是沉默。从他那飘忽不定的眼神中我看出了"我就是不当，你能拿我怎么样"的讯息。我当时就决定，还是不要把他逼得太紧，给他时间好好思考，这样既给了他一个台阶下，也给自己一个台阶下，谁都不会丢面子，让他明天给我答复。

第二天，他还是那个答复："我不想当小班长，没意思。"难道我的安排错了吗？这是我当班主任以来，遇到最棘手的一个学生，使我有一种挫败感，自己的威信荡然无存，同时也感到他这种"行为"的严重性。我及时与他家长取得联系，让家长给予配合，想出好的方法对其进行教育，但结果还是：我不想当！态度没有一丝改变。此时我束手无策，只好放一放，另想他法。

小唐这种不理、不听家长的建议，由自己一意孤行，并很固执，让我很头疼，到底是什么原因造成的呢？当学生出现这种逆反心理时，不只是影响他的身心健康，还影响到其他同学的思想取向。作为班主任，我仔细回顾了从接触这个孩子到现在他的各种表现：他在我们班成绩优秀，活泼开朗，个性较强；同时也很自以为是，有些自私、高高在上，不把老师放在眼里，瞧不起其他同学。综合他的这些表现，我进行了思考并找出了他存在的心理问题：自我为中心，自己想干什么就干什么，听不进别人的意见和建议。这种问题与家庭的优越、在生活中从未遇到挫败、老师的娇宠有很大的关系，他从小形成以自我为中心的心态。

认识到这一点，我立即采取行动：不再要求他当小班长，而是另选他人，并且是一个能力比他差的同学，让他意识到没有他班级活动照样有序进行，让他觉得挫败；同时，在组织同学们参加校级活动时，大力表扬其他同学，既鼓励了其他同学，也帮助小唐正确认识自己，让他明白要看同学们的缺点和不足的同时，更要看同学们的优点和长处，不要以为别人什么地方都不如他，明白"天外有天，人外有人"的道理。通过这一招"敲山震虎"法，小唐的自以为是心态收敛了不少，还积极报名参加班级活动，主动要求当小班长，并非常认真负责，课堂上积极发言，整个人变化很大。

通过这个案例，我感受到小学生有自己的思维价值取向，不管他们的年龄再小，都有自己的想法，我们不能去左右他们的想法，只有想办法激励与引导，使他们健康成长；更重要的是，我们要给学生一个台阶下，给学生转向的机会，不要因为学生存在逆反心理就放弃他。或许就是这个台阶，使我与学生走得更近。在对学生进行教育时该如何给学生、给自己一个好的台阶呢？

首先，给逆反的孩子创设一个台阶。存在逆反心理的孩子，大都"爱面子"、高高在上、不可一世、重视自己的形象、自以为是老师的"心头肉"。作为班主任，就必须创设一个能挫败他"锐气"的台阶，把注意力转向那些比他差的同学，重点表扬那些同学，无形中给他一种压力，让他意识到"危机感"——老师不理我了？是不是我不优秀了？这时逆反的孩子已进入你的轨道。台阶也在无形中形成了。

其次，把逆反的孩子放在台阶上。当他进入这个轨道，就必须引导他感受、发现身边同学的长处与优点，察觉到自己的渺小，自己并非最优秀，尝试融入同学中，共同进步；也让他明白同学们同样有缺点与不足，尽量接受同学们的缺点，也让同学们接受自己的缺点与不足。

最后，让逆反的孩子顺着台阶而下。当孩子认识到这种行为是错误的，引导他走出误区，鼓励他，让他再次树立起信心，以饱满的精神迎接更新的明天。

案例 ③ 单亲的你，并不孤单

2014年下学期，从拉堡三小转来插班生小兆，他是个"臭名远扬"孩子，没有妈妈，只有一个好吃懒做的爸爸，而且这个爸爸经常消失，温饱都难以解决。小孩从小就缺少关爱，来到学校后行为怪异，经常发出一些怪声来吸引其他同学的注意。知道这些情况后我首先采取"冷处理"，没有马上找他谈话，也没有电话联系家长。在一节品德课上，我以"老师不在的一周"为题，要求孩子们围绕"老师不在的一周你做了什么？有什么心里话要和老师说说？"写一篇作文。很快学生就把作文交了上来，从孩子们的作文中我知道了大多数孩子们的想法：小兆的怪言怪语引起了孩子们的反感，不愿和他交朋友，都希望他不要来我们班……在这些孩子的作文后我写下了这样的评语：每个人都有缺点，我们要有海纳百川的胸襟，其实小兆的行为就是想引起同学们的注意，他很想和你们成为朋友！我们要用爱心和关心让他体会到我们班集体的力量，用我们的双手接纳他！

而小兆的习作也写出他心里的委屈："男同学当我是空气！女同学也当我是空气！"（我的评语：你反思一下，为什么他们都把你当空气呢？）"其实我很想好好与同学们相处，可是我就是管不住我的手！管不住我的嘴！"（我的评语：只要有恒心，一定会改过来的！只要你想改，我和同学们都愿意帮助你！）通过这次习作我充分化解了小兆与同学们的矛盾，还把他的坏毛病改了过来，让他充分融入这个班级，与同学们一起开心地学习。

这次小兆的转变让我懂得：转化单亲孩子的教育工作是一项长期、复杂、艰巨的系统工程。转化单亲孩子需要一个过程，要抱着满腔热忱，遵循因材施教的原则，进行反复、耐心的教育；还需要学校、家庭和社会的密切配合，共同形成一体化的教育网络，才能获得良好的教育效果。转化单亲家庭的孩子最重要的核心就是多给孩子奉献爱心，让爱的阳光温暖后进生的心灵，让爱的雨露滋润单亲孩子的成长。

三、在行动改变中反思、总结

这些孩子的转变都离不开"爱"，老师对孩子们无条件的爱。通过以上案例我总结出要转变农村孩子的问题行为，就应该做到以下四点。

（一）无条件的尊重、关爱孩子们

作为一名教育者，我认为，爱学生是根本。留守儿童因为父母外出打工，缺乏关爱。爱学生，就需要我们尊重学生的人格、兴趣、爱好，了解学生习惯及为人处世的态度、方式等，然后对症下药，帮助学生树立健全、完善的人格。人格尊严是平等的。作为班主任，要努力做到像真正的朋友一样，欣赏学生，倾听他们的意见，接纳他们的感受，包容他们的缺点，分享他们的喜悦。被尊重是学生内心的需要，是学生进步的内在动力。理解是教育的前提，尊重是教育成功的基础。参照自己的亲身经历，我发现：一个学生在被你认同、尊重后，他可能会有惊人的潜力和爆发力。

（二）要善意地面对孩子们的错误

在老师的眼里，没有坏孩子，只有犯错误的学生。的确，作为教师我们应该用发展的眼光去看待每位学生，应该有善意面对学生错误的教育观念。但是宽容并不是纵容，并不是缺乏必要的批评和指导。我觉得，当学生犯了小错误时，我们一定要冷静处理；对于大错，我们一定要以学校的规章制度为依据，先与家长取得联系，争取家长的配合，从而达到学校、家庭齐抓共管的目的。现在的学生很多都是独生子女，他们的自我意识非常强，容易陷入迷茫，对外界事物很敏感，很容易走向极端。如果老师不能宽容，过分苛求，违背成长规律，我想我们的孩子也许就被不经意的一句话或一个动作给毁了。

（三）要严爱相济

付出爱心与严格要求不可偏废。爱心是伟大的，但是绝对不是万能的。不妨想想：孩子与父母间与生俱来的血缘关系是什么都无法阻断的。能说他们的父母不爱他们吗？可是为什么孩子常常出现逆反心理与父母怄气、闹情绪呢？所以，对学生爱的付出是门艺术，何时付出，怎样付出，付出后怎样让学生明白自己的用心，等等，都需要我们用心思考。如果仅有爱心，没有严格要求也不行。现在的孩子大都不缺少爱，或者说他们拥有的爱太多了，以至于在我们对他们付出爱时，他们以为是理所当然。所以，我想很多时候我们的教育离不开严格要求。当然，严格要求之中，一定要包括爱的投入。我所任班级的每位同学都承认我对他们的要求很严格，但他们都没有责怪我，有时还要求我对他们更加严格些，我想这与我们的感情联系有很大关系吧。

（四）家校联系不松懈

孩子成功的转变，还离不开家校合作，家访是做好班主任工作的重要途径。

家访是学校、家长、学生联系的纽带。由于农村家庭文化层次的特殊化，在家访时应给家长多讲一些现代教育理念，让家长知道从哪些方面去教育孩子，怎样教育孩子，并随时与老师配合。了解学生在家里的生活、学习行为，取得家长的认可，交流沟通多了，就能了解学生的思想动态和行为表现，及时解决他们的思想困惑，纠正其不良行为。

教育是等待的过程，农村孩子存在的问题行为不是一时就能扭转的，作为班主任必须有更多的耐心，用行动去关爱每个孩子，这样他们才能健康成长。

（柳江县穿山镇思荣村小学　莫秋菊）

国学浸润，让孩子德行兼美

一、研究问题

背景分析：我们学校是县里指定的农民工子弟学校，学生多来自异地农村，自小就随父母来到城里打拼，因而他们少了一份农村孩子的淳朴，却又不能与城里的孩子站在同一起跑线上。这种特殊的"身份"，导致他们在生活、学习和认知等方面很难达到统一高度，常常在知、情、意、行方面存在偏差。农民工已经成为一种现象：为了生活，他们来到城里，也是为了生活，他们顾不上自己的孩子！我去家访时，看到很多家庭都是一家几口挤在一个屋子里，吃的住的全挤在一起。很多孩子早上起来看不到父母，中午孩子归不归家家长也不一定知道。有些家长说："老师啊，我回到家，他都睡着了，我怎么知道他的作业是不是做完了呢？"他们过的是比农村"晨起而作，日落而归"更无规律的生活。因此，要求家长在思想和学习上更多地了解和指导他们自己的孩子，是非常困难的。

拟定管理提升目标：在这样的大环境里，作为班主任，除了教学生学会学习，更要义不容辞地担起"教学生学会做人，做一个对社会有用的人"的责任，班级管理德育先行。试想，学生的思想充满着正能量，那么其他方面的问题是不是都会迎刃而解了呢？因此，结合工作室的计划要求，我以"传统文化引领"作为德育建设的突破口，让"孝亲、尊师、友学、立志"贯穿始终，以"互学育德，做个德行兼美的好少年"作为班级的提升目标。

二、研究计划

2014年7月6日工作室成立当天，根据工作室"用'四德'（孝亲、尊师、友学、立志）教育托起明天的太阳"的理念和特色发展方向，我确定了自己所带班级的提升目标：以"自主管理、'四德'(孝亲、尊师、友学、立志)"为内容，培养"德行兼美"的学生，打造特色班级文化。以"四德"教育作为改进班级管理的立足点，发挥各人所长，进行优势互补，创新现代班级管理，提高班级管理效能，形成一种符合"德行天下"的班级管理理念与文化场。

三、研究过程

时间： 2014年9月至2016年12月

背景：结合工作室的工作目标和2014年9月赴山东学习的经验，我决定以传统经典文化为载体进行班级管理。在这一年多的时间里，我坚持利用课前的几分钟给孩子们读经典文章。刚开始我只是给孩子们讲经典的字面意思，后来发现其中的道理与班级管理是相通的，甚至与治家、治校、治理社会的许多问题，都有相通的地方。于是，我拓宽了讲解经典的思路，更多地联系班级的一些现象。因为都是身边事，孩子们听得津津有味。通过经典文化的教育，在班级创建了一片绿荫。

（一）国学入课堂

案例 1 七日来复步步高

七天一周期，语出《易·复》："反复其道，七日来复。"这是《易经》里面的奥妙之一。《象》说："反复其道，七日来复，天行也。"而我第一次听说"七天一周期"这话，是2015年3月份去南宁三塘小学跟班学习时韦忠诚老师说的。韦老师告诉我，学生识记传统国学的一些经文，可以采用七天一周期的规律。也就是说，同一内容，反复诵读七天，学生就很容易达到识记的程度。

我听了很是好奇！我在2014年秋季学期开始把传统文化导入班级，但是，学生背诵这些传统文化内容的效果不是很好。虽然我深知要真正把传统国学导入课堂，内化到学生身上，背诵是必不可少的，甚至也把背诵国学经典当作业来布置，但却收效甚微。现在我决定也让学生试试"七天一周期"的方法。

第一次践行"七天一周期"的内容是背诵《大学》的第一节。星期一开始，我就让学生在课前朗读《大学》的第一节。到了星期四我去上课，很欣喜地发现课代表发言："大学之道，在明明德，一起背！"学生们居然背下来了。这太让我惊喜和意外了！从此，我班学习经典国学，就开启了"七天一周期"的模式，而且收效甚好！

"七天一周期"用在国学经典中效果这么好，那么，用在学生养成方面也是可行的。有例为证：从四月份起，我班实行"人人有事做，事事有人做"的管理模式，同学们各负其责，把班级打理得井井有条。我还表扬说："老师都可以不参与班级管理了。"可是不久，班级内却突然出现了课上爱说话的现象，不仅数学、英语课这样，甚至是我的课也不例外。有时，我在隔壁办公室都能听到个别学生不协调的声音，间或会传来老师的吼声。这突如其来的变故，真是让我措手不及。于是，第11周，我采取了训斥、讲道理、写反思文章、个别谈话、捉"出头鸟"（每节课最吵的同学）等措施整顿课堂纪律，甚至是到走廊进行巡视，等等。第12周的星期一至星期三，学生的课堂纪律转变还不明显，但到了星期四时课堂纪律就好起来了。到了星期五，课堂上已没有一个人说话，都在静静地听课。只有师问、生思考、生答、生有感情地朗读课文这些和谐的音符在课堂上流动着。我知道，学生的心回来了！课上到一半，我忍不住停下来，让学生自己表扬自己，听着那"啪啪啪"的掌声，我又告诉学生，只要我们努力，我们是可以做到的！如果同学们能坚持诵读国学经典，把心养正，到毕业时，我们一定是最棒的！

回顾从2014年的9月至今，我的班级学习国学经典已经有一年多了，学习过的经典有《大学》《百孝经》《论语》前四章及《弟子规》《朱子治家格言》等。在这一年多里，我始终采用的是"七日来复"的模式。同时，我又发现，"七日来复"也是有局限性的，比如，诵读的量及时间等方面，也是有讲究的。如果读书的量大了，时间跟不上，读的次数不够都会影响读书的效果。这就提醒我们,"七日来复",时间安排和诵读的量及读的次数,都是需要把控好的。

"一个民族的教育,一定要让这个民族的孩子有民族文化的认同感,然后才有民族的凝聚力,"这是上海开放大学鲍鹏山教授所认同的。学习国学经典就是这样的教育。"七日来复"读经法,让孩子们成长步步高,真好!

(二)国学入心

案例 2 剪杈枝

本学期的班级管理目标是"在平凡中追求卓越",因此就明显少了许多班级活动。此目标的提出,是希望学生们能在平凡的日子里,把一些常规工作做好。我是这样跟孩子们说的:"扫清洁区、扫教室、晨练、养心课程、课前读经典等,这些看似普通的事,如果你们能一年如一日地把这些常规的事做好,你一定是一个卓越的人,我们的班级,也一定是一个卓越的班级。那么,我们也就实现了'在平凡中追求卓越'的班级管理目标。"在将近半学期的学习中,孩子们做这些事还是很不错的,基本不用我跟班,孩子们就能做得井井有条。

但是,近期我隐隐地感觉到孩子们比以往要浮躁了。这天,我习惯性地来到教室看孩子们晨练,却发现教室没有了以往的安静。首先映入我眼帘的是有人影在晃动;其次是坐在座位上的同学小动作也多,明显地看得出不是在专心做晨练;再就是,交头接耳的人也多。看到这一幕,我心里一股怒气升腾,但最终我还是忍住了。想起最近从《易经》里所受到的启示,该帮助他们剪去不自律这样一些不利于成长的杈枝了。

我的身影只在窗边晃了一下,孩子们马上就安静下来了,不在座位上的也赶紧跑回来。于是,各种声音、动作都没有了,只有"专心"学习的好孩子。我在窗边站了一下,再慢慢地踱到讲台上,我用眼睛扫了一下孩子们,此刻的他们,有的用眼睛望着我,充满着不安,还有的在"埋头苦干"。我从窗口踱到讲台的那一小段时间里,心里就想好了如何去处置今早的晨练状况。下面是我与学生的对话。

师:"今早老师想跟同学们分享一下昨晚的读书心得,大家想听吗?"

生:"想。"

师:"老师昨晚读的是《易经》,《易经》里说,万物生长都需经历屯、蒙、需等阶段。'屯'是'难'的意思,是草木刚从地下长出头来,难于破土而出的样子；'蒙'指万物刚生长出来必然是幼稚蒙昧的；'需'意为万物在幼小时，不能不养育，'需'是饮食长养之道。所以，'屯'是万物始生的婴儿时期，'蒙'是幼稚成长时期，而'需'则是养育等待长成时期。现在谁能告诉老师，你们现在是处在哪个时期？"

生："是'蒙'。是'需'。"

师："老师认为，同学们现在应该是蒙和需的交接阶段吧。因为幼稚，所以你们现在需要的应该是饮食的长养时期，所以呢，现在你们是由父母养着，对不对？"

生："对。"

师："那么，人只要吃饱穿暖就行了吗？还需要学习，对吗？"

生："对。"

师："所以呀，父母就把你们送来学校学习了，是这样吗？"

生："是。"

师："所以呢，老师认为在学校学习，除了物质上的吃饱穿暖，还应该包含精神上的各种认知正确。我们来学校，除了学习各科知识，还应该学习做人，是这样吗？"

生："是。"

师："记得老师和你们说过，一个优秀的人，一定是一个懂得自律、自燃、自愈的人。你们说说，今早你们的行为，算得上自律吗？你们算得上优秀的人吗？"

生："不算。"

师："《易经》上还说，利用刑人，以正法也。刑人，就是用一定的规范去塑造人。也就是说，人受到教育后行为合乎规范，就不会触犯法律，也就没有牢狱之灾，可以免去刑具的惩罚。如果不受任何教育随意去发展，就如同一棵树不加整修，一定会长出许多疯杈来，将来会遭受斧伐之灾，必然会遭遇客难。你们来学校学习的目的，是不是想让自己更优秀，而想让自己更优秀，是不是应当让自己的行为合乎规范？一个人，如果总是不规范自己的行为，是不是就会像那不加整修的树一样？那长出许多枝杈的树，能有大用吗？而一个不会约束自己的人，将来到社会上，也很难有所作为，这样的人，以后再去修剪'枝杈'，是不是会很痛苦？到那时候可能就是由国家机关来帮他修整了。你们愿意那样吗？你们是愿意老师现在帮你修剪枝杈，还是愿意到社会上再去修剪枝杈呢？到那时候，你还能成才吗？"

答案是显而易见的，孩子们都不傻。

师："那么，你说说，今早晨练的行为，算是枝杈吗？要不要修剪掉呢？"

生："要。"

师："那谁能告诉老师，这枝权应该怎样才能修整掉呢？"

生："从明天起，安静、自觉地晨练。学习是自己的事，不用老师跟着，专心做自己应该做的……"

师："好，老师相信你们，我希望明天会看到一个全新的局面。"

案例 3 德有伤师亦羞

周四我在批改日记的时候，有位同学反映两位女同学在中午放学时间，跟两位男生一起骑单车去玩，而且，小安同学还叫两位女同学抽烟，并且告诉她们，这是女士抽的烟，是甜的。我一看这日记，就觉得事情严重了。这四位同学中，两位女生平时看起来性格比较内向，但热爱写字画画，成绩都很优秀，是我所器重的学生。而男生小安是我管理班级的得力助手。这样的事，发生在他们的身上，还真是让我意外。才多少岁啊？竟然抽烟！而且，中午骑自行车到南环路口，这一路上，车多人多，那得多危险啊！想想，我都为他们捏了一把汗。

改完日记，我分别把两位女同学找来谈话，了解事情真相。我把这两位女同学狠批了一顿，告诉她们这样做很危险，没有安全保障；小小年纪就学抽烟，容易误入歧途，结交不好的朋友，到时后悔莫及！即使是同学，也会有缺点，不要完全相信别人，自己要有辨别是非的能力。三人行，必有我师，择其善者而从之，其不善者则改之。听了这一番话，她们都惭愧地低下了头，明白自己错了。当天，我并没有找小安谈话，我在思考，这家伙是不是恃宠而骄呢？这段时间，先是拿手机来，然后又拿个低音炮来，现在又干出这样的事，是不是我给他的权力太多了？他都忘了自己是谁而不知方向了？孩子都是敏感的，虽然我没有找小安同学，可是，他也知道自己错了。当天晚上，他就通过 QQ 向我道歉，说自己错了，让我再给他一次机会，让我不要告诉他的家长。我没有答应他，也故意不理睬他，只告诉他，先把当天的作业做完，其他的不要多想。

第二天，一进教室，我就感觉到，他在观察我，但我装作没看见。在下晨练课时，他托同学给我带来一封信，信里满是后悔和道歉，让我再给一次机会，不要告诉家长，否则他会被家长打死，等等，甚至说如果我不原谅他，那么师生之间也玩完了！但是，从晨练到第一节课，我始终假装看都不看他，甚至连走都没从他身边经过。刚开始，他还很难过，渐渐地，他又开始烦躁起来，但是课堂上，他又能怎样？再后来，我感觉他要崩溃了。我看见他深深地把头埋在自己的双肩里，他的耐心、韧劲被我彻底地击溃了。此刻该见好就收了。

　　第一节下课了，他也终于熬过了也许最难忘的一节课。离开教室时，我抛下了这样一句话："小安同学到我办公室来一趟。"只记得当时，我分明看到他眼中流露出来的一丝惊喜。进了办公室，我直接说："君子坦荡荡，小人常戚戚，这种滋味好受吗？看了你给我的信，我怎么感觉我是在被威胁呢？如果我告诉了家长，我们这师生就没得做了是吗？你老实说，那烟是从哪来的？"刚开始他还想否认，但后来看我不依不饶的架势，他只能老实承认，是自己买的。我又说："要想人不知，除非己莫为，后悔了，有用吗？你现在一而再再而三地故意犯错，是在挑衅吗？"我一连串的责问，让他把头埋得更低了！当然，教育是以改过自新为本，我又说："这次我可以不告诉你的爸爸，但是你得和我签个协议，保证以后不再犯。如果再犯，那我就要告诉你的家长了。你自己考虑清楚，签不签？"他点点头，说："我签。"

　　又是星期一，学习《弟子规》，讲到"身有伤，贻亲忧。德有伤，贻亲羞。"意思是：要爱护自己的身体，不要使身体受到伤害，让父母亲忧虑。更要注重自己的品德修养，不可以做出伤风败德的事，使父母亲蒙受耻辱。我联想到他们几个的事，说："德有伤，贻亲羞，老师也和你们的父母一样啊，如果你们的品行出了问题，老师也一样会蒙受耻辱。所以，老师也期望同学们在德行方面不要走岔路啊。"接着，我又暗借小安他们的事例，讲了同学之间应如何相处的话题。也许他们都知道我这些话是专门说给他们听的，都露出了羞愧的神情。同时，我也希望其他同学引以为戒。

　　德有伤师亦羞，希望孩子们能早日明白老师对他们的期待。

（三）国学入行

　　学习了经典，孩子们长了知识，各种道理懂得也多了。可是，慢慢的，我又发现孩子们的认知和行为还是没有统一起来。如何才能达到知行合一呢？我想到了"日行一善、道德班长和餐前感恩"。

案例 4 日行一善，水到渠成

自 2015 年 3 月去南宁跟班学习归来，每天写日记成了必不可少的作业。学生发现班上的不足、每每有什么事情发生，都会写在日记里，结尾也会写上一些道理。我常想：既然懂那么多道理，还会引经据典的，可为什么还会因为一点小事而动起手来呢？为什么班上一些细小的事情还做不好呢？为什么就不能找到好途径来解决问题呢？为什么行动就是跟不上思想呢？

为了让学生明白班上为什么还会有这么多的不如意，我曾告诉他们："如果一个人只说不做，那他说的是谎话；如果只说不做，那是语言上的巨人，行动上的矮子；一个人行为优秀还不算是优秀，只有行为优秀成为习惯了才是真正的优秀。"我知道孩子们就是差在行动上，所以我才讲了这么多的道理。但怎样才能让孩子们知行合一呢？我还是一筹莫展。我也想过，要通过劳动来让孩子们体验快乐，也许会改变这一切。但又要如何来开展，才能改变孩子们的"光说不做"呢？我还是拿不出好的方案来。

近段时间，班里一直在学习践行《弟子规》，由班上一名学生每天抄四句写在后面的专栏上，我也利用每天课前的几分钟和学生们一起学习。昨天，学习到"兄道友，弟道恭；兄弟睦，孝在中"时，我就引申说："如果同学们都能够像兄弟一样友爱、恭敬、和睦，那么，这算不算是尊师的表现呢？老师高兴不高兴呢？同学们出了问题，打了架等等，除了父母，最忧心的是谁呀？"学生回答说："最忧心的是老师。"我说："我们的班级就像是一个家一样，很多适用于家庭的道理，是可以用在班里的。"我想，其实学生的很多行为都是可以与"尊师"相联系的。比如：不打架，就是不让老师心忧，算是尊师；上课专心听课，认真完成作业，这样老师不费心，也是尊师；捡起地上的垃圾，完成自己分内的事等等，所有的一切都做好了，不让老师产生不良情绪等等，是有利于老师健康的，当然算是尊师。那这些行为，也应当视为善举。如果学生能意识到这一点，每天改变一点，那不就是日行一善吗？那就不用再担心"每天一善"无事可做了！也让学生做到了"知行合一"。我不禁为这样的想法惊喜不已。有一位老师的个性签名是"日行一善"，我曾问道："你每天的日行一善，都做了哪些？有这么多的好事来做吗？"他答不上来。过去，我理解的日行一善，就是每天做一件好事。现在看来，所谓的一善，不仅如此啊。我竟能如此透彻地理解了善，能不惊喜吗？

　　我一直在想着"如何在班上落实'日行一善'"，最后决定，就让学生用一个本子，像写日记一样，每天用一两句话记下在学校里做的善事，让同桌签字；如果是在家里做的记录，那就让父母签字，以起到监督的作用。

　　我告诉孩子们，为什么班上还会有这么多的不如意，那就是因为同学们的行动跟不上，没有做到"知行合一"，并把班上实施"日行一善"的举措告诉孩子们，特别强调怎样才算是善。如做作业、拾起地上的垃圾、遵守纪律、尊敬老师、帮助家长做家务、团结同学、不打架、不骂人等等，这些都算是善。这下，孩子们都明白了，自己一个小小的举动，就会给自己、给他人带来愉悦的心情，又能促进自己的成长。让孩子们最终懂得"让别人因我的存在而感到幸福"的道理。如果孩子们每天都能减去自己的不良行为，不断增加自己的善举，能不变好吗？"日行一善"，终于水到渠成！

　　国学浸润，让孩子德行兼美。我班开启的"养心课程""七日来复""日行一善"等新的学习模式，取得了长足的进展，得到了校领导和同事们的认可。目前这种新的学习模式已在全校推广实施，我校已在2015年10月把传统国学经典引入了学校。

（柳江县拉堡镇中心小学　龙瑶）

"爱的教育"三部曲

爱是教育的灵魂，只有融入了爱的教育才是真正的教育。作为一位幼儿园教育工作者，我在多年的工作实践中深深地领悟到：只有将"爱"倾注在日常的教育中，才有可能实现最佳的教育效果。

一、感恩在行动

（一）案例描述

小花的妈妈上班时间比较早，她几乎每天都是第一个来幼儿园的。今天我特意观察她，刚才还和妈妈有说有笑的，但当她的脚一跨进幼儿园大门，就开始抱着妈妈的大腿哼哼着，一会儿让妈妈抱抱，一会儿又要亲亲妈妈的脸，一会儿又提出要妈妈第一个接她……她在不断地提出各种要求，过了将近20分钟后，她总算勉强答应妈妈去上班。可妈妈刚刚走了一会儿，她好像又想起了什么，突然大喊："韦××……韦××……臭妈妈坏妈妈……"同时她跑到门外，看看妈妈已无踪影，跺着脚哭喊："臭××，你给我回来！"在老师的一再劝慰下，她才肯回到班里。老师问她："你怎么叫妈妈的名字呢？"她毫不顾忌地说："我在家就这样叫她呀。"

（二）案例分析

由于家长的过于娇惯和无原则的迁就，造成孩子缺乏是非观念，往往以自我为中心，不懂得尊敬长辈，关心体谅父母，一旦得不到满足就大肆"发泄"，总会提一些要求"要挟"父母。父母也往往生怕孩子受一点委屈，对于孩子的要求几乎都是无条件地答应。久而久之成人的妥协让他们形成了一种无形的观念，可想而知这样的教育怎么让他们去关爱同伴？与同伴友好相处？更何谈爱祖国呢？现在面临的独生子女的教育问题，最重要的不是知识的传授，而应把品德教育放在首位，让他们学习在理解他人的基础上尊重他人，对于年龄小的孩子来说要从爱父母和周围的人开始，这是形成良好品质的一个契机。

在幼儿品德形成的过程中，幼儿常常也因受到家庭教育与学校教育不一致而造成的负面影响，孩子往往缺乏分辨是非的能力，谁能满足他谁就是好人，听不得一点批评。成人的态度不一，使他们认识不到自己的错误，他们明辨是非的能力也得不到有效的发展。

（三）教育策略与措施

1. 在幼儿园一日活动中培养孩子爱妈妈的品德

一切教育来源于生活，日常生活中的小事是对幼儿进行良好品质教育的有利契机，也是对幼儿进行良好品德培养的重要途径。爱他人的基础就是爱父母，但由于家庭教育的偏差，幼儿对父母缺乏最起码的爱心，更不懂得尊敬父母。为此我们设计了各种活动，让他们在活动中充分感受和理解父母的爱，学习怎样爱父母。比如，我们通过像《小乌鸦爱妈妈》这样的故事，让幼儿懂得什么是爱；我们还组织儿歌表演《我的好妈妈》，等等。

2. 家园配合，从小重视孩子的良好品德的养成

基于幼儿品德教育的现状，我们把指导家庭德育教育作为家园工作的重要方面，充分利用家长会、班群、家园栏为契机，大力宣传家庭德育方法。在家园互动宣传栏中，以德育教育为专题进行宣传，还利用"家长教师进课堂"活动，邀请各行各业的家长走进课堂，讲述他们职业的内容、特点，孩子们听了对家长肃然起敬，更加崇拜自己的爸爸妈妈，他们都争着让父母来园参加活动，好像要比一比谁的爸爸妈妈本领高。他们以此为荣，从而也促进了他们爱父母的情感形成。

3. 每日一事，立足生活

随着生活水平的提高，独生子女在家里扮演着"小皇帝""小公主"的角色，对来自父母的关爱熟视无睹。要他们改变，必须从身边的小事做起，来回报父母，体谅家人。让孩子懂得人和人之间爱的存在，激发他们心中的爱。如，孩子们放学回家后为爷爷、奶奶捶捶背、梳梳头、倒杯水，或是帮爸爸妈妈做力所能及的事，等等。

4. 利用节日进行教育

"利用'三八节'，给妈妈送一束花，并送给妈妈一句温馨的话"的活动，

让幼儿第一次学会为妈妈做事情。在"三八节"那天，我们还把妈妈们请到幼儿园，进行了"巧手妈妈"服装设计大赛活动，妈妈们利用废旧材料，为孩子设计制作了各种各样的创意服装，孩子和妈妈同台表演，在活动中增进了情感。

重阳节，通过收集老人的照片、为爷爷奶奶送一句祝福的话，为老人们制作小礼物等活动，不断加深幼儿对老人的爱，进一步激发关心老人的情感。同时，将孝亲感恩活动渗透到每个幼儿家庭中，他们一起唱歌做游戏，并把这些温馨的瞬间记录下来，布置在主题墙上。

（四）效果分析

通过这些活动，孩子不仅学到了许多知识，各方面都有很大的进步，而且培养了孩子爱妈妈、尊敬长辈的良好品德，孩子们懂得尊重、关爱长辈，体会长辈的辛苦。

（五）案例反思

幼儿品德教育在幼儿园教学中占重要的地位。如何对幼儿进行品德教育，始终是我们幼教工作者探询的问题。尤其是现代社会呈开放型、多元化走势，各类新闻、公众媒体传播的信息量大、范围广、内容多，幼儿在社会生活中时时刻刻地接受来自各方面的影响，其中也包括不良影响。幼儿正处于一生中的敏感期，是学习做人的奠基期。幼儿德育将影响整个德育工程的质量。因此，德育应从小进行，即从家庭和幼儿园开始。

二、发现交往的乐趣

（一）案例描述

冬冬是我们班新来的一名幼儿，在班里她不说话，不与同伴交往，不爱玩玩具，不运动，不愿做操，她拒绝参加班里组织的任何活动，一人默默地坐在小椅子上不让小朋友接近她。老师同她讲话时，她有时会露出很害怕的眼神，有时会把头扭到一边装没听见；小朋友和她接近同她交往时，她要么不理会，要么推开小朋友，甚至用双手捂着脸哭。经过观察，冬冬虽然不同人交往，但会用眼睛注视老师和小朋友的活动。当有的小朋友做出滑稽的动作时，也会哈哈大笑，而当她发现有人看她时，会立即收起笑容，像什么也没发生一样。冬冬是一个行为表现比较特殊的孩子，具体表现如下。

1）性格很内向，不喜欢和别人接触；

2）胆小，不喜欢表现自己；

3）不善表达，话语少，和老师交流较少，不主动和别的小朋友交流。

（二）案例分析

冬冬从小说话就发音不清楚。四岁前一直由爷爷、奶奶照看，没有入园经验。父母是个体商贩，没有太多的时间照顾她。因她说话不清楚，怕别人笑话、嘲弄她，经常把她一人放在家里，很少让她与别人接触。这样就忽视了孩子探索周围世界的正当需求，不能满足和支持孩子通过适当的尝试，去克服困难，去做切合实际的探索，压抑了孩子的活动愿望，也使孩子出现依赖父母、怕与人交往的自卑心理，语言表达能力发展缓慢。家长很多时间都被工作侵占，留给家人和孩子的时间少之又少，所以又常常通过满足孩子的物质需求以补偿对孩子的亏欠。正是"陪伴"的缺乏，严重影响了孩子的交往能力和语言表达能力的发展，造成内心挥之不去的恐惧和不安。

陌生的学习生活环境、语言环境和人际环境，使冬冬更加沉默寡言、缺乏自信、不合群。她不认识班上的小朋友，既没有好朋友，也不被小团体所接纳，是造成这一现象的主要原因。有的时候看到其他幼儿和老师亲亲抱抱，冬冬的眼中尽是羡慕。

（三）教育策略与措施

爱不爱交往、合不合群、是否有退缩行为是孩子能否与外界社会融洽相处的重要问题，家庭和同伴是儿童社会化发展的两个主要场所。因而我决定从幼儿园生活及家长工作两方面入手，对冬冬不合群的心理现状进行改变。

1. 做家长工作

利用早晚接送的时间与冬冬的父母交流教育观点及方法，并及时反馈孩子在园的表现，同时提出了这样几条建议：

1）挤出时间亲近孩子。每天有一定的时间跟孩子交谈，引导孩子说出一天的幼儿园生活，认识的新伙伴及有趣的、无趣的、生气的、沮丧的事情，等等。

2）创造条件让孩子与小伙伴一起玩耍。节假日或者晚饭吃完后带孩子去公园或亲朋好友家串门，多为孩子提供交往锻炼的机会；鼓励孩子邀请幼儿园里的小朋友去家里玩；欢迎主动上门来玩儿的小伙伴，并为孩子提供交往的环境、游戏和感兴趣的玩具等。

2. 幼儿园方面的工作

1）让孩子与集体相互了解、接纳。为了让冬冬尽快熟悉新的生活环境，我积极创设环境，课堂游戏或者户外活动时，鼓励冬冬参与，也请其他的小朋友多邀请冬冬一起玩。

2）了解掌握与同伴相处的正确方法。首先要了解孩子的交往类型，冬冬是属于特别内向的孩子，常常被其他小朋友忽略，于是我就多给她创造机会，表现自己。

3）发现闪光点，在集体中树立自信心。自信心是一个人事业成功的动力源泉。美国著名教育家马斯洛说："事实上，我们绝大多数人，一定有可能比现实中的自己更伟大些，只是我们缺乏一种不懈努力的自信。"自信心对孩子一生的心理健康都有着非常重要的影响，从小培养幼儿相信自己的心理品质，无论对个体的身心健康发展，还是提高群体素质都有不可低估的作用。冬冬的记忆力很好，上课的内容说过一遍她就能记住，这就是她的闪光点，上课的时候我就经常表扬、鼓励，帮助她建立自信心。

4）多亲亲抱抱，多进行身体接触。身体的接触是人类最原始的表达爱的方式，也是最有效的。虽然冬冬嘴里不说，但是我知道，她也很想像其他小朋友一样和老师亲近，和伙伴亲近。既然她不敢，那老师就主动地接触，多抚摸，多亲近。

（四）效果分析

经过一个学期的关注，冬冬有了很大的转变。由原来的沉默寡言到倾听小伙伴的交谈再到参与同伴的游戏，体验到了同伴、老师、父母的关爱，感受到了与同伴交往的乐趣，木然的表情已不见，灿烂的笑容悄然而至。她现在变得开朗多了，能主动地参与到活动中去，上课时主动举手发言，喜欢和小朋友和老师一起玩，常常会跑过来抱抱老师，还经常和老师开玩笑、做怪相，有时候逗得老师捧腹大笑，有时候甚至还会和其他的小朋友一起调皮捣蛋、做恶作剧呢！看到冬冬有了这么大的转变，看着她每天开开心心地上幼儿园，心中的幸福感油然而生。孩子们一张张天真灿烂的笑脸就是对老师辛勤付出的最大的回报。

（五）教育反思

就这个案例所产生的效果来看，我觉得我所采取的措施还是十分有用的，让我明白一件细小的事情中可能隐藏着一个大问题。教师要做有心人，善于观察、捕捉发生在身边的每一件有教育价值的事情，不可视而不见，而应及时分析原因，对症下药，使幼儿形成活泼开朗的性格，促进其个性的发展。

同时，我们应注重家园配合，携手共育新苗。家庭是幼儿园的合作伙伴，幼儿园要经常向家长传授科学育儿的方法和经验。要知道，只有幼儿园努力是不行的。家园联合起来悉心教育，才能在潜移默化中塑造一颗颗幼小的心灵。

孩子与老师是互通的，是相互影响的。在我们给予孩子爱时，孩子也给予了我们纯洁的爱；在我们传授孩子知识时，孩子也给予了我们教学方法；在我们给予孩子快乐时，孩子也给予了我们一张张天真的笑脸；我们在奉献自己的同时，孩子也在回报我们。我们拥有了更多的欢声笑语，与孩子共成长。

三、接纳孩子的错误

（一）案例描述

小逸活泼聪明，反应灵敏，可有时候控制不住自己的行为：玩积木的时候要挑选自己喜欢的；站队的时候自己要当第一；游戏时要别人听他的指挥，要不他就在别人游戏时横冲直撞去捣乱，经常有小朋友来告他的状。他还非常好动，上课时根本不注意听，要么离开座位搞小动作，要么逗周围的小朋友说话，只有在教师斥责时才稍稍收敛一下，但很快又会故态复萌。平时常常以打、踢、推、咬、威胁等方式攻击其他幼儿。在活动中，表现得比较霸道，常常跟其他幼儿抢玩具，难以协调他跟别的幼儿合作，几乎每天都会受到处罚。有一次进行语言活动《说说我的好朋友》，他站起来很得意地说："伟俊是我的好朋友，茂松是我的好朋友，佳佳是我的好朋友……都是我的好朋友！"没想到伟俊立即站起来反对："不是，我不做他的好朋友。"理由是小逸经常在喝水的时候朝伟俊和其他小朋友身上吐水。接着又有几个孩子也声明自己不做小逸的好朋友，有的说他抢积木，有的说他抢玩具，有的说他打小朋友……让他很尴尬。

（二）案例分析

1. 活泼好动、精力充沛

通过案例中小逸的表现可以看出，他在同伴交往中存在着以自我为中心的现象，现在的幼儿中，这是一个比较普遍的现象。为人处事总以自己的兴趣和需要为出发点，很少关心他人。在自己的兴趣和需要得不到满足时，他们往往情绪变化过快或过激，出现一些不友好的甚至有攻击性的行为，如骂人，踢人，推人，对别人吐口水，争抢玩具，等等。小逸在同伴交往中不能够正确地运用交往的手段。比如，与小朋友交流时音量往往太高太急，还有喜欢在一些带有粗鲁、冲撞行为的动作中取得游戏的快乐，至于引起的误会，他自己却浑然不觉，表现得较独断、任性、无礼。这反映出有些幼儿在同伴交往中有明显的攻击性行为，如果不及时矫正这些行为，幼儿会逐渐形成无礼暴躁、冷酷无情等不良情绪。

2. 以自己为中心

小逸是个独生子，深受爷爷奶奶、爸爸妈妈的宠爱。家里有许多玩具，所以在幼儿园玩玩具的时候他也无意识地拿许多，这也许已经成为一种习惯。同样，其他的小朋友也是娇生惯养，他们也毫不示弱，都想拥有许多玩具，这样就产生了矛盾冲突，于是就大打出手。

3. 幼儿控制力差

幼儿的无意注意占主导地位，有意注意占次要地位。他们的注意力容易受外界影响而改变，所以幼儿的控制力差。小逸在集体教学中注意力不集中，正是幼儿这个年龄的性格特征的充分体现。另外他经常被老师批评，久而久之被贴上了"坏孩子"的标签。对于老师的批评他早已习惯，不以为然。

（三）教育策略与措施

幼儿期是人的一生各种非智力因素形成的关键期。幼儿期形成的各种行为习惯会影响他一生的发展。因此，小逸这些事情虽然很小，但是反映的是自私、霸道、任性、唯我独尊的表现，而这种表现比较普遍存在于幼儿当中，只是个别幼儿较为突出而已。现在一般都是独生子女，家长的疼爱和老人的溺爱加剧了孩子以自我为中心的心理，对此，我制订了以下措施，在对小逸进行重点引导的同时，也对其他幼儿产生良好的教育效果。

1. 创造良好交往环境

我为小逸创造良好的交往环境，指导他学习正确的交往方法，为他创设与他人合作、分享的机会。把交往能力的五个方面——合作、谦让、帮助、遵守规则、分享等渗透到课堂教学、游戏活动及日常生活的各环节，促进幼儿积极与同伴合作，与同伴交往。

1）通过系列教育活动，帮助小逸学习掌握与同伴交往的基本技能——文明礼貌，互相谦让，团结合作。告诉他只有这样才会被大家喜欢，才真正有自己的好朋友。

2）组织各种形式的游戏，促进小逸与同伴之间合作，逐渐体验到友好合作带来的快乐，从而慢慢调整自己的各种行为，让自己变得被大家接受、喜欢。

2. 指导家长正确的教育观念及方法

与家长密切联系，指导家长改变一些不正确的教育观念和方法。

孩子的第一任老师是家长，家长要改变错误的教养态度与方法。建议小逸的家长改变对孩子过分娇纵、溺爱的态度，为幼儿创设良好的家庭环境：平等、和谐、亲密。特别是二位老人的态度。

1）我利用家访时间，仔细与小逸的爸爸妈妈交流了孩子在幼儿园的各种表现：既肯定了他们重视孩子智力发展这一方面，同时又提醒他们对孩子的一些不好的行为习惯必须足够重视，只有这样孩子才是真正地健康成长。小逸的爸爸妈妈比较认同，同时也表示发现过儿子的一些不好行为表现，有时候也想给孩子立个规矩，但是因为是与老人住在一起，而家里二位老人太宠孩子，有时候家长之间也会因为教育孩子引起矛盾。为了不让老人生气，往往迁就了一些孩子的坏习惯。在听了我的详细讲述之后，他们表示要与老人好好沟通，慢慢转变老人的态度。

2）与家长一起学习，改变家长的教育观念。年轻家长与年老家长之间的教育分歧，也是一个很普遍的现象。对此我在班级群里发表孩子活动照片的同时，也大量记录了一些孩子不同的表现及分析，还转载了许多名家的育儿经、教育观点。家长在浏览班级群的同时，也一次次地更新着自己的观念，潜移默化中，起到了不错的效果。

（四）效果分析

接下来的一段时间里，由于家园配合密切，小逸表现出明显的进步：会趴在小朋友耳朵边轻声讲话，会帮小朋友在午休时候穿脱衣服，游戏时候与小朋友之间的冲突明显减少，比较能够控制自己的一些不好行为……为了表扬小逸的进步，我还推荐他做小组长，专门管理班级里的玩具，让他兴奋不已！相信只要家园密切联系，持之以恒，小逸会有更大的进步！

（五）教育反思

在平时的工作中，经常遇到类似的情况，在这个过程中，如果教师一味地斥责，那会严重伤害孩子的自尊心。教师这种消极的制止和纠正的行为，很容易激起幼儿的逆反心理：越是不让做的事情，对人们就越有吸引力，大人尚且如此，更何况是还不能分辨是非的孩子。我没有吓唬孩子，给孩子创设了一个宽松和谐的环境，我和孩子的关系非常友好，并且我和孩子有一个约定，孩子欣然同意了。

我们知道，一个宽容和接纳的环境，有助于幼儿良好的自我意识和个性发展；而这种良好的自我意识和个性，又将反过来激励幼儿形成对社会的良好认识、情感和行为。对于一个调皮的孩子，我们为什么不把他的一些小错误看成是孩子发展过程中的实践呢？只要我们这样想，就不会生气或者责骂孩子了，而会以平和的心态、关爱的心情去耐心地教育他们。我们应该从幼儿自身发展的角度、从他们已有经验的角度来看待幼儿所犯的错误，看作是他们自身获取经验和培养良好行为习惯的契机，及时帮助幼儿形成良好的习惯。

（柳江县进德中心幼儿园　曾春球）

孝 行 天 下

一、班级情况分析

我是柳江县机关幼儿园大二班的班主任，任教已有13年，担任班主任也有7年，我班幼儿45名，其中男孩26名，女孩19名。大部分幼儿已经养成良好的生活、行为习惯，对人有礼貌，语言表达能力、与人交往的能力有很大的进步；生活自理能力及动手操作能力都有较大的提升，班级文化好，孩子表现很活跃；家长比较注重幼儿的行为习惯养成。当今教育以德为先，在"德"字教育的背景下，我主要让孩子们学习如何做人，如何爱自己的父母、亲人、老师、朋友。

二、研究背景

孩子是感性的，你给了他们什么他们就学会什么，你教了他们什么他们就学会了什么。在当今社会，孩子是家庭中的宝，父母爱，爷爷奶奶宠，甚至有些家庭出现了孩子提出的要求是有求必应，想要什么给什么的情况。班上有个孩子的奶奶告诉我，孩子在家不吃饭、不吃肉、不吃菜、不吃炖的食物，就喜欢吃香的、吃粥，所以我天天煮粥给他吃，这孩子怎么这么挑食？试问：如果你不惯着他，他会这样吗？班上还有些家长说："现在孩子缺少关心、关爱，感觉周围的事物对他来说都无所谓，很冷漠。"还有家长跟我说："孩子在家总是不听话，喜欢顶嘴。"试问：您孩子为什么喜欢顶嘴，他顶嘴的时候您教过他要尊重别人了吗？确实，现在的孩子都是幸福的，要什么有什么，但是如果缺少正面的引导，多数孩子养成了不良的行为习惯。

三、"孝亲"行动的基本理念

"百善孝为先"，孝乃孝亲，孝亲之德即培养学生孝心的品德，以"孝亲"感恩为内容，培养"德行兼美"的祖国花朵，打造特色班级文化。

《中国儿童发展纲要（2011—2020年）》（简称《纲要》）指出：要培养幼儿"爱父母、爱老师、爱同伴、爱家乡、爱祖国"。幼儿园阶段是进行孝道教育的基础阶段，孝亲教育必须从小抓起。作为幼教工作者的我应根据幼儿的特点，动之以情，导之以行，教育幼儿自觉孝敬父母，尊敬老人。通过一系列孝亲活动，让孩子们更多地了解父母、长辈、老师，真正从内心感到父母、长辈、老师对自己的爱，培养他们尊敬老师，孝敬父母、长辈的美德，并尝试着让孩子用自己的方式去回报父母、长辈对自己的付出和爱。

四、具体实施"孝亲"研究案例

案例 1 文明礼仪教育

2014年我带中班，当时我也是进入"名班主任培训"不久，在班级管理中要实施八德教育中的"一德"教育，当时我就定了"孝亲"为教育契机，我认为幼儿园的孩子的教育不是他学会了多少汉字，会算多少道算术题，会背多少唐诗宋词。而是应该让孩子们学习如何养成良好的行为习惯，拥有一颗爱父母、爱长辈、爱老师、爱同伴的心，学习礼貌待人，学会做人。这是我最初的想法。

有了想法后，我根据班上的情况认为班里的孩子最需要学习的不是教他多少知识，而是文明礼貌。想想当初班上家长接送孩子的时候，很多家长只是把孩子们放到教室门口就走了，每次都是老师向家长、孩子问候之后家长才意识到要跟老师打招呼，很无奈。所以我把文明礼仪作为德育教育的第一步。

当我把计划跟配班的老师一说，也得到了配班老师的大力支持。第一天，"文明礼仪小标兵"我选择了班上几个比较能干的孩子来做，意在调动其他孩子的表现欲，让他们起带头的作用。确实他们也表现不错。有一天班里的小朋友超超也闹着要当"文明礼仪小标兵"，他是属于控制不住自己行为的孩子，我并不打算让一个又爱闹又好动的孩子在教室门口迎接家长和孩子们，就跟他说："明天你第一个来幼儿园我就让你当。"第二天早上，当我走到教室门口的时候，就看见超超跟着他爸爸站在教室门口了。超超跑过来跟我说："韦老师，我第一个来了，我能当'文明礼仪小标兵'吗？"我知道说过的话不能不算数，只能把文明礼仪标志让他戴上，叫他站到门口迎接家长。接着来园的是小琳小朋友，只听见超超有礼貌地向小琳及她的奶奶说"早上好"，孩子们一个接一个地来园了，超超也一个接一个地向他们打招呼。那种认真劲是我从没发现的，我没想到他会表现得这样好。到了吃早餐的时候，我及时表扬了他的表现。从那一周开始，班上出现了一道不一样的风景，就是教室门口每天出现了六个可爱的"文明礼仪小标兵"，因为每个人都想做"文明礼仪小标兵"，就计划轮流来做。每当来园时候，听到一声声稚嫩的"爷爷早上好！奶奶早上好！叔叔早上好！阿姨早上好！×××小朋友早上好！"，离园的时候又一声声稚嫩的"爷爷再见！奶奶再见！叔叔再见！阿姨再见！×××小朋友再见！"，小朋友学会了主动问候别人，家长们也热情地跟小朋友打招呼。孩子们从"文明礼仪小标兵"中学到了文明礼貌待人，我觉得这是一个成功的文明礼仪教育的开始。在以后的日子里，我每天坚持不懈地实行班级文明小标兵。这个活动得到了家长们的肯定，很多家长跟我们反映，孩子们现在不管在学校还是在外面都养成了文明礼貌，这是一种文明礼仪，孩子们很需要这样的教育。其中超超的家长很欣慰地跟我说："老师啊，超超现在的表现很乖，在家里都表现很好，很体贴我们，不像以前那么调皮了。"

案例 2 感恩教育

幼儿园每天午饭前的半小时是吃水果时间。周三我照例用小刀把苹果切成小块，然后请孩子们排队来我这儿拿苹果。一个又一个孩子依次来拿苹果，什么也没说，只是接过我手中的苹果。但对每个孩子，我都故意拿着苹果，装作不给的样子，想等哪个孩子拿到苹果后声"谢谢"。不是我想满足被孩子尊重的虚荣心，而是想让孩子学会感谢别人，想借此机会让孩子们明白，当别人为你做事后应该说声"谢谢"，从小培养孩子要具有感恩的心。孩子们对我的举动很是不解，我也没说什么，只是对着他们笑。苹果发完了，也没有一个孩子想到说"谢谢"，我有些失落。等孩子们吃完苹果后，我忍不住问孩子们："刚才可能不少小朋友已经注意到，老师在给你们苹果的时候，没有把苹果马上递给你们，是吗？"孩子们都注视着我，表情疑惑。我平静的目光从他们天真无邪的脸上一一滑过，说道："老师为什么没有把苹果马上递给你们？"刚说完，孩子们七嘴八舌地说开了："老师跟我们闹着玩。""老师逗我们开心。""老师也想吃，不想给我们吃。"……

这些回答我并不意外，毕竟还是孩子。我马上叫孩子们安静下来，"其实呀，老师在等你们的一句话呢。"孩子们都不解地盯着我。看到孩子们还是不太明白我的意思，我接着说："刚才，你们拿苹果时，老师为你们每个小朋友做什么了？"有孩子马上抢着说："老师帮我们把苹果切成小片。""是吗，你真是个聪明的孩子。"我顺势问道："老师帮你们切小片，你们就可以马上吃苹果了，这样吃苹果就很方便。那你们该对老师说些什么？"这时听到一个细细的声音在说："谢谢。"我笑着说道："说对了。小朋友，记住，以后老师给你们发苹果或盛饭的时候，在你们有困难得到别人帮助的时候，千万别忘记说声'谢谢'。"孩子们一起回答"知道了"。

第二天吃香蕉时，我还是照例为孩子们分香蕉。刚开始时，几个孩子好像忘了昨天的事，后来超超说了一声"谢谢"后，每个上来拿香蕉的孩子都会说声"谢谢"。下午小顺的积木掉到地上，多多马上帮他捡起来。这时听见小顺对多多说了声"谢谢"。我从心里感到高兴。而当孩子们为我做了什么事时，我也会对他们说"谢谢"。

评析

孩子是感性的，你给了他们什么他们就学会什么。有一句话是这样说的："播种思想，收获行动；播种行动，收获习惯；播种习惯，收获性格；播种性格，收获命运。"感恩之心是沉睡在孩子心灵深处最美的天使，愿天下所有教师能用一颗感恩的心去叩开孩子的心扉，去唤醒这个"天使"，让感谢成为习惯。到那时，我们的世界就会弥漫着爱的芳香。

案例 3　敬老教育

重阳节准备到了，活动以重阳节为主线，并结合感恩课题及本班实际情况（大部分幼儿都是由老人接送的，老人比较溺爱孩子，一味迁就孩子，这形成孩子在老人面前任性，不知道体贴和关心老人等），从而设计了这次活动。《七彩虾》这个故事内容生动、贴切，其中选取了司空见惯的日常情形与事物组成故事情节，让幼儿在生动有趣的活动中体会和感受小青鱼对老人的关心和尊敬，从而感悟到老人平时对自己的爱和付出，并且知道要感恩，知道怎样去关心和孝顺他们，并用自己喜欢的方式来表达对他们的感谢。

活动目标：

1. 了解重阳节是老人的节日；

2. 理解故事《七彩虾》并感受故事中小青鱼对老人的尊敬之情；

3. 教育幼儿尊敬老人。

教学重点：在理解故事的基础上，知道重阳节是老人的节日。

教学难点：知道重阳节是中国人的习俗，初步学会孝顺老人。

活动过程：

1. 活动导入：谈话

通过谈话让幼儿懂得每年农历的九月初九是重阳节，是爷爷奶奶们的节日，爷爷奶奶在这一天去登高望远，这是我们中国人的习俗。（激起幼儿关注老人的兴趣）

2. 活动指导

（1）欣赏故事《七彩虾》

师（出示一条小青鱼）：今天我们班来了一条小青鱼，我们来听听它有什么故事要和小朋友说。

①让幼儿先自主阅读幼儿用书《七彩虾》，并引导幼儿初步理解故事。

提问：小青鱼给我们带来了什么故事？故事里说到谁呢？（聆听幼儿的发言）

②利用投影仪展示幼儿用书《七彩虾》，幼儿边阅读边听教师讲故事。

提问1：小朋友你们听了这个故事后，请你们说说故事里讲了些什么？虾公公躺在小青鱼背上看到了什么，他是怎么说的？小青鱼是怎么回答的？

提问2：虾公公为什么会把彩虹当成七彩虾呢？小青鱼看到虾公公伤心的样子，心里是怎么想的，他又是怎么做的呢？

（2）讨论

①师：故事中的小青鱼这样做好吗？（好）好在哪里？如果你是小

青鱼，你会怎么做呢？

　　②引导幼儿讨论：与爷爷奶奶过节要准备什么？（如带上小礼物，准备好表演的节目等，会说关心和祝福的话语）平时要怎样孝顺老人？（启发幼儿平时要多与老人们交谈，了解老人的生活，回家为爷爷奶奶多做事情）

　　③师小结：我们不仅要在重阳节为爷爷奶奶做些事情，而且要向小青鱼学习，一直孝顺爷爷奶奶，尊敬老人，要经常为爷爷奶奶捶捶背、端端茶等，你们说对吗？

　　3. 活动结束：让幼儿谈谈在平时为爷爷奶奶（外公外婆）做过的事情，大家互相评一评。

　　活动延伸：鼓励幼儿回家为爷爷奶奶做件事，如捶背、讲故事等。

　　《七彩虾》是一个非常生动有趣且富有一定教育意义的故事，讲述的是小青鱼为了帮虾公公实现和七彩虾交朋友的愿望，不怕辛劳地帮助虾公公的感人故事。在活动的第一个环节，我以谈话形式导入重阳节，引起幼儿的学习兴趣。活动的指导过程，我通过让幼儿听故事、讲述事例等形式，让幼儿体会到故事中小青鱼对老人的关心，从中体会到平时老人对自己的爱和付出，从而知道怎样去关心和孝顺他们，并用自己喜欢的方式表达对他们的感谢。活动中，利用了幼儿喜欢听故事的特点，并结合幼儿自身经验讲述一些事例，让幼儿融入故事中去。听完故事后，孩子们你一言我一语地讲述着自己的爷爷奶奶是怎么爱自己的、为自己做了什么事情。在老师引导下，幼儿能够知道爷爷奶奶年龄大了，他们也需要照顾，平时需要我们为他们做点事情，应该关心孝顺他们，不要像小皇帝小公主一样，把爷爷奶奶累病了。最后，通过让幼儿对幼儿的评一评活动后，与家长进行了交流，家长纷纷反映，通过这次活动，孩子懂事了很多，有的改掉了一些任性、娇气的习惯，懂得关心人了，这对孩子今后发展也将是一个很好的影响。

五、活动反思

　　《纲要》明确提出："幼儿社会态度和社会情感的培养应渗透在多种活动和

一日生活的各个环节之中。创设一个能使幼儿感受到接纳、关爱和支持的良好环境。"此案例正是把"孝亲"教育融入、渗透到日常生活中，引导和鼓励孩子们用观察的眼睛发现"美"的事物，用细腻的心灵体验到"爱与被爱的快乐"。由文明礼仪教育、感恩教育和敬老教育引发的案例让我深深体会到：只要我们做个有心人，走进孩子的生活中去寻找，就会发现生活中"爱的教育"素材是非常丰富、无处不在的。

（柳江县机关幼儿园　韦秀连）

第二篇
陪伴是给孩子最好的爱

　　教师要像对待荷叶上的露珠一样，小心翼翼地保护学生的心灵。晶莹透亮的露珠是美丽可爱的，却又十分脆弱，一不小心露珠滚落，就会破碎不复存在。学生稚嫩的心灵，就如同露珠，需要教师和家长的加倍呵护。

——苏霍姆林斯基

我与 41 位农村初中寄宿生的故事

故事一：建设我们的"家"

一、我们的家底

在我的人生字典里，班级就是"家"，就是有情有义的温暖港湾。在"家"里，每一位孩子都会得到家人般的支持，无论你走到哪里，无论你做何选择，每一次生病都能得到亲人的问候，或许这也是曾经的孩子经历过的无数个日夜体会到的，如今在离开老师的日子里仍然有着那一份惦念。"家"也是不离不弃的人生战场，不气馁，不妥协，如同"人生为棋，我愿为卒，行动虽缓，可谁曾见我后退一步"那般豪气冲天。

要建设如此美好的家园，主要了解我们的家境。让我们来看看班级统计情况吧。

全班 41 位孩子。家庭完整的男生有 17 人，女生 15 人，其中：就家庭条件而言，宽裕的有 3 人，良好的 23 人，中等的 6 人；就学业成绩而言，优秀的 7 人，良好的 10 人，合格的 10 人，薄弱的 5 人；就人群性格特征而言，乐思好学的有 14 人（女生 10 人），接受建议的有 12 人，微弱接受的有 4 人，被动接受的 2 人。家庭不完整的有男生 7 人、女生 2 人；家庭条件宽裕的 1 人，中等的 4 人，困难的 4 人；学业优秀的 2 人，良好的 2 人，合格的 1 人，薄弱的 4 人；就人群性格特征而言，乐思好学的有 4 人（女生 2 人），微弱接受的 4 人，被动接受的 1 人。

我还注意到，学生家庭结构的不完整，导致部分特殊学生心理存在偏差，行为独断；家庭经济条件落后，学生生活无法得到保障，无心向学；家长对教育的关注程度不同，意识不同，造成学生投入学习的用功程度不足，时好时坏，成绩不稳定。长期以来学生形成的不良学习习惯、薄弱的学习能力使学生很少尝到成功的喜悦，从而导致学生学习无动力、做事无激情、为人无准则、群体无活力的局面。

二、我相信……

每一个孩子都是一本书，每一个家庭都有一个故事，家的"打造"道路坎坷，一句话、一个举动都可能造成不可挽回的局面。教育孩子，也是在改变家庭！

利用一切可以利用的资源，发挥一切可以发挥的优势，必须从实际出发，从周边环境寻求突破口。

1）我相信"山美水美的家乡环境定能熏陶出优美的心灵"；

2）纯厚向善的地方文化对周边村民宽厚仁慈的品性塑造有很大的引导作用；

3）勤探索、能创造出非物质文化遗产——特色"水油堆""石拱桥"的劳动人民必定在创造财富方面也会有不凡的表现。

三、我们要建立的"家"

（一）创设"家"的氛围

1. "缘"起

我们以"无论过去、现在、未来我们是否相识，也无论年少、年轻、年老我们是否相知，只求我们能相守相惜"为"守望者"师生群的宗旨。

发起"老吾老以及人之老，痛吾痛以及人之痛，康吾康以及人之康，恸吾恸以及人之恸"的行动计划，对于已升入高一级学校的学长的奶奶，我们坚持定期照顾；对于已初中毕业的患癌师姐，我们号召群内同学积极捐款。关注孩子们的身心健康就如同关注自身一般：不错失每一次感动的机会，把握住每一次心灵的洗礼。

2. "缘"聚

家就是责任。不管你身担何职、身在何处，只要是孩子的责任，都必须履行。同时，我们会给予孩子践行承诺的灵活建议和处理方法。用"驾驶证扣分管理，过失清零制度"，去认识家的不易，去感知责任的价值，去珍惜它的存在。

家就是合作。我们是一个团队，一个如家般的群体，我们开展包饺子、聚餐等活动，发掘了小孟擅长厨艺、小姿精于计划、小玲乐于统筹的特点。

家就是分享。我们用先进的思想、开放的思维、丰富的活动，不仅在班级展示自我风采，还辐射邻班，服务社会。让同学认可，让学校品评，让社会检验。

家就是参与。我们参与德、智、体、美、劳全面活动，让每一天都精彩，让每一个同学都不留遗憾。

家就是无怨无悔每一天！

（二）建设"家"的共同愿景和目标

有梦想，才有原动力。

我们的梦想：

1）做人——友爱、团结、互帮、互助、坦诚、自立；

2）处世——共同钻研，各扬所长；

3）待物——珍惜拥有的一切。

语言质朴而实用，源于自身，践行自我。

我们的班徽：从后面看来，犹如母亲张开的怀抱，紧紧地将孩子拥入怀中；从前面看，仿佛父亲的双手，高高地将孩子托起。鲜艳的红色意味着热切的关注、关心及期盼，浅蓝的圆环代表着我们平淡、平稳、温和的心态、状态。徽标制作采用手工刺绣图案，体现我们的节约与创造、细腻与艰辛、合作与智慧。

（三）建立"家"的规矩

没有规矩不成方圆。

1. 我们的约定

学生自主、自定，结合养成教育促进行为规范。分为课前、课堂、课后的行为约定，操行、品性、责任的约定。

2. 我们的"四大守护"

结合学龄段学生喜欢游戏的特点，采用当前流行的网络游戏《大天使之剑》的设定，对全班学生进行分级管理，分别为"绿衣天使""蓝衣天使""白衣天使"。

建立以"诚实守信，文明礼貌"为口号，追求"创建美好的学习环境，带给你春天般的享受"的春季守护小组；以"刻苦努力，比学赶超"为口号，追求"夺取学校任何一个考核评估的第一名，让成绩见证我们的勇气和热情"的夏季守护小组；以"心净室静"为口号，追求"扎实沉着、务实开拓，确保每一步都走得踏踏实实"的秋季守护小组；以"入室即静，入座即学"为口号，追求"我快乐、我轻盈，带给每一个同学恬静的心境"的冬季守护小组。

同时按照级别进行工作分工，每组分别确立一位学习、生活、劳动、纪律、体育负责人，明确组员职责。担当值周小组（做到"一组如一班"，能独立行使管理任务），促使全员参与，力求广泛发掘、磨砺、培养人才。

3. 我们的承诺

责任感的培养，从个人诚信开始。古有"杀猪立信"，今作"画押行事"。我们提议从学习、纪律、生活三方面，因人因能力做承诺，立"违诺惩戒"，力求约束不良行为，促进个人发展，改善班级状况，做到全员参与，管理者垂范，众人共督，专人执法惩戒。

故事二：给自己一个约定

语文老师刚进入办公室就抱怨开了：那个小林真令人厌恶，要么上课就睡觉，要么就是拉扯女同学的头发，要么转移教学话题，搞得一节课都没办法上！每周的值周班干部周末总结时也常提起此类事件。各科任课老师深有同感。若不处理，恐怕学生将不能安心学习，老师无法开展教学，久而久之，班将不班呀！按常规处置，进行个别批评教育或私下教育，乃至联合家长教育，均已尝试，收效甚微且持续时间短暂。就如李红教授讲的："我们或许不缺乏沟通，但是缺乏的是有效沟通。"有效的课堂与班级管理应该是柔性的，而不应该是刚性的。班级和课堂管理切忌"严"字当头，要和他们对话，适当满足，适当限制，因势利导，曲折前进。

参照平等、有效的沟通方式，倡议"给自己一个约定，我必能成就一生梦想"。我想全班上下均需为自己量身定做一个提升计划，以"行为约定"为契机，以同学监督为手段，以个人诚信为准则,动员班内先进分子带头，以自主参与、自我设定条件和自惩措施为主线，开展"我们的约定"活动。

全班上下，先进带动一批，老师鼓励一批，活动刺激一批。全班上下开始自查"病情"，自我"下药"。如小林在"我们的约定"中这样写道："不在上课时间睡觉，违约则给全班每人买一个苹果。"想想，全班41人，41个苹果，少说也得花上50元，要么有悬梁刺股的决心，要么信口说说罢了。第一周周一他违约了，在大家的证实下，他无言以对；在我调侃式的鼓动下，他有些犹豫；在与家长沟通协调下，好讲义气的他，兑现了自己的诺言。第二周周四再次违约，更多的是埋怨自己定力不够，约定下周来时兑现自己的诺言。第三周，第四周，他不再违约……一位同学在"我们的约定"这样写道："上课不讲话，不看课外书。

违约则扫清洁区两周。"第一周,她违约了,兑现了自己的诺言;第二、三周,不再违约……另一位同学在"我们的约定"中这样写道:"上课不睡觉、不讲闲话、不小声读书。违约则换水一星期。"第一周,他没违约;第二周,他违约了,兑现了自己的诺言;第三周,不再违约……

开展"我们的约定"活动后,同学们对不良行为形成了共抵急促,对维护纪律达成了共识。违纪人数由全班多数人变成 8 人,两次违约人数减为 1 人。班级由"他管"变成了"自律"。

故事三:我的"班级活动"故事

一、主题班会

我们的主题班会是上级领导及师生共同关注的展示会,是导师、工作室学员共同欢舞的班级盛会,是大家携手成长的启发会。就如学生所言,"今天是我们班的大喜日子!副局长和博士、研究生都来了,那么多优秀的老师都来了,我一定要好好表现","将来我也要像他们一样,考上大学,读研究生,做博士"。

二、观影"活"人

通过观看影片,重新激起孩子的人生信念,调动孩子的学习愿望。

"不管生活多坎坷,我们还要走下去;不管命运多艰难,我们还要活下去;不管父母多不好,我们还要照顾,因为他们是我们唯一的依靠。"一位父亲是残疾人的学生说。

当看到《傻爸疯妈破烂家,一朵美丽倔强花》时,深有同感的小菊在感悟中写道:"虽然爸爸、妈妈不要我了,但是还有我的爷爷奶奶和一切关心我的人。以后我要常回家帮我爷爷奶奶做事,不让他们担心我,让他们放心,要让他们多享几天福!我会在学校好好学习,将来像村里那对双胞胎一样,考上大学,让大家都知道:我们××村还有位大学生,叫小菊。实现我的梦想,让他们也为我感到自豪!"从那以后,她更自觉、更勤奋,成绩上实现了两次飞跃,实现了自己的第一个梦想。

三、架桥"通"班

与科任老师的协调沟通效果也会极大地影响班级建设。语文老师病倒了，由于呕吐无法到班进行晚修辅导。得知此事后，我一进班立即就此事与孩子交流。在发起"给语文老师的一封信"活动中，一个性格内向的女孩静写道："作为您的学生，我很荣幸。感谢您陪我们一起走过时光，感谢您为我们付出了超乎母亲的爱、付出超乎任何一个老师的艰辛！您不仅教会了我们知识，更教会了我们做人的道理，希望将来我们不仅有师生的关系，更有朋友般的关系！"如此活动很容易让老师心宽，也让师生"心通"，老师走进班级去了，学生的性格开朗了。

四、创作"活"性

在班级特设色创建上，仅仅部分人动起来是不够的，让所有人都参与进来，都行动起来，这也需要更广阔的展示舞台。"个人创作"能够开发学生潜能、展现学生风采，无疑是最好的选择。

男性友谊的重点在共同活动，女性友谊的重点在共同分享。

喜欢绘画的来个手绘"古堡"，增添生机就栽盆"文竹"，创班级特色就"班徽"，喜欢动手的男生雕刻"一帆风顺"。一笔一画，一草一木，一针一线，一刻一挑中培养了耐心、细心、静心。因为享受，所以投入，所以成功！

感 悟

作为一名农村初中班主任，注定了清贫，决定了奉献，但也并非"贫困"一生。我们当前的付出或许不被人所理解，或许少一些支持，或许让我们面临窘境，但我们若能够以一颗平常心、爱心、智慧心去对待它，我相信：大舍必定有大得！佛语有云："一花一世界，一叶一菩提。"我相信：每一位孩子都有"开花"的时候，每一个家庭都有"圆梦"理由，作为"轴心"的我们，须有一分坚守、两分自信、三分尝试、四分宽容。只有不断尝试、不断改进的教育，才能将一切的努力都化为家庭的幸福。我们将成为孩子们的"贵人"！

（柳江县洛满中学　钟成宝）

不抛弃，不放弃

这里讲述的是我和我们班留守儿童"熊"的故事。

"韦超敏，你打电话够了没有？爽了没有？作为老师，背后讲学生坏话，你还是个人吗？"看到熊同学的留言条，我整个人气得几乎要爆炸，恨不得马上找他来狠狠地训斥一通。

这是发生在 2015 年上学期第三周的事情，当时我听到几位任课老师向我反映说熊同学最近课堂比较吵，还常有上课迟到、作业缺交、无故过位等现象，甚至还号召同学故意捣乱课堂，弄得有些老师无法正常上课。这孩子在初一时学习成绩好，数学成绩常常是班里第一，体育成绩更好。因此我任命他为体育委员并数学科代表。他曾代表学校参加过市级、县级田径运动会和篮球运动会，荣获助跑跳远第一名、篮球团体第四名的好成绩。因此，他在班里威信高、号召力强。

听到任课老师这样说熊同学，我开始还有点怀疑，心里想是不是他长大了，心里有什么解不开的烦恼，还是家庭问题。于是我特意找他谈了三次话，主要和他谈谈读书的重要性、做人的道理，等等。可是每一次谈话他都没有听进去，还表现出不愿和我沟通的情绪。当时我心里很着急，但又不知用什么办法来唤醒他，看到他日渐远离学习，我就经常在班上点他的名字，说他今天放学后带同学上街玩游戏啦，晨跑出操齐队慢啦，上课迟到啦，无故旷课啦……

之后我便收到他写给我的班干部辞职书，说这里没有值得他留恋的东西，还扬言说要转学。无奈之下，我便打电话告知他的家长，想借助家长的力量来挽救他。他知道我打电话给他家长后，便有了开头写给我的那张留言条。

可是熊同学的父母当时都在广东打工。我向他父亲反映他在校的种种违纪情况后，父亲表现很漠然，好像和他无关的样子，电话里只有"嗯，嗯"的声音；最后我说希望他能抽空来学校共同教育孩子，他并未作出决定。本来希望得到家长支持，共同教育孩子，可这一线希望也破灭了。打完电话后，我觉得很沮丧，但又不甘心。熊同学看到我求助家长也拿他没办法时，那段时间表现更加叛逆：不但上课故意早退、讲话、过位，而且不出早操，早晚读旷课，甚至有一次上体育课时还殴打了体育老师，并经常拉拢男生跟上课老师唱反调，搞得老师上不了课，班级人心涣散。

当时我想，难道我就这样放弃这个孩子吗？不，决不，我一定要挽救这个孩子。于是，我多次打电话给他家长，但他家长始终不接电话。无奈之下我便发了一条短信给他爸爸，内容是："您孩子在校间多次违反学校纪律，经多次教育仍无改变，请您抽空来校共同教育孩子。若不及时教育，孩子可能会变质的。急！急！急！"短信发出一天过去了，两天过去了，一周过去了，都没有他家长的音讯。当时我想，难道是家长抛弃自己的孩子了吗？还是另有隐情？于是我问遍了学校所有的班主任，他们都摇头说没辙了。我也觉得要教育好这个孩子很棘手，然而我心想我决不会放弃他。

正当我还在摸索如何挽救熊同学时，我接到了他父亲的电话。当时临近清明时节，他父亲说已到学校，想找我了解孩子的情况。我一五一十地向他讲述熊同学的种种违纪行为，希望他别光忙于赚钱，应注意主动和孩子沟通，鼓励引导孩子从叛逆期走出来；并要求他必须带孩子回家教育，直到孩子能认识到错误，再次回校时一定要写好说明书并要求家长亲自送来。熊爸爸很感谢我对孩子的不抛不弃，也主动承认自己责任心不强，并承诺说为了孩子，今后不再外出打工了。清明节收假第二天，他们父子俩一起来到学校，熊同学主动递上说明书，并承诺今后要改掉坏习惯，用心带好班级，努力学习。

处理完熊同学的事后，我深深地松了口气，心里想：我一定要彻底改变这个孩子。要改变他还要给他更多的关爱，于是我特别关注熊同学的变化。我看到他出操正常了，也看到他早晚读开始读书了，同时也看到班风好转了。每次看到熊同学进步，我都会及时在班里表扬他。另外，我还在熊同学周末回家前打电话告知家长，说他回校后守纪律了，成绩也有很大的进步。每次周日回校时，我看到熊同学脸上写满了开心与自信。期中检测时，他居然考得年级第35名的好成绩。

看到他变化之快，我心里暗暗高兴，同时也深深地悟到：学校教育离不开家长的支持，孩子的成长更离不开老师的表扬与激励，教育好孩子最离不开的是教师对问题孩子的不离不弃。我坚信：只要我们不抛弃、不放弃每一个孩子，孩子们一定都会健康、茁壮地成长。

在一些偏远的农村学校，随着家长因谋求生计纷纷外出，孩子们的家庭教育几近为零。从韦超敏老师对待这个自暴自弃、问题百出的留守儿童的态度与方式中，我们不仅看到了他的教育智慧，更看到了他作为教师坚守教育理念的难能可贵。

一、相信每一个学生

每一个学生都有成功的愿望和需要，相信学生，相信通过教育，每一个学生都可以在原有基础上取得进步，取得发展。通过适合学生的教育，促使学生改变消极的自我概念，触发学生形成自我学习、自我教育的内部学习动力机制，开发自我潜能，成为学习的成功者。案例中的韦老师在自我心理博弈中，放下了教师的权威，在孩子面前，运用了更宽容、忍耐、等待的方法，"挽救"了这个走在"边缘区"的留守儿童中的问题学生。从这个意义上讲，教师相信每个学生心里都有善良的"种子"、成功的"欲望"和"潜能"这样的学生观的形成，是引导学生走向成功的基础。

二、教育要走"心"

"不抛弃，不放弃"看似很简单，但却考验着一个教师的教育理念，更考验着教师的耐力，是教师教育理念和品质的综合体现。案例中的韦超敏老师最后悟到：对这种"聪明"孩子的表扬，亦是一个教师能够给予孩子的安全感和自尊感。所以说，在孩子面前，韦老师给予了"熊孩子"更多的安全感，让他敢于、乐于去探索；给他自尊感，让他有信心、有意志去探索。所以，关心、用心、操心、恒心，这种"走心的教育"才能让教师在留守儿童的教育中，去理解他们所处的生活背景，遵循他们的年龄心理发展规律，抓住一切教育的契机，期待他们的进步。

三、形成家校教育合力

学生受教育的主要环境是学校和家庭，施教者主要是教师和家长，因而教师必须和家长保持密切的沟通和联系，使之形成一股合力才能取得事半功倍的效果；反之，如果"一人一把号各吹各的调"，只能是事倍功半。在这个过程中，教师不仅要做孩子的工作，还要做家长的工作。在另一个成人面前，教师的权威放下了，要比在孩子面前更耐心、更容忍、更智慧。韦老师不仅能够做到及时与家长汇报情况，还去耐心地指导家长如何与孩子沟通。一个乡村教师对"熊孩子"的"不抛弃，不放弃"最终打动了家长，让家长意识到，自己的关注、陪伴才能让孩子最直接地感受到父母之爱。

中国的农村留守儿童这一特殊群体的教育，给我们广大教师，尤其是农村教师提出了一个很大的挑战。我们该如何应对，想必韦老师的做法值得我们思考与借鉴。

（柳江县流山镇中学　韦超敏　广西师范学院教科院　刘亭亭）

教师节的来信

世界拥挤又浩大
只是没有光
当您似"光"的名字来时
世界都明亮了起来

——您的学生：1012班　曾得俸

2015年的教师节，我收到了曾经学生的信，一份教师节的特殊礼物。而我觉着那是一个福报，温暖了我，也可以温暖他的学弟学妹——我现在的学生。

我现在这个班的孩子学习精神状态还是好的，课堂纪律则要费点心了：迟到、上厕所的爱走教室的后门；无论是否在课上，趴桌子的每节课十人左右。我和大家约定，在上课时，迟到的同学打报告从前门进，上课中想上厕所的同学在征得老师同意之后再出去。大部分孩子可以做到，少部分孩子没有表态。时常地，我微笑着停下正在上的课："这可怎么办呢？我刚想今天上课一定要留三分钟表扬同学们，因为今天迟到的同学都会从前门报告进教室，大家开始学会尊重老师和正在上课的同学，我觉得特别欣慰。可是现在，我似乎又发现新情况了。""老师，没有没有，没有人出去，你眼花啦。"那个孩子猫着腰从教室后门溜去了厕所。"真的？'此地无银三百两'了。"说完，我仍旧继续上课。

第二节课。"这节课不上新课了。"我说。"聊天?太好了!"孩子们很兴奋。平时趴在桌面上的孩子,也被旁边的孩子拍起。大家很安静,而今天的话题是"不以成绩论英雄"。我先分享了同学写给我的信《如果有下辈子,仍希望你是我的老师》。大家听完后咋呼开了:"文采那么好,不可能不优秀。""告诉大家一个小秘密,这位同学当年的初中成绩在班里并不是靠前的。"孩子们惊呼:"老师,这个同学的初中成绩真的不优秀吗?""是的,事实证明,成绩不能论英雄,但成绩确实可以反映我们一段时间以来的学习状态。咱们这个年级 13 个班,成绩优劣的差别在于学习的态度。"

"大家知道,张老师要来给咱班上课时,是什么心情吗?"

"失望?""厌恶?""排斥?"……

"不,我一直期待着有机会能深入地和同学们互相了解彼此。"

"老师一直认为每一位学生都是很有潜力的,只要大家肯努力,很多看起来很难的事情都会很容易实现。目前我们班的语文成绩最好是 B 等,还有 7 位同学是 E 等。情况确实不好。但是如果大家足够努力,学习态度足够端正,我相信,我们班的 E 等是完全可以消灭的,我们的最好成绩绝不只是 B 等,我们还会有 B+、A 等甚至是 A+。我心疼上课趴桌子的同学,心疼你浪费自己的时间,也担心老师自己是否浪费了你的时间?你的将来就立足于你的现在。希望大家对自己有信心,老师对你们是有信心的……"

下课了,十多天来上课都不爱听课的一个男孩跑到前门,笑容灿烂地和我挥手道别;好多孩子追着问我那个文笔很棒的孩子是怎么学习的;下午的语文午读,孩子们读书的声音比往常要整齐而响亮。

真的特别感激在教师节给我写信的孩子,谢谢你!如果说曾经的我给予了你温暖与帮助,那么今天,你把我对你的帮助成功地传递下去了。陶行知先生有句话:"真教育是心心相印的活动。"唯独是从心里发出来的,才能到达心的深处。今天这种形式的教育让我感觉到了什么是真教育,我好像近距离地触碰到了孩子们的内心,而他们也温暖了我的内心。

(柳江县第二中学　张海青)

孩子，这不是你的错！

　　小远对历史老师大吼："我吵关你什么事？"没等历史老师回过神，他便拿起自己的水杯，把水倒在桌面上，一边哭一边撕自己的作业本。而历史老师只是上课时间想制止他和同桌打闹，让大家可以正常上课。于是，班长报告我："老师，老师，不好啦！历史老师叫你去一趟。"而我看到的场景是：满地都是白花花的纸屑，小远还在不断地撕他的作业本和课本，并把撕成碎片的纸屑向教室撒。这孩子今天怎么啦？

　　我走到小远身边，轻声地说："小远，有什么委屈和我说说行吗?""谁想死就说，我送他。"小远大声喊道。那场面挺吓人的，当时有位女同学拉拉我的衣角说道："老师别理他，小学时他就这样。"听了这话，我心里宽慰了些。"小远，可以陪我出去走走吗？"他看了我一眼，接着就是紧抱他的桌子，双脚还勾住了他同桌的桌子。他可能预想到接下来我会去拉他，本能地"保护"自己起来。可我不去碰他，递给他纸巾："擦擦吧！"他没有任何反应。我帮他擦干了脸上的泪水，拍拍他的肩膀，说道："走吧，到老师办公室喝杯水，顺便把脸洗洗。"

　　在办公室里，我倒了杯水给他，他接在手里，没有喝。我拿张凳子坐在他旁边，问他是不是在学校或家里受了什么委屈。这一问，他泪流满面地控诉着：他爸爸不要他，爷爷奶奶有多辛苦……

　　他只是极端地表达了自己。小远自小父母外出务工，父亲下落不明，母亲只有过年才回家，小远和爷爷奶奶生活在一起。爷爷60多岁，为了生计，在附近做泥水工，奶奶有心脏病。

　　父亲对他而言是"雷区"。班里有几个男孩聚在一起谈论各自的家，也谈到了自己的爸爸。小远听了很不爽，随手拿起同学交的作业本往楼下扔，刚好被路过的值日老师碰到。值日老师便在楼下喊："142班哪位同学乱丢作业本下来，把它们捡回去。"这话以后，小远开始脱鞋子，脱袜子，脱衣服，并往楼下扔。值日老师被这一场面怔住了，随即冲上二楼。小远来了这么一句："你怎么上来了，我准备脱完裤子后跳下去让你接呢。"小远以他自己的方式博得了全校师生的"关注"，但奶奶却为此心脏病发，并卧床了一个月。小远犹如一颗小炸弹，随时一点就爆，甚至有老师提议给他转学。"他能有地方转学或有人帮他办理转学，他就不这样了。"对于小远，多年的班主任经验告诉我：不能急，不能火，不能粗暴。家访、关心、关注，虽然下一刻我不知道他会以什么样的方式呈现他不稳定的表达方式和随时都"易燃"的暴烈性格。

小远在142班度过了很不安静的一年。开学时，他大咧咧地和我说："老师，如果当时我不分在我们班，我现在早就不读了，可能变成杀人犯，坐牢去了。"他很直爽，直爽到扔出来的字句也很"暴力"。小远是否真的长大了？他会不会再制造"麻烦"？

没多久，小远用尖刀扎破了我的三个车轮！事情的前提是我发现小远私自带手机用教室多媒体设备电源充电，严重影响教学活动的开展，我按开学初学校与家长、学生的三方协议，没收了他的手机，待放假时家长来学校领取。小远的这起扎车轮事件，引起了在校老师和同学基于安全角度的恐慌，出于无奈，学校向派出所报案。在派出所里，干警问小远为什么扎老师的车轮时，他的回答很简单："她拿了我的手机。学校没收了手机，我妈打电话给我，我就接不了。"小远的出发点很简单，可是……我泪流满面，说不清楚是为小远，还是为自己未能走进小远心里……

我站在小远面前，平静地对他说："孩子，这不是你的错，你父母生下你，却没好好陪着你，更没尽到养育你的责任，他们有错；老师不能理解你，不能站在你的角度去考虑问题，老师也有错！"

我知道，我需要做得更多、更长远，我需要更细心、更耐心、更有决心，不放弃。我花很多心思去做小远的思想工作，去安抚其他学生和我们班的科任老师。我希望小远能自尊自信。接下来的日子里，我特别注意鼓励他，在他出现每一个微小的进步时，及时给予中肯的评价和表扬。

我们学校是一所农村寄宿制学校，设有宿舍协管员来管理内宿，一般由各班比较有威信的学生轮流值日。我通过多次与小远沟通，极力向学校政教处推荐我们班由小远担任宿舍协管员。鉴于小远之前的表现，学校很犹疑，在我的争取下，才暂时让小远"上岗实习"两次。如果不出问题，学校再另作安排。

小远第一次"上岗实习"时，分管得很认真，仔细地巡查有没有人不按时起床，休息的时候楼层也特别安静。他第二次"上岗实习"时，我专门和当天的值日老师调换，和小远一起做值日。当我们一起把值日当天的事做完，我和小远坐在草地上，他第一次这么和缓地告诉我：奶奶有心脏病，爷爷今年62岁，去帮人家砌房子，是个很危险的工作；他周末回家上街买菜做饭，奶奶不在家时，他帮爷爷洗衣服；他特别恨他的爸爸，如果不是因为爸爸，奶奶不会生病，爷爷也不用那么辛苦。"爸爸暂时不回来，可能他有难处，天下没哪个父母不爱自己的孩子。你是个很懂事的孩子，你知道爷爷奶奶辛苦，以后我们尽量不做让爷爷奶奶难过的事。我们慢慢等，相信爸爸一定会回来的。"我和小远心里的那个他开始对话了。

小远通过了两次"上岗实习"考验，学校同意让他正式成为宿舍协管员，甚至在学期末小远还被评为学校的"优秀协管员"。慢慢地，小远开始与同学打球、与老师交流……脸上露出了久违的笑容，从前那个硬邦邦、什么事都极端的小远不见了，现在的他阳光而活泼。

"老师，我爸爸回来了！他对我很好，买了个新手机给我，我今天又不小心顺手带来了，老师你帮我保管吧！"

"老师，这是感冒药，我、爷爷、奶奶吃了都好了。你不是也感冒了吗？你也吃吧！会好得很快的!"

"老师，我从家里拿了几个红薯给你，好甜的咧！"

……

我看到了这个孩子的成长和蜕变。过程很坎坷崎岖，但我庆幸自己没有放弃。一想起来，心里都是满满的收获、欣慰，还有夺眶而出的喜悦的泪水。

孩子，这不是你的错！

（柳江县三都中学　覃菊斌）

我与学困生的故事

一、帅哥你好！

这一个学期来，我每碰到班上的一名学生，都亲切地向他打招呼道："帅哥你好！"而我收获的当然是他那灿烂的笑容和自信的步伐。我们彼此都觉得好亲切，就像铁哥们的相遇。

这名学生就是班上的小司，他是一个很独特的人。记得初一刚进学校时，他就给我留下了很独特的印象。在班上，他有时自信得狂妄，有时又委屈得像个小孩子，常常因为一些小小的事情同学们争得面红耳赤，而且得理不饶人。但是，无论我叫他做什么，他都很积极地去完成，表现得乖巧可爱。这就让我有点琢磨不透了。

一次，小司和班上的一位同学因为争抢水龙头而吵架，后来竟然趁人不在宿舍的时候把那位同学的桶和口盅都踩烂了，真是太过分了。于是，我把他带到办公室来批评教育，我说我们作为同学应该互相帮助而不应该以大欺小，应该光明正大而不应该背后耍阴招……说着说着，没想到他的泪水竟然慢慢地流下来，并且好像越来越委屈，一点也没有我想象中的顽固不化的样子。我在好奇中突然发现他的一只手总是收进衣袖里，藏到背后。我感到有点奇怪，于是我什么也不说了，静静地等着他。直到他平静下来了，我就问道："为什么总是把那只手藏到背后去呢？拿出来我看看。"刚开始他有点不情愿，但是最后还是拗不过我，终于把藏着的手拿了出来；而这一看着实让我吓了一跳，这是一只不完整的手啊！他的手天生就没有手指，本应是拇指的地方只长出一个短短的肉团。当我瞪大了的眼睛慢慢恢复了原样，我心里的震惊变成了怜爱。我很难想象，这么一个天生有着残缺的手的孩子竟然还能玩得这么开心，打闹得这么自在，好像自己和别的孩子从来就没有什么区别似的。而我是在开学后的第三周的今天才发现，我还真是工作不到位噢！我当时立即做了一个决定：一定要让这个孩子在班上开心而自信地活着，保持他目前的这一份朦胧的自信，不许别人随意拿他的这点伤疤来取笑！

怜爱之心让我不自觉地从他的角度去思考很多问题：他为什么总是那么斤斤计较？为什么总那么得理不饶人，时哭时笑耍孩子气？其中也许包含着他对命运的一种朦胧的抗争吧。我说："孩子，来，坐我旁边来，我们聊聊！"在亲切的交谈中，我了解到，原来他的父亲在他很小的时候就到广东打工赚钱养家了，很少回来，甚至是过年的时候都舍不得长途的车费，家里就他和姐姐和妈妈还有奶奶相依为命。也许是因为手的原因吧，他几乎从来都没挨过骂，但他的脾气倒是越来越暴躁了，稍微不顺心意就和别人吵得不可开交。他的姐姐原来也是这个学校的学生，而且成绩特别的优秀，但是他的成绩却一般般，甚至可以说是有点糟糕，属于后进生的那一列。但我想，这肯定是个心理复杂而又心地善良的孩子，我应该帮他把心底里的那一份善良给培育好，让他能够快乐而自信的生活和学习，忘却上天带给他的所有伤疤。

我带着他参与各项有趣的活动。记得我带他和同学们去踢足球的时候，先是玩射门的游戏，一对一射门挑战赛：谁踢进了球，那守门员就做五个俯卧撑，如踢不进则射手就做五个俯卧撑。刚开始，小司当守门员时，不好意思伸出他残缺的手来扑球，但是，玩着玩着，他慢慢忘了这一点，全身心地投入到游戏当中来。他的脚却是天生的灵活而有力，好像就是老天给他的补偿一样。慢慢地，足球就变成了他的强项，成为他最喜爱的运动。球场上，他过人自如，射门准确有力，俨然成了一个足球明星。在班级的菜园建设中，他同样是个种菜的好把手。他右手抓紧锄头柄，然后用残缺不全的左手紧紧地配合把住，就可以把锄头轻松地抡起了，动作灵巧有力，比班上的好多同学都强；种菜秧的时候同样也是他打头阵，用那只残缺的手把持好菜秧，而另一只手把肥松的泥土扒过来，把菜根轻轻地压紧，扶直，一行行的菜秧苗魔术般地从泥土里生长出来了……这一切都迎来了同学们的羡慕的目光，他也自豪地享受着自己双手所创造出来的快乐。在很多时候，我都喜欢叫他和我去做事情，包括篮球赛、跳绳比赛、砌红薯窑等等，这些他都是好手，我是实实在在地佩服于他所创造的奇迹。我很为他感到自豪，因为他为他自己赢得了活着的尊严！班上从来没有哪个同学拿他的手来说事过，他一直都很开心，我也很快乐。

初二学期开始，他开始把头发梳得很光亮整齐，衣服也穿得很得体，看起来蛮帅的。呵呵，孩子开始会打扮了，他正悄悄地步入自己的青春期呢。有一天，我刚买了一件新衣服，穿到班上，收获了同学们的大力赞赏，而小司更是直截了当地大声喊道："老师你好帅哦！"我高兴地也对他说："帅哥，你也好帅哦！"从那天以后，我们每次相见，他都亲切地向我问候："老师好！"而我也从不吝啬地回应道："帅哥你好！"

二、我当警察

从昨天到今天，我的心情都在翻腾个不停，我当了几天的"警察"，调查了两起学生偷窃的案件，让我对教育产生了深深的思考。

第一件事是关于小花（化名）的。她是我班一个特别瘦小的女孩子，身高在班级算中等的吧。从开学到现在的很长一段时间里，她都是一个"另类"的女孩子：不喜欢束发，头发总是披肩样，带着耳坠，裤子是露着膝盖的乞丐装，在教室宿舍里喜欢管别人，要别人做这做那，但自己却从不动手，到自己值日的时候也很少扫地、倒垃圾……针对她的这些毛病，我已经教育过了无数次，但她总是屡犯不改。有一次学校为了杜绝偷盗现象的发生，要求所有的学生把生活的日用品全部拿到操场上来检查，包括碗筷、洗衣粉、牙膏、牙刷、衣架等，若是缺了，马上要购买。但是，全校只有她，无论我怎么说，就是不把生活日用品拿下来。因为她觉得这是好丑的事情。初一上学期，班上进行的宿舍聚餐活动，她也是躲避不参加，总是把自己游离于集体之外。她很少和班里的同学玩，晚休息也总是偷溜到别班的宿舍去睡，和初二的那些问题学生混得倒是烂熟。

昨天，班主任助理来向我反映了一件事，说小媛的一件健美裤不见了，怀疑是小花拿了，因为问小花的时候她一会说是自己买的，一会说是跟初二借的，一会又说是跟隔壁班级的同学借的。学生丢失东西的事情确实是最难处理的，我们不是警察，没有什么专业的破案本领，很多时都是不了了之，最多只是让学生看到，我已经尽力了。要不我们还能怎么办呢？这次是小花，虽然她平时有点另类，但我还是不肯相信她会去偷别人的东西。为了把事情弄个水落石出，好对双方都有个交代，于是我就立即叫来了小花。她穿的这条健美裤看来就是争议的焦点了。我让她说明这件裤子的来龙去脉，她说是初二年级的小秋借给她穿的。我二话不说，直接叫她带我去把那个小秋找出来，我要当面问问情况。当我和小花把她从教室里叫出来后，我让小花直接回到本班的教室，不让她们有半点语言和表情上的交流。

初二年级的教室是在一楼，当我面对小秋时，我也是先静静地看着她，一言不发，过了一两分钟后，我开口了："小花是初一的学生，你是怎么认识她的？""她经常跑到我们宿舍来玩就认识了。""是你经常跑到我们班宿舍还是她经常跑到你们班宿舍玩？""都有吧。""你是哪里人？你们是同个村的吗？""我们不是同个村的。""那条裤子是怎么回事？"我话题一转，没想到她对答如流："是我借给小花的，她说她的裤子起毛了，没有穿的我就借给了她。"我再问了其他方面的一些问题，她都镇定自如，我还真的没辙了。于是我镇定下来，叫她到三楼我的办公室来。我一面走上楼，一面想着一些法子，看看怎么来破了她们的谎言。到了我的办公室门口时，我叫小秋站在走廊上等候，我进了办公室拿了一本笔记本，在笔记本上写下我要对小秋的"审问"的几个方面：时间、地点、人物、原因等。同时也让站在走廊外面的小秋摸不清我的意图。我现在只能从更细的细节去着手，看看有没有其他的细小漏洞。于是我就问："你说是她下来借你的裤子，具体是什么时间？""是在晚休息后。""那你说当时宿舍的灯熄了没有？""熄了。""那你是怎么找到裤子给她的？""当时宿舍的厕所灯亮着。""那你借的裤子当时在哪里？是上铺还是下铺？是在口袋里还是就摆在床铺上？你裤子最明显的标记是什么？裤子后面的那个标记是怎么样的？当时你借裤子的时候有谁在场？当时她来借你的裤子时候说了什么？……"一连串的问题让她的回答没有思考的时间，并且那条裤子压根就没有什么标记，而我则是在认认真真地做着记录。一本《班主任工作手册》笔记本的封面对着她，但她却不知道我在写什么。我看出她有点紧张，问完后我就把小秋打发回她的教室，再叫小花出来，我说："我刚才问了小秋好多的问题，现在我要和你来核实一下她所说的话是否真实，希望你如实地回答我。"我拿着我的笔记本，依旧是封面对着小花，还拿着一支笔不断地比划着，一会儿又拿出一张纸条来看看，其实那是一张批改英语试卷的答案条子。当我问了几个问题后，小花就马上露出了马脚。小花说是在晚读前晚饭后的时间去借的，但小秋说的并非这样；一个说是裤子还没干才去借的，而一个说是因为裤子起毛所以去借的；一个说裤子是直接放在床上的，而一个却说是从袋子里拿出来的……我问了几个问题之后就直接停了下来，定定地看着她，过了许久，我就直接问："这裤子是你拿的还是小秋拿的？你一直在说谎呢！"小花知道事情已经败露了，就开始用沉默来对抗。

说心里话，我对小花并不讨厌，她那霸道的性格，大多是源于家长的教育问题，而她的天真，很多时候都让我感到可爱。她也常围着我转，至少目前为止她是不讨厌我的，我不能因这件事情处理不当而让她那一份"亲其师"的情感消失，又不能让她觉得偷了点东西不是什么大不了的事。要证明她偷东西不是我的目的，教育孩子学会做人才是我真正的责任。于是，我就对她说："你看，现在我们是站在教室的外面，如果我等下就进教室去宣布是你偷了这条裤子，那你想想看，你还能在这个班待下去吗？"小花还是沉默着，但已经明显有些不安了，但是，她还是在为自己的错误推脱责任："都是小秋说，没有裤子随便拿一件不就行了吗？所以她就随便拿了一件给我了。""你说清楚，到底是你亲自拿的还是小秋帮你拿的？"我的眼神开始严厉起来。"是她叫我拿，我就拿了。""你看，你都交了怎么样的朋友啊，教你偷东西吗？在我的眼里，你一直都是一个有点霸道又可爱的女孩，我怎么都不相信你会拿了别人的裤子。你看，你哥哥是我上一届的学生，如果他知道了，他会好难受噢，他宁愿帮你买五六条裤子，也不愿意你去拿别人的裤子啊。偷裤子，多丢人的事啊，这是做人的底线。你看，现在该怎么办？""我也不知道……""做了错事是一定要负责任的，你看，你是要在全校师生面前亮相呢还是让父母来学校配合教育？你先自己思考一下吧。""老师，能不能别这样，我……"

其实，我也在思考着对她该怎么办呢！在我的眼中，她依旧是那个可爱的小女孩，万一她真的承受不起这个惩罚叫她的家长来又有什么作用？在师生面前亮相会给她带来什么样的影响？我们的教育目的是培养人，而不是给人定罪量刑啊。想来想去，我就对她说："既然你都不想这样，那你就必须意识到你的行为的严重性。我们在成长中常会犯这样那样的错误，关键是你的改正态度是否是真诚的，还会不会再犯同样的错误。你今天把这条裤子洗了，晒干后拿来给我，由我转交给丢裤子的同学，并写好一份反思交给我，由我来保管，让它成为你平时行动的警醒书。"小花带着感激的神情进了教室，之后她按时的交来了反省书，归还了裤子，而我就像一切都没发生过一样。我是在静静地等待着孩子的成长啊。

三、自信果

作为一个农村教师，我只是芸芸众生中再平凡不过的一员，生活中的酸甜苦辣，都是由这些朴实的农村孩子们和我一起创造的。而这些平凡的故事，足以慰藉我的一生。

农村的教育相对于市、县城的教育，不论是过去、现在，还是在可以预计的未来，各方面都存在着巨大的差距。这是历史和现实两方面复杂的原因所造成的。农村的学生最大的一个特点就是缺乏自信心，尤其是农村的学困生更是如此。鲁迅小说《故乡》中叫水生的少年，总是怯生生地躲在父亲闰土的背后，上不了台面，这也许就是农村孩子的一个缩影。

　　有一次，我班来了一个新生，因为是初一下学期才从外乡转来，人生地不熟，加上他本身有点孤僻的性格，在班里更是没有朋友了，整天把自己关在那孤独寂寞的世界里。到了第三周，他实在是忍不住了，闹着不想读书了。为此，我是伤透了脑筋。我跟他讲了许多的故事，从我是如何努力读书，走出大山，到周恩来是如何从小立志为中华的崛起而读书，到父母的殷切期望，好男儿应该勇敢地担当起祖国和家庭的责任，等等。但任我磨破了嘴皮，似乎也打动不了他的铁石心肠。"我就是不想读书了，我要回家！"无论我采用什么样的方法来教育和劝说，他都用简单的这一句来回答。

　　后来，我把这学生带到我的家里，他双手缩在衣袖里，低着头，坐在那儿怯生生的。我说："别紧张，这里就像你的家一样，今天就在老师家吃个饭吧！"他摇摇头。"好吧，不吃也罢。你看，我手里拿的是什么果？"他抬头看了我的手，"是龙眼。"我又问："吃过吗？"他轻轻地回答："吃过。""尝尝看好吗？"我趁热打铁，可他又是摇摇头。我说："其实你刚才说错了，它不是龙眼，它是自信果！"这时他疑惑地望着我。我说："其实你不是不想读书，而是因为在这里你没有任何的朋友，又对自己不够自信，不敢去交朋友。但从你进到老师的房间那一刻到现在，你已经进步了，你由原来的不敢吭声到敢说话，到现在敢抬头正视老师，说明我们很有缘分，也说明了你也有自信的一面，我可以做你的一个朋友吗？"这时，我见到他的眼里含着泪花。我就说："做人该自信点嘛，来吧，我们一起把这自信果给分享了吧，吃了它，我们也就成了真正的朋友了，我相信你也一定会自信起来！你可要敢于迈出这一步呀！"这样，他终于鼓起勇气把这果吃了下去。我问道："甜吗？"他点点头。我说："好，甜就笑一个，其实你的笑容很好看！"最后，他笑着离开了我的家，再也不提不读书的事了。

　　后来，在初三年级的时候，他还当上了学校的学生会主席。那一刻也是我最感动的时候，没想到这一个自信果还真的发挥了作用。

　　我深深地体会到，让学生树立起自信心是多么的重要啊！

四、守候奇迹——小丁的故事

那是开学的第四天了，班上的小丁，一个特懒的主，那天早上没出操，我到宿舍去，从棉被中把他给拉起来了。不参加锻炼要补上，同学们在操场上跑四圈，他就得跑七圈。可是，他一到跑道上，不见我在那里，就跑回宿舍了。其实我是躲在车里看着他的，于是我再走上宿舍，把他带下来，要求多加一圈。当他下到跑道上的时候，毫不情愿地跑了一圈后就开始走路了，走到第五圈后没有见到我，又偷溜回宿舍了。但是他没有想到的是，我又上到了四楼的宿舍，无奈之下他不得不又回到了跑道上。我依旧没有站在跑道旁边监督，因为我想培养他的自觉性和对自己行为负责的态度。但是一见到我不在旁边，他干脆就坐到了操场边的石头椅子上"罢工"了。我又出现在他的面前，苦口婆心地谈了一番。

准备上课了，我找小丁来到办公室，耐心地和他交流了坏习惯是如何养成的，以及我们应该如何做一个负责任的人，他似有所悟，最后终于自觉、认真地跑完了应有的锻炼圈数。我以为他应该有所好转了，可是下午上课的时候，他又旷课了。于是我立即开车到街上，进了网吧，在网吧里发现了他，我就站在他的后面，一声不吭。他正玩得起劲，当他意识到好像有人站在身后时，突然转过头来，望见了我，很不好意思地跑了出去。当时我并没有制止他，因为，在大街上把他抓回去总有点像抓犯人的感觉，所以我就只想让他知道老师来找他就行了。我以为他会回到学校，但是我回到学校时没有见到人，到现在都不知道跑哪里了，家长的电话又停机，这小子是不是真没救了？我知道，总挖心思去跟一个孩子较劲绝不是教育的良方，但是，我仍然相信，只要耐心呵护好这孩子的自尊心和进取心，就能引导他慢慢改掉坏习惯。即使跟他一时较劲，也让他知道他仍然是老师心疼的对象，我们一定能等到花开的时候。

今天，上网吧后又逃课回家的小丁终于回来了，他静静地坐在教室里。我视而不见，好像什么都没有发生过，但是心里却在不断地琢磨该怎么处理。不可能再跟他较劲了，所采取教育措施应该要让他心里也要有点自我反思才行，惩戒是一定要有的，可怎样才适合他呢？体罚是不可能触动他的心灵的，但是班级纪律是一定要维持严肃性的。

下课前，我用严肃的口吻在班上宣布了小丁违反纪律的严重性，并且说："违反了纪律，肯定是要受到制度的惩戒的，你随意旷课我拦不住你，但是，来到学校，却是由不得你了。"接着，我先让他拿着笔和作业本到了办公室我的座位上去写好说明书。其实，我知道他是不可能写出几个字的，但就算他能到办公室那里静静站着，想着自己的一些对与错，也是有点用处的。

当我回到办公室的时候，望着他的那份无字的"说明书"，我问道："小丁，是不会写吧？"

孩子不好意思地低下了头，"嗯！"

"那我问你，你可要说真心话，好吗？"

"嗯。"

"你说说，你是不是真心想在学校读书啊？"

"嗯。"

"可是，在学校读书是一定要有纪律约束的呀，遵守纪律也是我们在校要培养的一种能力，要不然你以后出去也一定会成为一个不遵守法律的人哟。那天我坐在车里看着你跑步，其实就是想要让你养成在没有老师监督的情况下也能遵守好纪律的习惯啊，因为，老师总不可能陪你那么久，你总要长大的呀，你说是吗？好在之后你能够自觉地跑完了应有的任务，根本不用老师监督，还真不错！可是为什么你下午又跑去网吧了？"

"我哥在那里等我。"

"是嘛，那我可要狠狠地批评你哥了，怎么能带自己的弟弟去网吧玩电游戏呢？而且还是旷课呢！你把他的电话给我。"

"我忘了。"

"哦，下次记得给我带来吧。"我知道他明显就在撒谎了，但我不想在这细节上纠缠那么多，也不想讲那么多的大道理，毕竟现在是不起多大作用的。于是我又回到了"说明书"上。

"好吧，既然不会写说明书，那我们一起来学学吧，先把'老师，我是想读书的'这句话写下……"

经过艰难的一段时间，他终于完成了"很长"的说明书：老师，我想读书了，但是经常违反纪律，我是想改，就是没得改，我也不知道怎么办。

我说："我非常相信你现在所说的每一句话都是真心话，既然你也不知道怎么办，就慢慢地去想想吧。现在先去帮班里去做件好事，把班里的饮水机拿到水龙头那里去洗洗吧，同学们会感谢你的。"

他非常乐意地去把这件事做了，饮水机洗得干干净净的。到了晚读的时候，他又跑来到办公室找我，"老师……"

"怎么回事？"

"今天我在宿舍放鞭炮被抓了。"

"哦，能主动来跟我承认错误，很不错，但以后不许再犯。你就想着再为班里做件好事吧，做好了来告诉我。"

"嗯。"他很爽快地答应了，正准备走出办公室的时候，我叫住了他，笑着问道："不用我又躲在车里监督了吧？"

"不用。"他很不好意思地说，快步走出了办公室。

小丁的故事，以后还会有很多。因为，转化一个后进生，绝不是一朝一夕的事。但我相信，只要我们用心，慢慢地走进学生的心灵，教育的奇迹一定会出现！

（柳江县里雍镇初级中学 韦寒泉）

陪伴是给留守儿童最好的爱

我是寄宿制学校的一名山村教师，今天与大家一起来说说"留守儿童"的故事。

在柳江县流山镇，空气清新，山美水美，随着我国"义务教育均衡发展"的推进，我镇撤并了所有的村校建成了县第一所寄宿制小学。目前全镇学生有 714 人，住宿生 470 人，留守儿童 114 人。我成为"留守儿童"班的一名班主任。

开学的第一天，我便遇到了一位令我头疼的一年级新生，瘦瘦小小的女孩给我留下深刻的印象。上课铃响了，我清点人数，少了一位叫小翠的学生。隐约间我听到室外有哭闹声，便寻声望去，只见她不停地拍打她的妈妈，怎样劝说都不愿进教室，于是她母亲强行把她抱入了教室后转身离她而去。我刚要上前安慰，这孩子竟然也朝教室外跑去，哭喊着："我不要读书！我不要住校！"此时怎么办?我既不能丢下全体孩子，又不能不管她。我赶忙追到校门，苦口婆心地帮着劝说，拉着她的手想慢慢地安抚。谁知她竟然低头在我的手背上咬了一口，我"哎哟"地往回抽手，也许她被我的喊声吓住了，知道错了，不哭也不闹了，呆呆地望着我。这时她妈妈把我拉到一边，低声地说起他们家的不幸。其实两年前小翠也和许多孩子一样有一个温暖的家庭，爸爸在锌品厂上班，每个月的收入还不错；妈妈在家养蚕，也有不少收入。但天有不测风云，人有旦夕祸福，就在两年前，她的爸爸被查出了患有肝癌，接着就是漫长的求医之路，但最后她的爸爸还是没有被治好，在亲人们的哭泣声中离开了人世。听完她妈妈的诉说，我早已控制不住自己的眼泪，也跟着伤心难过……可怜的小翠，也许就在疼爱她的父亲被装进棺木的那一瞬间，她的整个天空就塌了，她的欢乐和笑声也一同随父亲而去了。无论是出于母性的本能，还是出于班主任的工作职责，我都应该帮助小翠。

之后的日子里，我经常有意无意地夸奖她："小翠，你今天的头发梳得特别漂亮！""小翠，你的衣服洗得好干净哦，是自己洗的吧？真能干！"我经常邀请她参加游戏，打打篮球；中午吃饭时，我会自然而然地走过去，与她交流；晚上住校值日，我都要走到小翠的床铺，问寒问暖；每到"六一"儿童节，我还会送她一件礼物。

每到中餐吃饭，我都陪班里的寄宿生吃饭、整理内务。在课上、用餐、睡觉时，老师就像一位母亲，呵护、关爱、栽培孩子们，愿他们长大成人。

时间过得真快，转眼间，六年的小学生涯就要结束了。于是我适时让孩子们给老师写一封信，把自己要说的心里话写下来，作为礼物留作纪念。小丹同学这样写道：夏天到了，天气炎热，该死的蚊子又出动了。家中的老奶奶老忘记给我送蚊帐，蚊子咬出很多小疙瘩，又痒又疼。小疙瘩被抓破，皮肤又红又肿，被抓破的皮肤还流出了黄色液体，最后导致了发高烧。我浑身无力，趴在桌子上。这时，老师您轻轻走到我身边俯下身子问道："小丹，哪里不舒服？"我无力地抬头。"哇，你的额头好烫呀！"于是您交接好班里的课，毫不犹豫地背起我到流山镇医院。赶到医院，您已经气喘吁吁，要知道我的体重和您差不了多少呢！回到学校后，您把自家的一床小蚊帐给我挂好了，看着这一切，我忍不住哭了，您像妈妈一样爱我。我的妈妈！我这样称呼您不见怪吧。

是的，孩子们的记忆，经久不衰。岁月的艰辛和我对孩子们的爱，留住我的心，也留住我的人。有时为了班里的事、学校里的事，忙得不知道当天星期几。朋友们见了笑着对我说："你疯了，这样拼命地为别人家的孩子着想，你一个月的工资还剩多少？"作为山村教师，我尽力做好每一件事，做好每一天应该做的工作。可以说，我为了这些缺少父母陪伴、关爱的孩子们，奉献了我的青春，倾注了我的所有。

因为工作，我的女儿从 5 岁开始，我就有意识地锻炼她自理能力，我陪她周末从流山镇搭车往返于县城拉堡；8 岁时，我就让她独自一人乘车去练舞。10 岁时，我发现了女儿的秘密：与同学聚会时喝啤酒。我想到一个有效的沟通方法——写信，把妈妈的工作，妈妈班级上的学生情况，和他们的点滴进步及其对她的期待全部融进了一封封给女儿的家书中。接下来的时间是等待，静待花开，我终于等到了想要的结果：我的女儿成为一个自理能力非常强，品学兼优，并且理解我的工作的孩子。这是我意想不到的收获。

我的故事讲完了，但我的事业尚未终止。陪伴，是送给留守儿童最好的爱。

（柳江县流山镇中心校　韦红梅）

你好，安祈！

那天早上，冬日的阳光从教室的门窗照进来。孩子们跟着我的课堂设计，我们配合得很默契，恰如这冬日暖阳给人带来的融融暖意。忽然，教室门外多了一道身影，一个小脑瓜探头探脑地伸了进来，教室里顿时笑成一团。不用讲，是她——安祈——又迟到了。

她说自己不漂亮，她叫安祈，但是上帝对她却把门关上了。她无法像别的孩子一样天真无忧地奔跑跳跃，正常地走路对她来说有点难；注视什么的时候，一只眼睛的白眼仁儿便翻了出来；同龄的女孩每天都扎着各种式样漂亮的辫子，即使最简单的齐耳短发也显示着作为一个女孩的温顺乖巧，可安祈偏偏剃了个光头。作为转学生的她，一开始在同学们眼中就是一个另类。一些孩子还经常取笑她，使她显得更内向、更沉默寡言了。

安祈红着脸站在门口，我向她招招手，轻声说道："安祈，快回到座位上吧。"

我一直关注着安祈，想尽力找回这个"失群"的孩子，也许这就是一个不错的时机。趁安祈整理书包间隙，我问："有哪位小朋友从来没迟到过的吗？"举起的手寥寥无几，我再问："那么迟到过的小朋友请举手。"片刻，许多小手都举了起来。"大家迟到的时候都是什么样的心情呢？"同学们有的说害羞，有的则说害怕被老师批评、被同学取笑。我郑重地说："既然大家都有这样的感受，那你们还嘲笑安祈，有没有想过安祈会更加难过呢？"教室里鸦雀无声。我适时启发大家："如果我们是安祈，现在会希望大家怎么做呢？"教室里安静了片刻，小男孩杨柳马上站起来，很真诚地说："安祈，对不起，我不该嘲笑你。"其他小朋友也都纷纷向安祈道歉，并表示要和她交朋友，安祈的脸又红了，不过这次她是因为高兴，而且有点不好意思。她悄悄望向我的眼神里，多了一丝不易察觉的感激。

课后，我问她："安祈，今天怎么又来晚了？"安祈低头不语，我再问："吃过早饭了吗？"安祈依然沉默。就在这时，她的肚子发出了咕噜咕噜的声音，我笑着说："安祈你看，肚子可比你老实多了。"我给钱要她去买牛奶、面包，安祈执意不要，我假装生气，她才接过钱去，然后一瘸一拐地向小卖部走去。教育不是怜悯，而是了解与帮助，引导与尊重。

我想多了解安祈。星期天，我去了安祈家家访。安祈跟着七八十岁的爷爷奶奶生活，还没出生父亲就因吸毒而死亡。安祈因为早产多病而落下了残障，她没见过母亲。爷爷瘫痪卧床，安祈就和奶奶一起照顾爷爷，甚至家里能做的家务她都做了。而她从不和爷爷奶奶讲起在学校遭到的嘲笑，只说老师同学对自己如何的友善，学校怎样的好……安祈很善良，内心似乎比她的外在成长得更为包容与宽厚。有一次，班上另一个学生衣服穿得单薄，冻凉了，恶心呕吐，安祈不嫌脏、不怕累，主动铲来沙土把地上的脏物扫干净，并且脱下自己的褂子给那个同学穿上。作为老师，作为一个孩子的母亲，我想帮助安祈。

在尽量照顾安祈感受的前提下，我和同学们为安祈提供力所能及的帮助：帮助她申请困难生补助；让她和成绩优秀的同学组成学习小组，互相帮助学习；在日常课堂上我根据安祈的学习进度，循序渐进设置问题，引导她加强学习的信心；通过表扬与肯定，渐渐地，面对我的课堂提问，安祈矜持的小手也可以悄悄地举了起来；课间，她会被同学们拉着一起玩，融入大家的氛围里。或许，她还是会独处的，但是我希望她随时能打开一扇窗，可以在阳光里呼吸，可以安心地微笑。

期末考试，安祈获得了良好，她拿着试卷激动地对我说："老师，我也要做个好学生！"依然翻着白眼仁儿，却是属于安祈自己的美好。"安祈，在老师眼里，你一直都是一个好学生！"孩子当学生的时候，愿望很单纯，就是为了能是个好学生。成绩好，能被肯定，他们也在开始探寻着自己的价值。

像安祈这样的孩子，同样有着丰富的内心世界，而她的心灵又是极其脆弱和敏感的，她是多么渴望被关注、被认可呀！我也分享着她的进步，并暗自庆幸：因为俯下了身子，我才聆听到了真正的童声；摸到她情感变化的脉搏，我才了解了她的喜怒哀乐。我抚了抚她的肩，再摸着她的头笑着说："乖孩子，在老师眼里，你一直都是一个好学生！而且老师和同学们都相信，继续努力，你一定会越来越棒！"

这以后，我感到总有一双特别的眼睛在关注着我，我知道那是爱，是学生对老师的爱，最亲近、最信赖的爱。

苏联有位教育家曾说过："漂亮的孩子人人爱，而爱不漂亮的孩子才是老师真正的爱。"是的，孩子，如果上帝敞着那扇门，我们一起沐浴幸福日光；而如果不那么走运不凑巧地上帝关了那扇门，我更愿意做那个造窗子的人。

你好，安祈！

（柳江县三都中心小学　韦慧兰）

我俩的"秘密"

"一颗心呼唤另一颗心，一片真情感动另一片真情，一个灵魂摇动另一个灵魂，一个生命携起另一个生命。从容、安详、充实、创造、发现、惊喜，所有这些，都是平凡而热情的教师的风景。"

——唐凤珍老师

"老师，昨天晚上我发现你们班有一个同学进网吧了。"别班的孩子到我这里来报告了，我还真不愿意听。小民，我们班的网瘾少年之一，游戏高手，上课闲人，还有几个"志同道合"的朋友，讨论游戏时进入忘我地步。我这头三令五申，不准进网吧；他那头见招拆招，照进不误。

我心里立马在脑子里上演了所有可以"批他"的方式：苦口婆心、声色俱厉；举例证明、综合分析；惩罚告诫，明防暗止……我边走边想，不知不觉来到了教室。班上同学们的安静学习，多少冷却了我对小民进网吧这事的怒气，也让我心生一计。

"昨天，谁进网吧了？"我四两拨千斤地问大家，结果这一语如投石入水，水花四溅。同学们你看看我，我看看你，议论纷纷。"是哪个同学？请自己承认！"一分钟、两分钟、三分钟……小民居然给我来个彻底不承认。"没有那是最好的了，同学们继续看书吧。"我若无其事地说，寻思着再换个方式。

课后，我单独找来小民："你知道我为什么找你吗？"小民低着头，不好意思地说："知道，是我进网吧了。""那你为什么不敢在同学们面前承认呢？""我怕同学取笑我。""那你为什么还要去呢？""我总忍不住。"小民的脸涨红了。"你上网的事情你爸爸妈妈知道吗？"他一听，脸色变了，急得眼泪在眼眶里打转："老师，求您别跟我爸爸说，别跟同学们说好吗？""可以。"拍了拍他的肩，我又有了另外的打算。

"老师，是真的吗？"小民疑惑地问。"当然，不过对你有一个要求：一个月内不进网吧。能做到吗？"有条件地约定，与小民达成我俩的"秘密"，以他所能接受的方式来帮助其学会自我调控，循序渐进地对其上网行为进行约束的，这就是我的"如意算盘"。 为了保守在同学们和爸爸妈妈那里我俩的"秘密"，小民答应得很爽快："能！"

一个月，小民循规蹈矩，认真听课，开始对学习有兴趣了，作业也基本按时交了，或许是我俩的"秘密"起着作用，但我更希望这些慢慢地能成为他的习惯。我适时地肯定他，表扬他，加深他对学习的体验，当然我也做好了他忍不住又去网吧的心理准备和对策。没有人再报告我他去网吧的消息，一个月也很快结束了。

周五的班会课上，我说："同学们，老师今天要把我们班这个月的'诚信之星'颁发给小民同学。"同学们一听好奇了，小声议论着。"小民同学跟老师有个约定，他遵守了约定。所以，这个月的'诚信之星'颁发给小民。同学们，大家掌声祝贺他。"同学们或在猜想，老师跟他之间有什么约定呢？这时的小民，满脸诧异，还不好意思地低着头，憨憨的。

课后小民来找我，说："老师，我还能坚持更久，你相信我吗？""那你再坚持两个月，能吗？""没问题！"这回，或许不是之前的约定起作用了，而是小民心里的荣誉感及自我约束的信心。

有一个故事，一个迟到的学生，窘迫慌张地关门，双手顺势向后一甩门，两扇门迅速合拢又弹开；他收住脚步，回身双手又一使劲，门再次合上又弹开。两次都没把门关上，同学们"轰"地笑起来。最后他双手扶门，小心翼翼地才将门合拢关好。循序渐进，欲速不达，教育是一个可以努力达成、再努力再达成的慢过程。不需要拔高，只要跳起来，你就可以伸手够到那颗有沁入心脾的芬芳的苹果。

（柳江县洛满中心小学　林　玲）

我站在你这边

"老师是不是我们不够乖，所以……"101 班的孩子围着我，他们的表情像失去了什么重要的东西，就像我藏起来的心情。2014 年因为我职务调整，不再担任 101 班的班主任了。和 101 班的孩子，我们彼此之间的感情，是一场经历，接下来还会有更多一起创造的经历：一起经历风雨，一起快乐成长，一路欢歌笑语——我是这么承诺的———直到他们毕业。

在我的 101 班里，有一个男孩子名叫小丙，长得白白净净，矮小的个子。别人眼里的他脾气超古怪，问话总不爱答应。上课时，人总是静静地坐在那，但思想很不集中，做作业时动作很慢，回家作业经常不做，即使做了，也做不完整，有时乱撕作业……每天不是科任老师就是其他同学向我报告。

有一天傍晚，有几个内宿的孩子向我反映：小丙竟然爬幼儿园的围墙出去啦！于是，我赶紧朝那个方向跑去，当我发现他时，他居然又在校园里了。我定了定脚步，心平气和地问他说："小丙怎么不在外面多玩一会儿呢？"他望了我一眼，不好意思地说："外面不好玩，我又爬进来了。""你做对了，下次不能再爬围墙了，很危险，这次我原谅你，希望你能遵守学校的各项规章制度，以学习为重，不要贪玩，知错就改。"我很程式地说，他很官方的、爱理不理的样子，然后口头上答应了我。可"人小鬼大"，他又一如故我。虽然这些在我所料，可多少压低了我班主任的骄傲啊。当然，师生的教与学，来日方长。

教育需要布局，所以在各种可能的时候，我总是寻机表扬他。有次周二早上的语文课上，我见不爱学习的小丙居然难得地高高举起了小手要求发言，我不失时机地表扬他说："今天小丙不错哦！你来试试看。"当时他可能是有些紧张，在回答问题时结结巴巴的，结果班上的小业同学当场笑出声来。小丙立即气势汹汹地冲小业吼道："笑什么笑！"小业顿时止住了笑，可小丙"气炸了"，把手中的课本往地上一摔，径直走向教室门口，甩门而出。全班同学都愣住了。事情发生在一瞬间，当时我迅速做出判断，首先要保证学生们正常上课，其次为了确保小丙的安全，要立刻把小丙找回来。我一边交代其他同学自习几分钟，等会儿接着上课；一边追出门外，叫住小丙，并告诉他现在是上课时间，如果因为他的缘故而耽误了其他同学的学习，会使本就不融洽的同学关系更增加一层隔阂。也许是担心成为全班同学的"公敌"，小丙默默地跟着我回到了教室。课是继续了，但在接下来的讲课中，小丙虽然人在课堂，却始终没有冷静下来，一会儿踢桌子，一会儿撕练习本。为了保证其他学生的正常学习，我引导其他学生继续集中精神上课，对小丙采取了冷处理的方式。

下课了，小丙仍然没有"消气"，因此，我先把小业找来，对他进行了批评教育，小业也表示已认识到自己的错误并愿意向小丙道歉。又过了几节课，当我发现小丙已逐渐冷静下来后，便将他找来谈话。他一进办公室便低着个头看地板，像是在找什么东西似的。我知道他已经做好被批评的准备，而且打算一如既往地

"虚心接受，屡教不改"。于是我决定换一种方式：我拉住小丙的双手，告诉他老师遇到类似的情况也是会和他一样不高兴、很生气的，对小丙刚才的生气表示理解。听到我这样说，小丙的眼神"亮"了起来，他抬起头注视我，一脸委屈地向我吐着苦水："小业太气人了呀！"我知道，小丙气消了，这回应该是愿意对话了；我也能和他走心地对话了。我认真地做起了"倾听者"，耐心地听小丙把话说完，换位地站在他的角度，理解他的情绪。接着，我以适时谈心地方式，与小丙一同分析他在课堂上的做法，让小丙知道他生气时的甩门而出、踢课桌、撕本子等行为对自己、对教学用品都没有好处，这样的生气并不"合算"，并告诉他"合算"的、我喜欢的做法是：让老师批评小业，自己可以生气但不做伤害自己身体、破坏教学用品的行为。小丙听得很认真，并认同我的分析。最后我以老师的身份告诉他，对于他发脾气的做法我不喜欢，学校的校规也不允许；告诉他今后一定要采取"合算"的方式来处理问题。小丙真诚地点着头："老师，下午的班会课你给我机会吧！"我见他脸上露出轻松的笑容。

下午班会课，小丙低着头朝我走来。我对同学们说，"今天的班会课小丙同学帮老师上。他想原谅小业同学，对吧？"我转头望着小丙说。小丙抬起头，眨巴着大眼睛向大家说："我原谅小业同学，我想他不是故意取笑我的，我不应该乱发脾气，影响大家学习，大家也原谅我吧！"我适时说："老师原谅你了，大家原谅的话用掌声表示吧！"顿时掌声一片。我也适时让小业当面向小丙道歉，使小丙的宽容落实在行动上。在化解了小丙与小业的矛盾后，我在班中进行了教育，表扬小丙的举手发言、热爱学习以及宽容大度、虚心改正，也表扬小业的知错就改、真诚道歉。"我相信全班同学在这一次班会中都学会了宽容大度、知错就改、真诚道歉，老师期待大家的每一个进步。下课！"课间十分钟教室又热闹起来。

放学后，我也及时与小丙的家长联系，以朋友的角度把事情的来龙去脉说明清楚，表露自己对小丙的担忧，以获得家长的认同及后续在家庭方面对小丙的引导。教育是配合，是学校与家庭的共责。

著名教育家陶行知先生有一句名言："你的教鞭下有瓦特，你的冷眼里有牛顿，你的讥笑中有爱迪生。"每一个孩子都是可塑的。关键是你要给予爱的尊重，尊重小丙发脾气的情有可原，尊重小业的无心之失；给予爱的信任，信任小丙的宽容、改正的决心，信任小业的诚信、认错的勇气。只有建立了学生对教师的信任，爱才能被接受。苏霍姆林斯基说过："有时宽容引起的道德震动比惩罚更强烈。"

（柳江县流山中心小学　韦红梅）

班级"生日墙"的诞生

　　下课时，名叫小飞的小男孩走到讲台，凑近我的身边，看看他的表情，好像有心事。这小家伙支支吾吾，脸上带着无奈的神情，我鼓励笑着对他说："没事，有什么潘老师可以帮忙的吗？小飞宝贝！"这时他才抬起头，脸上愁云已散，毫无顾忌地对我说："潘老师，今天是我的生日，可是我妈妈不帮我过。""哦，没事吧，潘老师祝你生日快乐！"我摸摸他的头，随口说道。但我却半信半疑，对我们城里的孩子来说，家长给孩子过生日太平常不过了，怎么小飞爸妈不给他过生日呢？小小的心愿不满足这说不过去呀。我知道，小飞的爸爸长期在外跑车，妈妈在县城打工，而且据我所知，他妈妈怀孕准备生宝宝了，想想也许是因为太忙太累，忘记了他的生日吧。于是我对小飞解释说："可能你妈妈准备生宝宝太累了，爸爸又不在家，没时间给你过生日，你能理解爸妈吗？"他点了点头，但眼睛有些红，看起来积蓄有太多的委屈。我的心突然间有种说不出的滋味，想想我是一个4岁孩子的母亲，要是我的孩子也遇到这样的问题，那该有多伤心啊！将心比心，小飞是太信任我才跟我说他的难处，他一定也想从我这里寻求一种母亲的答案吧！

　　上课铃声响了，我立即向全班同学郑重宣布："今天是小飞同学的生日，我们一起祝他——"还没等我开口说完，全班同学异口同声道："祝小飞生日快乐！"而后教室里不约而同地唱响了快乐的《生日歌》，热烈的掌声响起来了。看着小飞同学虎头虎脑的样子，脸上露出了微笑，我有些安慰，但也有些疑惑。精神上的鼓励真的还不能满足这个刚刚8岁年龄的孩子，中午我是不是应该买个小蛋糕弥补一下。我突然又转念一想：爱，更不能等待！何不以小飞同学的生日为契机，以后每位同学的生日都让老师和同学们共同庆祝，那不是很美的一件事吗？我把想法告诉孩子们，顿时孩子们欢呼一片，拍手鼓掌赞成。看着孩子们洋溢着灿烂的笑脸，那是何等的满足与幸福啊！我的决定是正确的。

不说则已，一说可真了不得！我们的中队长小嘉同学抑制不住内心的激动，迫不及待在座位上起立大声说："潘老师，明天就是我的生日啦！"宣传委员也举着小手起立轻声说："潘老师，后天是我生日！""真的吗？那太好了！"我惊诧道："太巧了，只要是真的，今晚潘老师回去好好筹备，明天老师和全班同学给你们三个宝贝一起在教室里过生日好不好？""好！"教室里响起了从未有过的呐喊声、尖叫声。

"君子一言，驷马难追"，答应孩子们的事，决不能食言，我立即行动起来。晚上我发了校讯通，告诉家长我们班专门用一块墙壁，成立"生日墙"，主题是——我的生日，母亲的受难日！请家长把孩子过生日的准确日期写在一张纸条上，第二天统一上交。同时和家长说明了主题活动意图：以后每个孩子过生日潘老师都送一个小小的生日蛋糕聊表心意，全班师生共同庆祝，一方面给孩子度过难忘有意义的童年，另一方面给孩子进行感恩教育。当天晚上，家长们十分赞成我的举动，纷纷发来信息表达对班主任的用心良苦的支持：他们坚决支持这项工作！我信心倍增，突然间有种力量在支撑着：因为想幸福，所以孩子们，我要你们幸福。我的幸福来自你们啊！

第二天中午，我早早前往"穗柳饼家"买了三个小的心愿蛋糕，为下午的第一节主题课做准备。当我走进教室的那一刻，孩子们欢呼雀跃。我打开电脑，播放昨夜准备好的庆祝生日主题课件，三个孩子在同学们羡慕的目光和热烈的掌声中走上讲台；我给他们分别送上生日蛋糕，和孩子一起许愿；伴随着温暖的音乐响起，全班同学为这三位寿星齐唱生日歌曲；看着台下一副副稚嫩灿烂的笑容，我趁机说道："孩子们，你们知道吗？你出生的那一天就是妈妈的受难日，所以我们的生日不仅仅是吃到一块美味的生日蛋糕，更要懂得感恩一直给予我们关爱、陪伴我们成长的父母。下面我们请这三位寿星说说他们想对妈妈说的话，好吗？"当《烛光里的妈妈》这首抒情的音乐响起，中队长小嘉满怀深情地说："妈妈，您是最伟大的妈妈，谢谢您一直以来对我的关心照顾，尤其是我生病的时候您默默地陪伴我。我爱您，我的好妈妈！"接着宣传委员小芳激动地说着："感谢我的妈妈，我的妈妈很辛苦，以后我要好好学习，天天向上，听妈妈的话，不让妈妈操心！"到小飞同学了，此时的他已激动得说不出话了，眼里饱含着感动的泪水。那一刻，全班同学和我都被深深感动了，教室里瞬间凝固，一股股爱的暖流涌上心田，而后是一浪高过一浪的掌声响彻了教室，也响彻了整个校园。

下午放学没多久，就收到了许多家长的信息，除了感激还是感激，小飞的妈妈发来信息："对不起潘老师，是我不对，实在有难处没精力为孩子过生日。非常感谢潘老师，今天为宝贝们过生日，有您这位好老师，他们都是幸福的娃！"小霖的妈妈写道："老师可亲可敬，孩子们可亲可爱，快乐每一天，收获每一天。"让我最难忘的是小彦的妈妈当晚写在班级 QQ 群的一段话："潘老师，您的爱如涓涓细流，浸入心田，缓缓的却又暖暖的，带给我们惊喜，让我们感动。感谢有您，潘老师！"那一刻，看这蕴含着真情实感、如诗如画的文字，我的心灵再次被激起涟漪，幸福溢满全身。也许是太久没有被感动的事了，心灵被孩子和家长触动。那一夜，我的内心久久不能平静。

就这样，10 月 29 日这一天就此定格，像是一个伟大的日子，我们班的"生日墙"诞生了。从今往后，"生日墙"将承载着家长对孩子的期许，承载着孩子们成长的足迹，承载着生命的希望。感恩的种子从这里开始播种和延续。我庆幸，我是一名班主任，我的小小爱心没有在孩子期待的目光中溜走，而是及时付诸行动。

还在等什么？教育，并不是以时间来计算的啊，对孩子的爱，是不能等待的！有一种爱，失去了就不在；有一种爱，不能等待；有一种爱，是默默的爱，那是一种无私的爱，只有付出，不求回报。对孩子的爱，真的不能等待！这不就印证了高尔基所说的"只有爱孩子的人，才能教育好孩子"这句话吗？教育是从爱开始的，为师者，应该像对待自己的孩子一样用爱对待学生、用爱感化学生，这样才能使学生"亲其师，信其道"，实现教育目的。

（柳江县拉堡小学　潘文芳）

小小成长记录册

桃红柳绿、莺歌燕舞、烟花三月的一天早上，我坐在办公室里静静地翻阅着 2014（5）班的 63 本《小小成长手册》，顿时眼前浮现了许许多多与学生一起学习与生活的经历。《小小成长手册》记录着我与学生学习的历程、幸福的生活、真挚的情感、一起成长的足迹。看着看着，我的内心被深深地感动着……

《小小成长手册》是如何在我们班级诞生的？

记得那是一个夏天，电闪雷鸣，天气阴沉沉的，我的心情也如同天气一样。我感冒了，嗓子也哑了，学生的期中考试也考得很不理想，这真是糟糕透了的一天。从不在课堂上发脾气的我发飙了，全班学生一个也不敢吭声。下课了，我气冲冲回到办公室，坐在座位上发呆。不一会班长给我送来作业，作业本上放着几张纸条，一句句感人的话语映入我的眼帘："老师，医生说嗓子发炎时，大声讲话对嗓子不好，我中午回家给您带盒金嗓子喉宝。""老师，我们会努力的，下次一定会考好的，您千万不要生气呀！""老师，您不生气的时候真美！"……在我大发雷霆之后，孩子们小纸片的暖心话语，抚慰了我。有趣的是，不会写的字，他们还用拼音代替了。这些话语轻轻地抚过我的心，使我的怒气飘到九霄云外。看着字条，我的心豁然开朗，孩子教我学会爱！我把孩子写给我的信粘贴在我的班主任记录本中，在旁边写下我的感受，这就是我的班主任成长记录册。这小小的一件事告诉我们，这就是沟通的效果，这就是爱的魅力。再上课时，我已满面笑容。在教与学之中，我们不仅仅是作为师与生参与其中，也是个体与个体在沟通与交流，我们互相影响、互相促进，参与教育的相关要素甚至还有家庭与社会。

我联想到学校和家庭的关系。美国心理学家哈里森说："帮助儿童的最佳途径是帮助父母。"教育者一定要正确处理好与家长的关系。现实中，有的家长从来不和孩子的老师进行沟通，孩子在学校干了啥都不知道；也有的家长想方设法和老师沟通，可就是效果不好。如何让老师和家长进行有效沟通，以便促进孩子成长呢？

自从2014年参加县名班主任培养工程以来，我一直在探寻班级管理的秘诀。在学习过程中我知道什么是有效沟通；知道了教育要静等花开；知道了班主任是班级的组织者和管理者，是沟通学校、家庭和社会的桥梁。学校教育离不开家庭教育的配合和支持，必须和家长强化联系，增进理解。在教育孩子的理念、标高、实际操作方面，学校与家庭达成共识，情理结合，产生动情效应，形成教育的合力。

于是，《小小成长手册》就这样在我们班级诞生了。在这个记录册上，我请家长主要记录下孩子们在家是否养成良好的学习习惯、行为习惯和作息习惯，是否懂得孝敬父母，是否愿意为父母做些力所能及的家务事，是否懂得以一颗宽容的心对待身边的人或事……这一阶段，教师逐渐朝着多元化方向发展，从评价主体、评价方法、评价内容、评价标准等方面更全面、真实地评价儿童的发展水平和特点。

一周过后，我看到了家长们在家校联络本上认真写下的孩子在家中的表现。但我细细读过这63本家校联络本后，发现了一个严重的问题：多数家长把家校联络本当成了告状本，总是诉说着孩子的种种不是，仿佛自己的孩子身上浑身都是毛病。看着孩子们满脸的沮丧，我心里颇不是滋味。于是，我在这些孩子的家校联络本上写下了我心中的话："孩子的身上的确有许多不足之处，但我们更需要更多地去发现孩子身上的闪光点，用我们的爱心和耐心，用孩子们可以接受的方式去鼓励和督促孩子逐渐克服自身的缺点。多一份鼓励，孩子就多一份自信、多一份快乐，让孩子在自信与快乐中自觉地慢慢地完善自己。"

渐渐地，我发现孩子们快乐起来。每周一的早晨，我刚一跨进教室，就有好多孩子都争着把他们的家校联络本递给我看，因为家校联络本里不断地传递着他们的进步和快乐，不断地展示着他们的成功和收获。渐渐地，我从家长们留在联络本上的肺腑之语中，真切地感受到了他们的欣慰和骄傲，他们在不断地被自己的孩子感动着，不断地为自己的孩子加油。在这个小小的家校联络本上，父母与孩子交流着情感，家长与老师交流着情感，老师与学生交流着情感，老师、家长、孩子在一起成长着。《小小成长手册》上的每一篇留言，都是一篇充满爱的日记，都是一篇用心记录我们最值得珍藏的语言的日记。

2015 年 1 月 26 日，小园的爸爸在成长记录册上这样写道："让我高兴的是，女儿语文单元考试终于得一百了，这是在以往没有的。虽然考试的分数不是决定一个孩子成功的唯一标准，但她粗心的毛病在慢慢改掉。这个细小的变化，让我感觉到孩子正在用心学习，以学习来改变自己以往的一些不大规范的行为，谢谢老师！"教师的评价："孩子，你是最棒的！祝贺你成为细心小公主！"

2015 年 9 月 9 日，小懿在成长记录册上这样写道："今天我很高兴，我盼望已久的教师节到了，今天我要送给老师一枝花！"小懿的爸爸在成长记录册上写道："今天，我要说说小懿的节约，小懿的节约一直被我赞赏着。今天早上一起床就拿来存钱罐来数，看里面有多少钱，说明天是教师节，要拿钱来买鲜花送给老师。这就是我的女儿，会节约又会尊师的女儿，我骄傲！"面对这位骄傲的父亲，我又一次忍不住写下心中的感言："谢谢你们培养了这么个好女儿。"

2015 年 9 月 10 日早上，小廖捧着一束鲜花和她的爸爸一起来到校园给老师送上祝福，她父亲在今天的册子里写着："老师，你们辛苦了，在这我代家长祝你们节日快乐。"短短几行字代表着家长对老师的肯定、信任和祝福！

这是 2016 年 3 月 8 日小靖的成长记录册里的记录：

时间	完成的事情	父母的评价	自己的感受	同学的评价	教师的评价
3 月 8 日	1.认真完成老师布置的作业，另外自己主动背《三字经》。 2.妇女节帮妈妈洗脚，给妈妈送贺卡。	女儿本周表现得好极了！从不爱学习到认真完成老师布置的作业，自己主动学习，学会孝敬父母、爱父母了。我的女儿棒极了！希望老师继续给她鼓励和帮助。谢谢老师！	我喜欢爸爸妈妈和老师的表扬，以后我会更加努力学习、主动做事，因为我长大了！	今天小靖认真完成作业。我们小组长给她评 5 星（优秀）。	谢谢你们的信任，小靖如同我的女儿一般。她是个可爱的孩子，爱思考、爱表现、爱被表扬的。的确，她有时学习上会偷懒。我想，我会尽量让她明白，失败是成功的基石，不经历风雨难见彩虹啊！

一本小小的成长记录册，成了老师、家长和学生的情感纽带。面对《小小成长手册》，我似乎有了更多的思考：我们的发展性评价理念不仅要贯穿在《小小成长

手册》中，还应该贯穿在我们一切的教育行为中，这样才能达到真正的教育。

"为了孩子，一切为了孩子，为了孩子的一切，为了一切的孩子。"我相信，我们老师还会用心去探索、去发现更多的行之有效的家校联系方式，让我们开拓出更宽更广的领域，让我们的孩子和家人得到更好的沟通，让孩子和老师得到更好的沟通，让孩子和社会得到更好的沟通，让我们彼此都能听到更多的发自内心的声音。只有这样，我们的教育才会使孩子受益终生，从而让教育的天空充满阳光，充满生机。

（柳江县拉堡第二小学　韦春梅）

第三篇

心与心的碰撞

　　每一种好的教育都要求用母亲般的眼睛时时刻刻准确无误地从孩子的眼、嘴、额的动作来了解他内心情绪的每一种变化。

——裴斯泰洛齐

学会用心沟通

班级管理故事一 爱，总会让他感动

我做了 21 年的班主任，酸甜苦辣尝透了，有时觉得挺苦挺累的，但如果心中充满了爱，我想再苦再累也是值得的。2007 年 9 月开学的第二天，当一个虎头虎脑、皮肤黝黑，眼睛充满智慧的插班生出现在我面前时，我怎么也不会想到"厄运"已经悄无声息地来到我身边了。第一节课上课了，我来到教室里，发现他的座位是空的，我问孩子们他去哪了，孩子们全部指向他的桌底。走过去低头一看，把我吓了一跳，他钻到桌子底下，嘴里咬着笔尖，弄得他自己满脸满嘴的墨水，甚至拿笔尖戳自己的手臂。我一把夺过他手中的笔，急忙出教室打电话给他妈妈，他妈妈告诉我他是个铅过量的严重型多动症孩子，原本就读学校的老师不愿意让他继续在那里读书了。我告诉他妈妈说："他刚来，对班里的情况不了解，我会想办法让他适应的，回去你不要责骂他，好吗？"他妈妈答应了。回到教室我好说歹说，终于把他叫起来坐好，虽然他安静地坐在座位上，可眼睛里对我充满了仇恨，我知道他以为我向他父母告状了。晚上，我躺在床上辗转反侧，我该怎么应对这个插班生呢？

第二天早上，我一走进教室，小盛跑到我面前说："老师，昨晚我回家没挨打，在原来的学校，老师一给我爸爸妈妈打电话，回家我准挨打，别人都说我有多动症。"面对他那副理所当然的样子，我当即否定："他们说错了，你根本就不是多动症！"孩子稍稍一怔。我想我的话起效果了，这应该是一个教育的最佳时机，我得立刻抓住它。我又耐心地对他说："他们说错了，你那么聪明，那么可爱，一定能做到上课认真听的，对吗？"孩子朝我点了点头。接下来的这一节课我的话效果甚微，不过，还是有那么一点点效果的。我想：我得坚持下去，我一定得在一个星期内把这孩子管好，要不今后班级肯定一团糟。

此后，我通过细心观察，发现这孩子一刻也闲不住。他的文具盒里的笔成了他上课的玩具和伤害自己的工具。于是我让他管班级的卫生。嗨，很管用。孩子有事做了，伤害自己的行为少了。当晚，我马上进行了家访，与家长在教育上达成了一致：多鼓励，多发现优点，用优点引导他，用身边的好榜样教育他。

接下来，我培养他当组长，鼓励他当老师的小助手，用小红花奖励他的进步。一个星期后，孩子能听从老师的教导了；两个星期后，孩子能努力管住自己了；一个月后，任课教师都向我报喜了：小盛很乖了！上课再也不拿东西伤害自己了！

可好景不长，正当我窃窃自喜的时候，孩子又把头磕在桌腿上，额头起个大包。看着他那双无所谓的眼睛，我很心疼；想到一个多月来为他付出的心血，我欲哭无泪。晚上，我去孩子家看望他，孩子蹦跳着欢迎我，家长也一再地向我表示感谢。第二天，孩子把一个新鲜的杧果放在我的座位上，我被深深地感动了：我的爱，孩子懂了。

有一次，我上公开课，课题是"第一次抱母亲"，小盛在课堂上说出了一番感谢母亲的话让我和全班同学感动。那天上完课之后，我给他妈妈发了一条短信："祝贺你！你生了一个好儿子，今天他在课堂上的表现太棒了，你的母爱将是他今后进步的动力！"后来他妈妈给我回了短信："韦老师，谢谢你！原来学校的老师宣布我的孩子无可救药了，你对小盛的教育让我们做父母的看到了希望！"这次我的眼泪在眼眶里打转：母爱，孩子也懂了。

一年以后，孩子的字越写越漂亮，同学们也都很喜欢他。虽然偶尔会犯点错误，但只要用眼睛看他一眼，孩子赶紧嗖地溜回座位，马上端端正正地坐好。唉，这个让我欢喜让我忧的孩子呀。

朱自清先生感叹时间的匆匆，感叹岁月的流去如飞。在匆匆过去的时光里，我——一个班主任，又做了点什么呢？我时常问自己。我也时常这样回答自己：我要用我的爱感动孩子，用自己的那份真挚的爱在孩子的心田中激起情感的涟漪，着力培养"多情善感"的学生。因此，我要培养学生善感的心灵，让学生真正地感动，以自觉的行动学习新知，养成良好的品德。既然选择了教师这一职业，我决不会吝惜自己的情感，当一天老师，爱一天学生。爱，总会让他感动！

班级管理故事二　这个电话打得值

2014 年 5 月中旬，在北京学习的我接到任课老师的电话，她说班里的小瑞同学又不完成作业了，老师教育他时，他不仅不承认错误，还和老师顶嘴；更让老师头疼的是他趁学校侧门打开的时间溜出学校了。数学老师拿他没辙了，只好求助于我。

说起这个小瑞，还真不让我省心，他是二年级上学期从一个乡镇小学转学到我们班的。这孩子学习底子差不说，最大的毛病是经常不完成作业，还不爱劳动，任凭老师怎么苦口婆心的教育，收效甚微。现在的他是变本加厉，还逃课了，怎么办？

从北京回来后，我首先把他找来了解他逃课的原因，原来他想去电子室打电子游戏。这还了得！我没有劈头盖脸地批评他，也没有对他耐心地教育，我在等待机会，我想趁他没完成语文作业的时候把他家长请来学校。

时隔一天，机会来了。第四组语文组长告诉我小瑞的语文家庭作业又没有完成，我马上给他家长打了个电话，让他爸爸来学校一趟。一个小时过去了，我正在教室上课，只见小瑞的爸爸风尘仆仆地赶到教室。他见到我的第一句话是："韦老师，我正在百朋工作，接到你的电话后我就马上赶来了。"这个爸爸真的关心他儿子。我打量了下他：一脸的疲倦，工作服全是泥浆。我有点后悔自己没了解清楚家长在哪就把他请来学校。把小瑞叫到教室外面，我对他说："你看看你爸爸今天的穿着和你平时在家看到的一样吗？"小瑞用诧异的眼神看着他爸爸，摇摇头。"你知道你爸爸平时都做什么工作吗？为什么他的工作服那么脏？难道你爸爸不想在家享福吗？这么大热天穿这么厚的衣服去工作，你想过这是为什么吗？"我的话音一落，小瑞的爸爸眼睛湿润了，小瑞的眼泪也流了下来，他"扑通"跪在我们面前："老师，爸爸，我错了！我不知道爸爸这么辛苦，以后我一定按时完成作业！"小瑞的爸爸一把抱住儿子，父子俩紧紧地拥抱在一起，此时的我回到教室里，带领全班同学给他们热烈的掌声。

在以后的学习中，小瑞真的说到做到了，作业都按时完成，而且成绩越来越好。他的作业里有了错误，他都认真地改正，再也不和老师顶嘴了；劳动的时候，教室里总能看到他忙碌的身影；同学有困难了，他会第一个伸出援助的手。看到小瑞的变化，我经常在想：我的这个电话打得值！

没有爱，没有情感，就没有教育。老师不仅用书本上的知识去教育学生，还要用自己的人生体验、对世事的洞见，用饱满的激情、活跃的灵魂去影响学生。就教学方法而言，实践智慧表现为一种教学机智，是指教师所具有的，在复杂微妙的教学情境中迅速且恰当地行动的能力。有时候不经意间的一个举动，就会让我们的教育充满爱，充满感恩。

如同苏霍姆林斯基所说："父亲和母亲是如同教师一样的教育者，他们不亚于教师，是富有智慧的人类创造者，因为儿子的智慧在他还未降生到人间的时候，就从父母的根上伸展出来。"两个案例的共同点就是对于"问题学生"老师都是持积极主动的态度去面对，并且与学生和家长及时沟通，最后得到良好的成效。所以，在班级管理中，要做好学生思想的工作，就得用心与学生沟通，晓之以理，动之以情；同时，也要重视家长的作用。家长与教师是为了孩子的健康成长这一共同目标联结在一起的，教师加强与家长的沟通，对于提高学生的学习效果有很大的帮助。

第斯多惠曾说："教师的艺术不在于传授知识和本领，而在于激励、唤醒和鼓舞。"案例一中小盛的自我伤害与多动影响了班级秩序，教师通过与家长沟通了解情况后并没有责怪孩子，而是嘱咐家长多鼓励孩子，发现孩子的优点，从正面去引导孩子改变。教师没有向家长打小报告，从而获取了小盛的信任与感激。这与案例二中小瑞不完成作业后，用他爸爸的辛苦来打动他有异曲同工之处：两者都是通过孩子与家长的感情共鸣来激发孩子的改变，这也体现了师生沟通的共情技巧。由人本主义创始人罗杰斯提出的"共情"概念指的是一种能深入他人主观世界，了解他人感受的能力。班主任与学生谈话中能产生"共情"，谈话就易产生成功的效果；相反，如果不能与学生产生"共情"，学生就会认为班主任不理解他，就易产生不信任感，那么谈话要达到的效果就难以达到。

两个案例中，班主任发现问题后并不是直接鲁莽地解决问题，而是仔细观察后，努力捕捉解决问题的最佳角度和时机。在案例一中，教师与小盛的谈话时发现了他的细微表情，认为谈话已经有一定效果后，乘胜追击，更加耐心地鼓励孩子并提出课堂约定使他欣然接受。案例二中同样也是找到小瑞再一次没完成语文作业的时机，与家长沟通并让孩子体会到父亲的辛苦，由此感化孩子达到沟通目的。由此可以看出问题的解决往往存在一个时机问题，在适当的时间、适当的环境下，沟通才能取得最佳的效果。

没有爱，没有情感，就没有教育。两个案例中"问题学生"的成功转变就在于教师的用心去沟通，用心去感悟，想学生之所想，思学生之所感；同时也在于建立了良好的亲师关系，加强了与家长的沟通，使学校教育与家庭教育双管齐下，达到真正促进学生身心健康发展的目标。

苏霍姆林斯基曾说过："你面对的儿童是极易受到伤害的……极其脆弱的心灵……学校里的学习不是毫无热情地把知识从一个头脑装进另一个头脑里，而是师生之间每时每刻都在进行的心灵的接触。"由此可见，师生之间心灵的沟通在教书育人的过程中扮演着多么重要的角色。所以教师应放下架子，和谐平等地对待每一位学生，尊重学生的人格，把他们看成是自己的朋友。只有这样教师才能更好地走进学生内心，进行有效的班级管理。

（柳江县壮语文学校附属小学　韦柳玲）

宽　容

世界上没有完全相同的两片叶子，学生也是如此。由于遗传、生长环境、生活习惯等因素的影响，在学生身上存在不同的性格差异，有的听话乖巧，有的倔强顽皮，有的迟钝呆板……一个教师要想把自己的工作做好，除了热情，还要承认差异，尊重差异。在实际教学过程中因材施教，采用适当的教育方法，学会信任、尊重并鼓励孩子，才能走进他们的心灵深处。通过一次次和学生共同成长的心路历程，我越来越发现对那些学生成长中的"错误"，如果能用宽容去理解他们的情绪和反映并真诚地给予支持和鼓励，那些人性中的美好与善良，必定吐露芬芳。

一、表扬的魅力

记得新生刚入学的第一天，我到学生宿舍去检查晚睡情况。当我到达男生309室时，一个脸圆圆的长得挺结实的男生一脸不高兴地走到我的面前说："老师，我没有地方睡，他们把我的东西扔到地上了。"他叫小强，是最后一个报到的学生。

在学生花名册上学校把我班一名男生误写成女生，这样我班就多了一名男生，男生床位自然就不够，需要其中两人暂时一起睡同张床。早上比较忙还没来得及处理这事，这问题就来了。"谁愿意和这种人一起睡呢！"我还没有说话，就有另一小个子搭腔了。我先让小强到一楼保安室等候，听其他孩子的说法：小强不爱讲卫生，在小学寄宿部读书时经常是一个星期不洗澡。

我微笑着说："看来我们班的孩子们都是讲究卫生的孩子了。"

"那当然了！"几个男孩异口同声自豪地回应着。

趁此机会我说道："小强现在已是初中生了，是我们班中的一员，他有不爱洗澡的习惯是不好的；上初中后到了我们班，如果能得到大家真诚的督促与帮助，帮他改掉这个习惯，那就太棒了。谁愿意帮他？"

"我愿意！""我也愿意！"几个孩子抢着回答。

"孩子们，可是现在还有一个难题，需要大家来帮忙解决。"我很为难的样子。

"老师，说吧，什么事？班里的事就是咱们的事。"睡在上铺的一个男生探出脑袋拍着胸脯大大咧咧地说道。

"小强个子比较大，他与谁睡都显得比较拥挤，如果有哪两位小个子男生愿意一起睡，那么问题就解决了。"

"老师，我愿意！""我也愿意！"真的有两个小个子男生举起小手。"孩子，你俩真棒。"他们一个叫小升，一个叫小梁，听到我的表扬他俩更加快速地合起铺来；还有几名男生帮小强铺好床，并叫他上来睡觉。

那晚孩子们很快进入了梦乡。

第二天早上，当着全班同学的面，我表扬了我们班男生讲究卫生、团结同学，还大力表扬了小升和小梁为班集体着想的无私精神，全班孩子都向他俩投以羡慕佩服的目光。

往后的日子，我一发现我班男生比别班男生穿戴整洁、干净大方，就在班里表扬他们。小强也有了很大的进步，养成了每天都洗澡换衣的习惯。班里的其他事只要做得好的我都给予表扬，我特别爱用"放大镜"去看待孩子们的点滴进步，让表扬散发其独特的魅力。

二、老师的激励

我班有个转学来的"怪学生"，学习不太好，上课从不敢大胆举手回答问题，声音很小。同学们都取笑他，他很自卑，干脆话也不说了。他是单亲，听他的亲戚说他八个月大的时候母亲已离家出走，父亲又常年在外打工，他原先与爷爷相依为命，从小性格孤僻，不爱说话，不敢正视他人。我了解他的心情，于是便私下里找他谈话。可问他十句他也不应一句,我每次都耐心地对他说:"这样吧,改天你想说了再说,好吗?"

突然有一天,他递给我一张纸条:"老师,我不想读书了。"于是,我给他讲了一个故事:以前有一个女孩,她考上了师范学校,但是她的普通话说得不标准而成了班里的笑话,因此她平时说话都很小心,生怕出错。有一次,她的数学考了第一名,全班同学叫她谈谈学习经验,她无所适从,慌乱中说了一句话:"我不会说话。"这时,全班同学哄堂大笑。有一捣蛋男生还说:"她是哑巴。"当时,这女孩真想找个地缝钻进去。后来,"哑巴"就代替了她的真名。于是,她暗暗发誓一定要学好普通话。她每天早起,独自一人先到教室,从发音"a、o、e"开始慢慢地练,练了一遍又一遍,舌头都疼了,但她天天坚持,直到毕业实习。后来,她自告奋勇为全班同学献上一节数学课"分数",以流利的普通话打动了全班同学。那个女孩就是我。

"你还是决定不读书吗?"他抬起头来惊讶地望着我,"一个人最大的敌人不是别人而是自己。同学们关注你的一举一动,如果你进步了,老师和同学肯定为你感到自豪。你愿意试一试吗?老师也来帮你,好吗?"他点点头。接下来的日子,我每天出一些基础题让他做,指出他做错的地方,认真点评,并耐心指导;有时还给一句评语:"你进步了,但如果在仔细审题后做就更好了,老师相信你能行!"在课堂提问中,我也常找有针对性的题目提问他。就这样,慢慢地,他能独立地回答问题了,也愿意与同学们交往了,话也渐渐地多了起来,也不提"不读书了"。

鼓励很神奇,能让学生有一股使不完的劲。老师的鼓励尤其重要。

三、解铃还须系铃人

这天,我路过 202 号女舍门口,听见宿舍里有人哭泣。小吴平时聪明乖巧,从来没有缺过课,我找遍了所有可能的地方,才在她的同舍小美同学的引导下,知道她躲在了宿舍里。我轻声问道:"小吴,你怎么了?老师担心你,开开门好吗?有什么事与老师说。"正在当值巡查的龙校长也来帮忙劝说,小吴也仍没开门。于是,我把她的父母请来了学校。

在妈妈的劝说下,小吴开门了,但她妈妈问她是怎么回事,她也不说,只是在那里不停地哭。于是,我与学校领导商量,让小吴同父母先回家冷静调整。稍后,我开始向女生们了解情况:小吴在 QQ 群里与同学对骂,说班上女同学的坏话;这样被说的同学不服气了,就叫宿舍里的其他同学不与小吴来往,不与她说话,甚至把垃圾扔到小吴的床上。小吴想不开就出现了前面的一幕。

第二天早上,我接到小吴的妈妈带着哭腔打来的电话:小吴回家后不吃不喝,一直呆坐，一句话也不说，令人着急。然后，我把小吴在家的情况说给了与她闹矛盾的女生们，她们开始意识到自己把事情闹大了，个个都不好意思低着头。我已经看得出她们在后悔了，于是我故意说道："老师这段时间很忙，目前还想不出解决的办法呢。"这时小红同学站了起来说道："老师，这件事是我们自己惹的祸，我们自己去解决，放学后我们去小吴家给她赔礼道歉，一定把小吴叫来学校。"解铃还须系铃人。

下午放学了，我和小红几个同学一起去了小吴家。一见到小吴妈妈，她的眼泪就"吧嗒吧嗒"地往下掉，我安慰着小吴的妈妈，说要给孩子树立一个榜样，告诉她孩子们打打闹闹一下子就过去了，没什么大不了的事。然后，让小红几个孩子一起上楼去和小吴谈谈。我隐约地听到她们真诚的话语，说了一大串：对不起，我们错了，请你原谅！回到学校我们依然是好朋友，我们要一起考高中；如果你不读书，班主任又伤心……其实这些孩子还是懂事的。小吴脸上慢慢地露出了笑容，并与同学一起下了楼洗好脸。看到这个情形，小吴的妈妈也破涕为笑，还从冰箱里拿出一个蛋糕说昨天是小吴的生日，现在可以与同学一起庆祝了。

那天我们一起过了一个别样的生日，女孩们开心地说说笑笑，我的心也暖暖的。这一次，小小的矛盾反而让这群孩子们更加紧密，也更加团结了。

教育真的是百转千回，万种风情啊。这个过程，漫长而幸福，而我愿意真情浇灌，静待花开。

（柳江县土博中学　韦韩芬）

铁 树 开 花

"小传，科任老师反映你最近这段时间又没有写作业，有没有这回事?"
"我忘记了，课代表也不跟我说。"

"今天上午你就不用进教室了，拿作业到我这里补写吧，什么时候写完什么时候进教室！"

"嗯。"小传用鼻子应了一声。

于是我叫科任老师把最近布置的作业拿出来，让他一科一科地写。

"老师，这么多，我能不能回教室写？"

"不行，就在这里写！"实际上一节课过去了，他连笔都懒得拿起来。虽然，我的真正意图是不让他离开我的视线，不让他回到教室里给老师和同学添堵。

就这样，我又改了一组作业，回头一看，发现小传不见了，他所有的作业和笔都丢在那里。找教室，他的座位空空如也；跑门卫，保安说没学生出校门；去宿舍，宿舍紧锁。爬围墙出去了？我正火急火燎地准备出去找找，这时，小传慢悠悠地出来了。

"小传，你去哪里了，为什么不写作业？"

"干嘛，上厕所也犯法吗？"小传面无表情地回敬了我一句。

就这样，罚写作业这招不能解决任何实际性的问题。

小传，一提到这个名字我就头疼，从初一到初三，这个孩子从来就没让我省心过，可以用"劣迹斑斑"来形容他：刚进学校不到一个月就因为违反宿舍管理制度而被勒令长期外宿；课堂上不是讲话、睡觉、吃东西，就是把垃圾塞进附近同学的衣服里；更不要说要他写作业或者是劳动了；更有甚者，有几次公然在课堂上顶撞科任老师，为此几乎每个科任老师一下课就到我这里告状。我呢，几乎每次在科任老师反映情况后都及时找他谈话，让他写保证书，罚他写作业或者是劳动，要不然请家长来学校配合教育，叫家长带回家教育……这些招数在初一时还管用，可是到初二和初三就不灵了，至今我还记得最近跟小传过的几次招。

今天下午自习课，我一进教室就发现小传的课桌下面横七竖八地躺着几个食品袋。这帮孩子，又在乱丢垃圾，不乱丢垃圾这个问题从进学校的第一天就已经强调，三年了，这个陋习一直没能改掉，总有那么个别同学乱丢垃圾。特别是小传，不但自己乱丢，还经常把垃圾塞进老实同学的桌子里，现在他的桌子里还有一大堆乱七八糟食品袋呢。一想到这，我心里就憋着一肚子的火。"小传，把这些食品袋放到垃圾筐里一下。""不是我丢的。""不是你丢的你也捡起来。""等下课我再捡。""不行，现在就捡！"我的态度越来越强硬，每次叫他捡他都找托词，一到下课他不是跑得无影无踪就是命令那些老实又弱小的同学帮他捡，我最讨厌他的这种行为。"下课再捡。"小传的声音也越来越大，一下全班四十多双眼睛齐刷刷地集中在我们俩身上。我就不信今天治不了他："你现在就给我捡！"我顺势扯了一下小传的衣服，想把他拉起来，没想到他用力甩开我的手，

"腾"地一下站起来，桌子也"哐当"翻了，书也倒了一地，"我就不捡！"小传大步夺门而出。

垃圾事件之后，我感觉我的威信在孩子们中间大大下降，我不知道以后还有多少类似事件发生，就决定对小传采取冷处理的方式，不去理会他。他也感觉到了我的态度，但就是一副"死猪不怕开水烫"——无所谓的样子。原来他还学点我教的语文这科，现在干脆一点都不学，连考试也随随便便写几道选择题就了事，结果我的语文这科又添了一个低分，弄得我哑巴吃黄连——有苦说不出。接下来小传更是肆无忌惮，公然在课堂上骂科任老师，没办法，我只好叫他家长带他回去教育。这下班上总算平静了许多。

班里是平静了许多，可是我的内心却怎么也平静不了，觉得这样下去也不是办法，小传迟早会辍学的，这是我最不愿意看到的。难道他真的无药可救了？是不是我的教育方式方法有问题？思前想后，觉得自己的教育方法太过于简单粗暴了，对小传的要求太苛刻了。小传这孩子在小学就被认为是个问题学生，老师几乎每一周都到家里"家访"，就连他的家长都认为他无药可救，说他去到哪里都不招人待见，每次老师来家里以后他爸爸对他便是棍棒相见，小时候他还怕他爸爸的棍棒，现在他爸爸一拿棍子他便往外面跑，然后他父母又连夜去找他回家。更何况他的自控能力、接受能力本来就比别的同学差，一首 28 个字的诗别的同学 5 分钟就背下来，他 15 分钟都背不了。对这样的学生怎么能要求他跟别的同学一样呢？难道不应该给他更多的宽容和爱吗？况且现在孩子已经是初三的学生了，怎么能用初一那老一套的方法教育孩子呢。为什么我可以对别的同学的优点加以表扬，就不能找到小传的优点让他找到自己存在的价值？他学习不行，行为习惯不好，难道别的方面也不行？想到这些，我内心渐渐平静了下来，对小传的违纪也能用平常心来对待了，当科任老师来告状时也不气鼓鼓地立即找他来训斥了，而是等气消了之后找他来谈话，尽管效果不是很好，但至少不像之前那样剑拔弩张了。

经过一段时间的观察，发现小传特别喜欢在女同学面前表现自己，特别听女同学的话。比如当换组时有个别女孩子搬不动桌子，他会主动去帮她们搬，有时还在女同学面前一个手把桌子拎起来，有些时候他还帮女同学提水上宿舍。看到这一切，我非常开心，于是找个机会叫他出来："小传！""干吗？"他的话里充满敌意。"你知道你身上有哪些优点吗？""不知道。"他把头扭过一边。"其实班上很多女同学都很喜欢你，因为当她们有困难时你总能伸出援助之手。""谁说的？"小传的语气慢慢缓和了下来。"真的，很多同学都跟我说过。只要你在课堂上不影响同学们听课，她们会更喜欢你。""可是我实在听不懂，一到上课我就很难熬，睡觉你们又不让。"小传在我面前发了一大堆牢骚。"如果你实在听不懂就拿课外书来看，这样既可以拓宽你的知识面，又不影响其他同学。如果实在不会写作业，你就看看别的同学怎么写，你看行不行？""那好吧。"

接下来的一段时间，再也没有那么多人告小传的状了。但是他乱丢垃圾的不良习气丝毫没有改，一进到教室我就发现他的抽屉里、桌子下到处是食品袋或纸屑，这时我会悄悄地跟他说："小传，帮忙做件好事，把这些东西扫一下好吗？"小传也不好意思，就去拿扫把把垃圾扫了。这样连续了几次，我们之间渐渐形成了默契，只要我盯着他桌子底下，他就会自觉捡起地上的垃圾，渐渐地他座位下的垃圾少了。

当科任老师说小传这段时间又在课堂上发飙时，课后我会跟他说："小传，据说这段时间你在课堂上又开始讲话了，是不是课外书看完了没事做了？"我知道，其实是自己给他找台阶下。"哦。""我这里有几本书蛮好看的，你拿去看吧。""谢谢老师！""不过你要给我保管好哦。"这样课堂上又安静了一段日子。

我和小传也有说有笑了，当我看到他理了个新发型，我会对他说："小传，今天真帅。"当他上课走神时，我会说："小传，神游到哪个国家了？"当别同学在听写而他在抄写时，我也装作看不见了。小传呢，见到我也远远地跟我打招呼了，有时还跟我开几句玩笑。特别是上次的劳动，他也破天荒地参加了，而且还帮女同学抬水，为此我特意帮他拍了几张照片。

但这毕竟是前两周的事了，前两天小传回家又跟他妈妈发生摩擦，被他爸爸痛揍一顿，今天刚送来学校，谁知道心情不好的他又会出什么幺蛾子。说话间我已经到了学校，孩子们已经各就各位，干得热火朝天了。远远地我就看见小传站在一张桌子上面，一手拿着水壶，一手擦着玻璃窗，我故意大声说："小传呢，小传在哪里？""在这呢，老师。"只见他从桌子上跳下来，跑到我面前说："老师，干净吗？""干净，我们小传出马，想不干净都难。""小传，我们的水脏了，去帮我们抬一桶水来。"那边几个女同学在叫小传。"老师我抬水去了。"看着小传忙得不亦乐乎，我由衷开心，一下子觉得小传长大了，而且越来越像个男子汉了。在这次期末测试中，他也认真地写了作文，他的语文成绩也突破了低分。为此，他还把他的QQ昵称改为"考试终于写作文的男孩"。

如果说孩子们是一棵棵树，那小传是一棵铁树，今天，他终于开花了。尽管这朵花开得有些晚，而且是一朵小小的花，但是我却非常开心，相信以后的日子，他会开得越来越灿烂。小传的转变让我越来越相信，教育是一门等待的艺术，我们的每一个孩子都是一朵花，他们的花期有早有晚，只要我们用心呵护、耐心等待，他们早晚会开花。

（柳江县成团三中　覃雪慧）

从"灭绝师太"到知心姐姐

曾几何时，"灭绝师太"这个绰号在校园里悄悄传开了，万万没想到这个绰号居然安在我这个看起来弱不禁风的小女子身上。当我知道这个绰号时，心里真是百味杂陈，多年的班主任工作"成就"和信仰都在这个绰号面前不值一提，我很苦恼：平时对这帮孩子也够关心的了，有病带他们去看病，没钱借钱给他们，天冷时提醒他们多穿衣服，热天到了提醒他们多喝水，甚至有时候觉得自己花在学生身上的时间还多，花在自己孩子身上的时间还少。怎么他们就不体会到我对他们的关爱？难道他们真的是一群白眼狼？

2015年3月，作为"柳江县名班主任培养工程"中的心缘工作室的一员，我来到了南宁市三十七中进行为期一周的跟班学习，那里的两位班主任的做法让我耳目一新。其中的一位老师名叫刘晓兰，她为每一个学生精心设计了一本《个人成长记录》，坚持每一周都给他们写上温馨的寄语。在寄语中，体现的不是老师对学生一周来的总结和要求，更像是一位知心朋友在跟自己的同伴倾诉心里话，或者说是一位母亲对孩子的真诚祝愿。另一位老师叫罗夏敏，她要求班上的每一位同学每天表扬1~2个自己的同伴，而且每天要做到问自己："今天，我表扬了谁？他（她）为什么值得我表扬？"记得刘晓兰老师曾说："现在八年级的孩子正处于叛逆期，逆反心较强，平时我们一味对他们说教，可能会让他们更加反感，不如换一种做法就会拉近与学生的距离。"这两位班主任的共同特点是尽量挖掘学生的闪光点来激励他们，她们的每一种方式都考虑学生的年龄特点、心理特点，从她们身上我读出了什么是"教育的智慧"。这不正是我欠缺的地方吗？平时我在工作中很少考虑到学生的生理和心理特点，而且我始终坚信，师生之间应该保持一定的距离，教师应该有自己的威信，如果过多地表扬学生会让他们骄傲起来，就像猫的尾巴一样摸不得，越摸越翘。因此平时我很少表扬学生，认为学生的进步看在眼里记在心里就可以了；对学生不好的方面倒是沉着脸横加指责，而且喜欢用命令的语气跟学生说话。渐渐地，学生见到我就远远地躲开了，"灭绝师太"这个绰号也就应运而生了。不行，我要想办法摆脱这个绰号。

从那以后，我尝试学习刘小兰老师和罗夏敏老师的做法，教育学生尽量以表扬和鼓励为主。

首先，我设计了一本班级成长记录，和孩子们轮流写班上的情况，并表扬班上的好人好事。周一到周五学生写，周末我写。比如表扬进步的同学："这一周老师发现我们班有许多同学在悄悄进步，特别是梁银银（化名）同学，课堂上听讲认真了许多。特别是当我听到他周末回家还写家庭作业时，我甭提有多高兴啦。如果他能坚持下去，相信他会有更大的进步……"受表扬的同学很开心，孩子们很期待这本班级日志能传到他们的手上。他们很用心地写这本日记，即使是平时考试都不写作文的孩子，也能写上四五百个字。由此，我发现孩子们并不是一无是处，只要我平时善于发现甚至放大他们的闪光点并加以表扬，他们还是有很大的可塑性的。

其次，通过各种活动尽量找学生的闪光点尽情表扬他们，拉近与学生的距离。因为我知道，我平时讲话的语气比较严厉，让学生有一种畏惧心理，因此我只有通过活动来拉近与学生的距离，也能更全面地了解到学生的闪光点。比如我发现班上的女同学比较懒，平时大课间远远地躲在树荫下看别人活动，这可不行，得想办法让这帮女孩子动起来。于是我对她们："听说学校班级篮球赛准备开始了，别班都在积极地备战，我们女同学怎么办？"刚开始全班 18 个女同学都不吭声，我说："那我们 132 班的女同学弃权算了，这可是从来没有的事。""老师，我们不会打篮球"，几个女同学怯生生地说。我说："这不是问题，老师可以教你们。"于是我就手把手地教她们，其中有一个叫双双的同学，连续投了五六个球都不进，一度想放弃，我说："没关系，多投几个就行了。"于是双双同学又拿起球投起来，终于投到第六个才进一个球，同学们都为她鼓掌欢呼。我说："你比老师当年厉害多了，老师投了十个球都不进一个。"听了我的话，双双的脸上露出了灿烂的笑容。她后来在作文里这样写道："今天大课间投篮球的时候，我看到别的同学投进球真为她们开心，到我投的时候，篮球连篮板都碰不着，我都想放弃了，后来在老班温柔的鼓励下，我终于进球了，我开心得跳了起来，我觉得这时候的老班特别温柔，像个知心姐姐。通过这件事，我明白了人是需要鼓励的，只要有人鼓励，做什么事情都可以成功。"看了双双同学的作文，我心里久久不能平静，想不到我的小小的善意，会让学生铭记于心，那么类推开来，以前我伤害过学生的行为，也同样会让他们刻骨铭心吧！想到这些，我更加注意自己的行为，希望自己的点点滴滴给学生们带来的更多的是善意，是温柔，是激励。

　　六一前夕，为了庆祝孩子们在段考中取得好成绩，也给他们过最后一个六一节，我组织了包饺子活动。孩子们别提有多高兴了，个个都很积极，特别是小仁同学，别看他上课整天闭着眼睛，连课本都不会翻，可那天，他跟平时判若两人，他带领几个男同学到我的菜园里捡菜，洗完菜后他对我说："老师，空心菜太长，把它剪成两半再烫更加好吃。"我说："就按你说的办，接下来的就看你的了。"于是，小仁同学便捋起衣袖，拿起勺子掌勺起来了，看着他娴熟的动作，我心里很感动。第二天我在班上表扬他，说他将来一定是一个出色的厨师，同学们都向他投以赞赏的目光，那几节课小仁同学坐得特别直。后来 202 宿舍的舍长生病外宿了，借此机会我提出让小仁同学当 202 宿舍的舍长。小仁同学信心满满地说："行，老师，你帮我打一个值日表，我要重新安排值日。"在他的带领下，202 宿舍的内务有了很大的改观。

　　我还学着用一些小技巧来放大班级中的荣誉行为。当乒乓球队员凯旋归来时，我在全班同学面前以校长的名义隆重地表扬他们，感谢他们，感谢他们为班争光，为校争光；表扬我们班的人才多，是一个能文能武的班级，希望篮球队员们也向他们学习。班里的同学都热情高涨，马上就有两个学生跟我说："老师，我也想参加乒乓球队。"

　　现在，很多同学都主动为班里做好事，班里的这帮后进生不再惹那么多事了，他们已经找到自己的价值，正在为自己的理想而奋斗。孩子们对我也不再那么惧怕了，远远地见到我就笑眯眯地跟我打招呼了。我心里也很欣慰，这正是我期待已久的结果，原来自己以前所吝啬的表扬对学生的作用那么巨大。

　　通过以上故事，我明白了初中阶段的学生需要的不是婆婆妈妈式老师，更不是警察式的老师，而是一个朋友式的老师；需要别人对他们的认同和赞赏。是赏识教育让我看到学生优点，让我学会表扬学生，让我慢慢从"灭绝师太"变成了知心姐姐。

点评

　　覃雪慧老师是我在"柳江县名班主任培养工程"中认识的老师，和工作坊中的其他大多数老师一样，她是传统意义上的好老师——严格要求学生、事无巨细地关心学生、一心扑在工作上、自律甚严。但也是这样传统意义上的好教师，在当前的学生变化和教育理论面前，不断遭遇挑战。第一次见到她，她脸上紧锁的眉头，清清楚楚地显露她的焦虑、急切和日复一日的殚精竭虑。她说及自己的困惑：只要我在学校，班级就很好；只要我一请假或者有什么情况，班级就一团糟。她对只有自己能"控制"的班级产生了深深的怀疑，这种困惑对于很多老师来说就是一个突破——多少老师还在迷恋只有自己才能控制的骄傲之中。

她的行动是颇有成效的。从"灭绝师太"到知心姐姐，她脸上紧锁的眉头逐渐展开，学会了以更接纳的心态和行动去和学生建立起新的关系。从行动上来说，她采用的办法很简单，就是牢牢记住"今天，我表扬了谁"，她本来就是一个关心学生、爱护学生，时时都在观察学生的老师，当关注点从"指责"转向了"表扬"，她观察到的学生行为也从"错误"变成了"闪光点"。学生眼里的她和她眼里的学生，都发生了很大变化。这种变化，创造了教育最重要的资源——良好的师生关系。

我们来看看这个过程是怎样的产生的。首先，她向学生敞开了自己，她不再迷信"教师和学生之间应该保持一定的距离"，把自己的情绪、态度和期望也坦诚地表现出来，并且用行动去改变过往的自己。比如尽管自己不会打篮球，但还是笨拙地和学生一起练习投篮。其次，她运用了一些简单而有效的方法，比如班级成长记录，让学生互相发现闪光点，延伸了老师的眼睛和耳朵，也有助于学生间的互相欣赏，这些方法我们有很多的班主任榜样可以借鉴。最后，也是最重要的，她是真正地在观念上接纳了学生（包括学生的需求、学生的错误），不迷信老师权威，不靠"命令"和"指责"。如此，她才可以这么自然地采取了和学生商量、激将法、借助权威激励学生等多样化的办法，从一个"有爱心"的老师走向一个"有办法"的老师，一个"有智慧"的老师。

（柳江县成团三中 覃雪慧　广西师范学院　闻　待）

你帮助过他吗？

一天，课间操结束后，班里的小家急匆匆地找到我："老师，小山踢我。""发生什么了？为什么他要踢你？"我急切想了解原因。小家是个老实听话的学生，难道是小山觉得他人老实，欺负了他？学生相处中各种情况都有可能出现，小的磕碰、大的打架，以大欺小，倚强凌弱，这样的情况处理不好会给老实听话的学生造成很大的心理压力，严重影响班级的团结、和睦。"是昨晚下晚修后在宿舍门口；至于什么原因，你去问问他吧。"小家声音很小，弱如蚊蝇。从眼神中看出，他是多么渴望我能为他主持公道。我连忙安慰他："小家，你觉得自己很委屈是吧，你放心吧，我一定查明原因，还你一个公道。"我刚想叫人去找小山来，大家当面了解清楚情况。而正在这时，小山正巧向我走来。

"小山，你过来一下，"我严肃地问道，"昨晚你为什么踢小家？"

"他去商店买东西，我给他钱，让他顺便帮我买，为什么他不帮？所以我一生气就踢了他一脚。"他振振有词，"老师，你不是说过同学间要互相帮助？"

我转向小家，"是这样吗？""嗯。"他低着头，声音有点颤抖，好像已感觉是自己有错在先。我心里一沉，这事不好处理。我们班班训里有"互助"这条，提倡同学间有困难时要主动帮助。小家，现在同学让你顺便帮买点零食，举手之劳，何乐而不为呢？我又转向小山，"去商店买东西，你可以自己去买的，为什么不自己去呢？他人是没有义务帮你做的。我们提倡互相帮助，是在别人有困难，确实需要帮助的时候。自己的事情还是要自己做，你认为呢？"我耐心地说。

"但是，老师，可气的是，他帮别的同学买东西，却偏不帮我，这不是故意与我过不去吗？"小山一副得理不饶人的气势。

"小家，那你为什么又偏不帮他买呢？"我也好奇了，寻思着怎么处理会比较合适。"他不是我的好朋友。"小家小声说道。

听了这句话，我突然有了主意。

"小山，你想一想，你帮助过小家吗？"

小山沉默想了好一会儿，摇了摇头说："没有。"

"你不要只看到小家在帮助别人，而不帮助你。你不知道的是，别人也曾经在小家需要帮助时帮助过他。我们提倡要互助，不是一味地强调别人要给予我帮助，当你做到主动去帮助别人时，别人肯定也会在你需要的时候帮助你的。"我严肃地说道。

小山想了想，得理不饶人的气势灭了，开始接受我的说法。

"那你现在还生气吗？"

"不生气了，扯平了。以后我要多做好事，多帮助别人，这样别人才会帮助我。"小山义气地摆了摆手，心悦诚服地说。

在我的提议下，小山向小家道了歉，小家也表示原谅了小山。小家脸色缓和，终于微笑了，小山则直肠子地爽朗笑了起来，而我也笑了："这就对了。"

（柳江县进德中学　曾宪会）

心会跟爱一起走

"心会跟爱一起走，说好不分手。春风都化成秋雨，爱就爱到底。为爱搭建宽阔的天空，容许爱有更遥远的梦。"一直以来，我都非常喜欢这首歌。因为我觉得，这首歌的歌词很好地诠释了我作为班主任的感受：心真的会跟爱一起走。

一、心随网动，一网情深

在担任七年级新生班主任几个星期之后，我就建立了班级的 QQ 群。利用网络，我与学生谈心交流，不得不说，网络成为我们师生之间联络情感、沟通交流的一条纽带。

那天，我和往常一样挂在 QQ 群里，忽然，我看到了一条说说："我，看不到希望。"我觉得有些奇怪，这说说的主人在我的印象中是一个开朗活泼的女孩，她学习认真，连读书的声音都非常响亮，和同学的关系也很融洽，积极参加班级活动，是我们班的文艺委员。她为什么会说这样的话呢？又是怎样的事情，让这样一个正值豆蔻年华的女孩子有这样的消极心里呢？我陷入了沉思。

因为刚开学，我对每一位学生的情况都还不是很了解。思考过后，我决定"曲线救国"。找到注册表上她所填写的家长一栏，我才发现，她没写爸爸妈妈，写的是叔叔。我更诧异了，同时也为自己没能及时发现这一点而深深地自责。拨通电话之后，我才知道了原委。莹莹，一个可怜的小女孩：两岁时，因为父亲吸毒，妈妈离家出走，从此与奶奶相依为命；更不幸的是，年迈多病的奶奶没有能力让莹莹过得更好，在她上中学两个月前，也离开了人世。现在，是她的一个堂叔在照顾她。说完这些情况，她堂叔告诉我：她不希望别人知道她的家庭情况，所以开学时刻意隐瞒了下来，希望我以后能多关注这孩子。

从此以后，我悄悄地关注着她。我发现，在老师和同学面前，她总是灿烂地笑着，仿佛什么烦恼都没有。可当她独处时，她眼神里的忧郁让人心疼。我想给予她帮助，但又不敢轻易去找她，我怕我会伤害她那颗看似坚强实际脆弱的心。怎么办呢？我一筹莫展。

一个中午，我到女生宿舍检查卫生情况。一个与莹莹同宿舍的女孩告诉我，莹莹中午好像没吃饭，只在小卖部买了个包子充饥。下午开饭时，我发现她又走进了小卖部，出来时手上拿着一个面包。我心里暗暗有了想法。第二天中午，我准备好饭菜，然后到宿舍叫了莹莹和那个告诉我情况的女孩子，美其名曰帮我的忙，为我打扫天花板。之后，留下她们一起吃午饭。吃完饭后，我单独留下了莹莹，告诉她：每个人的一生都会遇到各种各样的困难，在适当的时候寻求别人的帮助并不是一件可耻的事情。经过了一个多小时的交流，她终于向我敞开了心扉，跟我说起了她的家，她的忧郁和自卑。她告诉我，十年了，她没见过妈妈，当看到别的小姑娘在妈妈怀里撒娇时，她都嫉妒得想流泪，她多么渴望自己也能像她们一样，得到妈妈一个温暖的拥抱啊。她也想念在戒毒所的爸爸，希望爸爸能戒掉毒瘾，回家团聚。但是，她不想让老师和同学可怜她，因此，她总是在别人的面前表现出很快乐的样子。这次，一直照顾她的叔叔忘了给她这个星期的伙食费，她就只能用平时攒下的零用钱吃面包了。看着这可怜的女孩儿，我当时鼻子一酸，把她紧紧抱在怀里。

那以后，我以成绩优异为名帮她申请了学校的助学金，解除了她的后顾之忧。我没有在班上说她的困难，我也没有给她什么特别的照顾。我知道，对于这样一个外表坚强却内心脆弱的孩子，我们不能用同情去伤害她，给她不落痕迹的爱和保护，她的笑容会更灿烂。

当我再一次登上班级 QQ 群，看到莹莹的说说"风雨之后有彩虹"时，我笑了。感谢网络，让我与学生的心灵不断靠近，让我用我的爱，春风化雨，缔结我与学生之间的网络情缘。

二、"心狠手辣"，意外告捷

如果说莹莹的事情曾经让我一筹莫展，那小钰的事就更让我焦头烂额了。因为直到今天，我还不知道有没有更好的解决方案。

小钰是班里的英语科代表，那天第一节课是我的语文课，上课时也许是我粗心大意了，并没发现她的异常。可到了第二节课上到一半时，门口的保安大叔给我打电话："韦老师，你班上有个女孩子在校门口，哭着要出校门。"

赶到校门时，我看到她埋头坐在花圃的瓷砖上。我简直不敢相信，这个我们班里名列前茅，老师眼里品学兼优的好学生，竟敢逃课还要冲出校门。我坐到她旁边，看到她情绪激动，伸出手摸了摸她的头，问她："小钰，怎么啦？"

"我不在这里读书了，我要回家，我要去死。"她大声喊道。

"告诉老师发生了什么事？我们一起解决好吗？"我耐着性子问她。

"我不管，反正我就要出去，就要去死。"她继续嚷嚷。

看她这不管不顾的样子，我想事情肯定挺严重的，于是不再询问，只说："你先冷静一下，然后再告诉老师事情的经过吧。"

就这样，我陪着她静静地坐了几分钟，她才开了口。原来，在今天早读课的时候，她发音读书，班上一些调皮的学生不仅不好好读书，反而还起哄说风凉话：什么课代表没什么了不起，就会拍老师马屁之类的。小钰觉得自己受到了侮辱，觉得班上同学都不是好人，没一个帮她说话，再加上我第一节课时又没关注到她，她就更觉得自己被抛弃了。于是就跑出教室来到了校门口。

了解了事情的真相，我就想：这也不是什么大事，跟她讲讲道理，她应该很快就能想通吧。我说："每个班里都会有一些调皮的学生，你如果因为这样的人，这样的小事耽误自己的学习，放弃自己的生命，你觉得值得吗？"我本来以为，她会顺着我的话说："老师，我错了。她们不值得我这样做。"

事情的发展完全出乎我的意料，她的情绪一下又激动起来："我不为她们去死，我为我自己去死。"

"为自己就更不值得去死啦，因为别人的错误惩罚自己，这不是得不偿失吗？"

"我不管，反正我就是不想见她们，我就要去死。"

我看到她这样，决定打亲情牌："你爸爸妈妈辛辛苦苦把你养大，你如果不爱惜自己的生命，他们会伤心的。"

"他们才不会，他们只爱我弟弟，不爱我。"她又嚷嚷起来。

亲情牌好像又败下阵来，我说："那你先回教室上课，中午我们再好好谈一谈。"

"不回，我就要出去。"她不为所动。

就这样，我们的谈话进入了僵局。我知道我没有走进她的心里，我想让她感受到我给她的关心，我想让她感受到同学对她的支持，我也想让她明白爸爸妈妈的爱护。但我所有的语言都显得那么苍白无力。她继续纠结，我继续无奈。一个上午的时间，眼看就在我的不断劝说和她的永不妥协之下过去了。我想：好好跟她讲道理好像是行不通的，干脆就狠下心来，逼她做选择吧。

于是，我站起来，非常严肃地对她说道："小钰，既然老师劝不动你，学校也留不住你，那老师也不勉强你。你回去吧。但有一个条件，现在是上课时间，必须得让你家长来接才能回去。"

她看我一下变了脸色，有些犹豫："不要，我要自己走。"

"不行。"我说得斩钉截铁,"我给你两个选择:要么,回教室上课;要么,马上叫家长来接。我没那么多时间跟你耗在这里,你自己决定吧。"

说完,我狠狠地看着她,好像恨不得马上让家长把她接走。其实,我的心里忐忑不安,我担心她依然如故。但是,这次剧情的发展朝我期望的方向走了。她想了几分钟,扭扭捏捏地说:"老师,我回教室上课。"

听到她这句话,我真想大喊几声:"苍天啊,大地啊,早知道一开始我就下狠心了。做了一早上的无用功啊。"

这件事过了几天,她在 QQ 上给我留言:"老师,谢谢你陪了我一个上午。有些事情说出来就没那么纠结了;有些情绪,发泄之后就好了。"

我在心里默默吐血,但嘴角却不由自主上扬。这小妞,真该对她再狠一些。这是我第一次下狠心对学生疾言厉色,但效果却出乎意料。

三、心花怒放,梦想起航

这是在班级各项工作走上正轨之后,我着手进行班级文化建设时发生的一件事。

我非常清楚地记得那一天,当我从政教处主任那里得知我班的女生在寝室布置中得了倒数第一名后,我是如何的火冒三丈;我也非常清楚地记得那一刻,当我踏进办公室大门时,一些老师笑着"夸奖"我班女生是"情场高手"时我的尴尬;我还非常清楚地记得当我气喘吁吁地爬上三楼时,展现在眼前的非常醒目的三个大字——伊甸园,把我气得差点背过气去的"悲惨"情景。当时我就在心里暗暗发誓:是哪个古怪精灵的丫头片子给我闯的祸,我一定要把她揪出来,好好修理修理。

是的,那时候的我非常生气。在班级文化建设评比活动中,因为这个寝室的名称——伊甸园,我们班得了倒数第一名。部分评委老师认为这名字不好,因为这伊甸园跟爱情有关,所以给了零分。而我,在得知这一结果后头脑一片空白,唯一的一个念头就是:要找出罪魁祸首!

没费多大周折,她,一个挺秀气的女孩就站到了我的面前。刚开始,我还颇有点"怜香惜玉",毕竟,女孩子嘛。于是,我强忍着火气问她:"是你给寝室起的名字?"

"对啊,是我。我集思广益,最后才⋯⋯"

"什么,还集思广益?"我气不打一处来,"那么多的好词好名你不用,偏偏选这样一个名字。因为这个名字,寝室设计都得了倒数第一你知道吗?"

"老师,这个名字不是挺特别吗?"她争辩道。

"是挺特别,你小小年纪,怎么脑子里想的都是这种情啊爱啊的东西。我们班得了倒数第一,让全校看了笑话,你损害了班级的荣誉,丢了班级的面子。"

我不容分说，给了她一顿抢白。

听我说完，她静静地看着我。我知道自己当时气得满脸通红，我也看到她的嘴唇好像动了一下，但没有发出任何声音。然后她转身走了。

接下来的一个星期，我心情渐渐平复，觉得自己好像过分了些。但碍于面子，我没找她。可是我发现，原来活泼开朗、做事积极的她不爱说话了，对班里的事情也不闻不问。我心中有些忐忑：她是被我伤害了吗？一个12岁的小女孩，也许出于一种良好的动机，结果却办了一件老师们眼中的坏事。作为班主任，我没有用润物细无声的从容和默然去对待她，而是采用了太过于张扬、急躁，甚至太过于功利的做法。我岂不是给了她太大的打击？

就在我决定要找她谈谈时，又是一个星期过去了。星期天回校，她请了假；星期一早上，她还是没回学校。我这时才急得像热锅上的蚂蚁。准备到她家家访时，我QQ上收到了她写的一封信。

尊敬的老师：

您好！首先我为我的行为给班级带来的损失向您道歉，这是我始料未及的。老师您知道吗？为了我们寝室的设计，我和舍友花了多少心血；为了给寝室起名，我翻了多少字典。不错，您说了"伊甸园"是跟爱情有关。可是，在我们心中，它象征了我们宿舍的温馨与和睦啊！我并不想做有损于班级的事情，我只想为班级做一些力所能及的事。但我万万没有想到，老师会给我们一顶这么大的帽子，给我们一个倒数第一，把我们想得那么罪不可恕。老师，把您的有色眼镜摘下来，好好看看我们，您会发现，我们不是您想的那样。

学生：小玲
×月×日

看完这封信，我感慨万千，我为自己的一时冲动而深深地自责，我更为自己不分青红皂白给一位为班级出谋划策、尽心尽力的学生泼了一头冷水而心痛。于是，我去查了字典，再在网上搜索，发现"伊甸园"又叫"乐园"，是极其美好的，并不局限于所谓的情爱，是老师的理解太狭隘了。

于是，我拿着查找到的有关资料跟学校的政教主任进行了交流。政教主任也非常重视，我们商量之后决定到女孩家进行家访，肯定她为班级所做的努力，承认我们工作的失误。当她重新回到学校时，她的脸上又出现了久违的笑容。

"伊甸园"，那是我们人类祖先居住的乐园。也许，每个人对它的理解都不一样。但是，当我们的学生携手步入时，不要误解，不要扭曲，让他们心中的伊甸园鲜花绽放，奏出美妙的乐章吧！

"心会跟爱一起走，说好不分手。春风都化成秋雨，爱就爱到底。为爱搭建宽阔的天空，容许爱有更遥远的梦。"耳边，再次响起这首歌熟悉的旋律。我的心，将为爱搭建宽阔的天空，去迎接最好的未来。

（柳江县拉堡中学　韦近勤）

走进孩子的内心

每一个孩子就像一个魔方，只是你不知道扭转的方式，或许他们自己也不知道。在我的班主任生涯中，总会遇到几个这样的孩子，他们敏感而固执地守护着自己的内心，想要走进他们的心灵，你可以做的也许就是引导他们去认识自己，学着摸索打开自己的方式。

说到叮当猫，我就想起了小樊，我的学生。他不爱说话，惜字如金，即使说话的时候，他的眼睛也看着别处，甚至上课他也是不看黑板的，下课却爱用十指在桌边轻轻地有节奏地敲打。大家觉得他孤僻古怪，都说他有自闭症。他是和爷爷一起长大的，他的爷爷也不喜欢与别人沟通交流。因此，他没有朋友，唯一的朋友是叮当猫。他的每一本作业的封面都画有叮当猫，甚至在写作业之前他都先画一只叮当猫。

"我凭什么要你的礼物？"我想着用叮当猫小挂件亲近他的目的被他挫败了，他扔回了硬邦邦的话。我唐突了，教育欲速不达，但我知道叮当猫的陪伴是重要的。叮当猫能保护大雄，和大雄是好朋友，他们一起成长。这或许是一扇窗，换我来当保护小樊的"叮当猫"吧。

有一次，班里几个男生捉弄小樊，嘲笑他另类。他不会争辩，就朝他们吐口水反抗，结果遭到他们的殴打。以不让他被其他人欺负为理由，我请他课余时间到我办公室里来。也或许是他不愿意和其他人打交道，他同意了。一开始，他显得很紧张，也不愿和我说话。我就只是布置一些工作和任务给他做，比如帮我数试卷和作业本，帮我记录谁没有交，然后再让他口头汇报给我听。慢慢地，他和我讲话就不紧张了。有时候我也问他一些关于他父母的情况，他也愿意和我说一点。随着时间的推移，他肯跟我讲更多的话了。有一次我们办公室的莫永进老师和他们班的学生在谈一些兵器的事，他刚开始只是听着，后来也能慢慢地加入到他们的谈话中。我们第一次发现他说了那么多话，因为他经常在网上浏览有关军事、武器的网页，所以这方面他懂得很多。我们夸他，他也很欢喜。我知道，让他回归班集体、回到同学当中的时候到了。

接下来一次主题班会，介绍自己的爱好。我提前通知他爸爸协助小樊做好准备。轮到他时，他说的就是关于他喜欢的兵器，说得很好，又有 PPT 展示，而这方面的内容又恰好是男同学感兴趣的，大部分同学都很佩服他，甚至原来喜欢欺负他的男同学都忍不住为他鼓掌。小樊的妈妈是高中英语老师，所有科目当中他的英语是最好的，他也懂得很多课外的单词。做阅读题时学生们不懂的单词我就叫他们去请教他，我还让他做我的教学助理，让班里的同学去问他英语问题，在课堂上教新单词的时候我都会叫他先起来拼读给全班同学听。在我的建议下，越来越多的同学去请教他英语。他和别的同学在一起学英语，开始看不到他形单影只、孤僻的身影了。

教育的肯定是需要不间断再次放大的。学校组织班级大合唱比赛，为了能让小樊增加与人相处的信心，我决定让他来担任我们班的指挥员，并与音乐老师做了沟通。音乐老师给了他很大的帮助，经常辅导他；我也适时做他的思想和后勤工作。刚开始他总放不开，指挥动作幅度也不够。而我给予他肯定，告诉他："音乐老师都说你很有指挥员的天赋，节奏感很强。"通过一次又一次的练习和准备，演出很成功，他被评为全校最优秀的指挥员。看到台下那么多同学为他鼓掌，他开心地笑了。

幸运的是，在我和他共同努力下，找到了属于他自己的开启方式，引导他看到自己的另一个面，认识并接纳自己，喜悦地和那个自己说声："嗨，原来是你！"

另外一个女孩叫阿月，也叫小咏，又叫阿欣。她在我们班三年，就换了三次名字。一个人最显著的身份标识，却被成人不断更换，从身份认同的角度来说，对孩子本身就是一种巨大的伤害。这个名字更换背后的故事，更让人心酸。

她很小的时候生身父母就把她丢在鱼峰山脚下，是一个老奶奶把她捡回去养到了六岁。老奶奶越来越老了，就把她送到县福利院，取名为阿月。她自卑，消极，爱抱怨，对谁都是一副臭脸，对任何人与事都敌视。后来她被一对夫妇收养，改名为小咏。初一开家长会，她的养父母没来，原来这对夫妇不想再收养她了，要把她送回福利院去。

　　"老师你怎么知道这么快？我在小学六年他们都不知道我的情况。"她疑惑又有点吃惊地对我说。"因为我是你的老师啊，以后有什么事就和我说。"我和她聊天，觉着孩子本身很努力，如此境况还能进入实验班，不容易；也劝她好好和养父母相处。之后，她又被另一个家庭收养了，改名为阿欣。我们也聊她新的家庭生活，不过，她提出了来学校住宿。

　　一天夜里，我居然收到信息：阿欣想去跳楼。我立马找到她，我们谈了很久。在学校住宿的她，不相信别人。和宿舍里的同学有矛盾就拿别人的牙刷去刷厕所，然后又放回去让别人继续用。同宿舍的同学知道了就集体排斥她。她认为自己是个多余的人，父母不要她，长得不漂亮，没有朋友，不想活了。

　　我告诉她，情况没有这么糟。还有很多人和老师一样关心她。"小岚漂亮。""我们都是普通人，没有谁多漂亮。而且每个人都有属于自己的美丽。"此外，我还和她同宿舍的同学沟通，把她的身世和遭遇告诉她们。最后同学们互相体谅，互相认错道歉，化解了矛盾。

　　但是，我知道，阿欣的不稳定情绪与心理不会这么快就过去，或许会很长久地留有各种潜在的我或许不知道的情况；要让她学会接纳，接纳自己，接纳别人，让日子过得有烟火气些，让时间真正抚平伤口。于是，我经常叫她晚自习之前和我一起散步，谈心聊天，天南海北的，一面走一面说话。聊她的事，但是更多的是说我以前的事、现在的事，还有我的往届学生的事。告诉她，别人怎样通过改变，现在生活得很好。故事讲了一个又一个，希望能在她的心里留下些什么。

　　再后来，世事弄人，初三时她又要到新的家庭去了，而这个新家庭的爸爸妈妈却是原来抛弃她的亲生父母。她并不高兴，她说回到那个家总没有家的感觉。我对她说："事情糟糕到不能再糟糕就开始好转了，父母当初可能有不得已的苦衷，要原谅他们，也是放过自己。"我也常和她父母联系，让他们尽量和孩子修复缺失的亲情，关心与爱是不能替代的。之后，我们还是经常一起散步，一起说话，而且还有她们宿舍的同学一起。

　　慢慢地，她有了很多朋友，也经常笑了，以前是我说的多，现在是她说的多了，甚至她和朋友一起说话的时候，我都插不上话了呢。她还说，之前的养父母有了一个可爱的儿子，和她保持着联系，她现在有很多亲戚和父母了。后来，她考上了县中。

　　每个人都是过客，作为老师，我很高兴能成为我的学生们学生时代记忆里的一个剪影，掌起一盏灯，陪伴着他们前行。

（柳江县拉堡中学　韦敬娱）

我与"孟"的故事

　　多年的农村初中班主任工作实践证明，要做好初中"后进生"的转化教育，关键是要帮助这些孩子找回属于他们自己的个性、尊严。这就要求我们班主任帮助他们理顺自我、他人、集体、学习等关系，让他们明白自己的问题原因及个人的独特性，认识到自己只要努力就可以获得成功。进而在同理心培养活动中，他们才能被别人接受，也逐渐掌握基本的社会交往策略。而社会交往策略的习得，又使其提高了在同学之中的威信，顺利融入同伴群体之中，克服自身的成长障碍，扬长避短，得到认可。下面，我和我的学生"孟"之间所发生的故事，就是最好的例证。

案例 1 大个子的困惑

　　前脚刚踏入办公室，后脚跟进本班的小个子男孩硕，哭着说孟推打他，挽起裤子，露出被推倒后摔破的膝盖。硕，来自残障家庭，个子瘦小，严重地营养不良，体重不足 80 斤。我深深地同情这孩子的境遇，也小心地维护着他的自尊，在班级中努力营造着如家的氛围。我一边安慰硕，一边让人找来孟。孟，是老师们公认的那种缺失良好的行为习惯，学科成绩拖全班后腿的"后进生"，他的"好斗"及他的玩世不恭尤其令班主任头疼。一些科任老师说："我的课，只要孟这孩子不吵闹就行了，不指望他学多少。"同学们常说："他不欺负我们就好了。"其他班主任会说："像这种孩子，不要给我添乱就行了。"

同学之间，除了回避，更多的是需要沟通、包容、尊重，学会相处；班主任需有包容心、智慧心，将心比心，以心换心，更有利于破解难题。此刻，面对同学的哭诉，我并不急着追问原因，更想听听他的解释。

他既无辜又无奈地说："我们在一起推挤，他推过来，我就推回去，没想到，他就摔倒了。"

我想到学生在周记《同学印象》中对他的描述：会吵闹，但不掩饰，给人的印象很实在；有点无赖，但有很强的集体荣誉感；常惹人生气，但也是大家的开心果；学习不好，但有点学习方法；他爱下厨；他能使用割草机，他有身体优势……

我便问道："体育课时，你的实心球掷了多远？""13米。""那他们呢？有谁比你掷得远吗？""没有，他们最远的才8米。"我笑着打住了。他自豪地笑着，但似乎也悟出了我的问话，自言道："我的个子、力气比他们大，很容易就伤到他们。老师，我向他道歉，带他去买药，行吗？"我点了点头，补充道："我建议你去参加学校篮球队、田径队，可以组织同学打篮球，为我们即将举行的班级篮球赛做准备。""我可以吗？""可以的，至于教练那里，我负责引荐。"我承诺道。"好的，谢谢老师！"看着他欢快地跑出了办公室，似乎忘记了是来处理违纪，而不是来受嘉奖的。

次日他就跟着球队参与了晨练。事后他说："真没想到，班主任真好！我碰伤了同学，他不但不批评我，还帮我介绍参加篮球队！"渐渐地我发现他与同学间的矛盾少了，课余活动多了，尤其篮球运动，几乎使他和男生们亲如兄弟。自那以后，年级掷实心球比赛的桂冠就一直由盂摘取；年级篮球精英组合一直由盂带领。

不妄断事件经过，是了解事实的前提；不轻易批评孩子过失，是解决孩子间矛盾的明智之举。其实，孩子并不是不清楚自己的毛病，他需要的是具体的指导和帮助。

案例 ② 一袋红苹果

为培养大家良好的行为习惯，开学初我就在全班开展"个人承诺"活动，在原来口头许诺的基础上，变为书面协议并加盖个人拇指印，涵盖"学习、生活、纪律"三个板块，援引"杀彘立信"的典故，明确个人诚信之必要。力求由同学监督到自觉遵守，设监督组长四名，执法四名，各司其职。我亦参与其中，且先行表率。为打消孩子们经济上的顾虑，践行自己的诺言，此事均与其家长沟通，且得到家长的一致同意。孟的个人承诺是：上课不睡觉，如若违反，请班内每个人吃一个苹果。

"老师，孟上课睡觉了。"刚走上教室讲台，孟所在小组组长就汇报，此时的孟辩驳说："我只是趴了一下。""我听到他都打呼噜了""我还看到他把书都弄掉地下了""老师喊了两下都没动"……事实胜于雄辩呀！遭到了大家指证的孟，灰心丧气，用近乎乞求的口气对我说："老师，我现在没有这么多钱，下周来再买行吗？"很明显，是不得不承认了，既已甘受惩罚，我何不稍显退让呢？我把决定权给了大家，同学们欣喜地答应了。

周日晚回校，看着桌面上摆放的一袋红苹果，我会心地笑了。那一刻，同学们吃到的恐怕是人生中最甜美的苹果。

学生不学习或不会学习，断然不会呆若木鸡地坐着，置之不理，必然导致无法管理；敏感处理，则会中断教学。培养学生学会自控、自理，需要科任老师的有效引导、耐心教育。但实习老师的教学技能有限，往往成为学生欺负探试的对象，在帮助实习老师提升教学管理技能的同时，还需要帮助其树立威信。

案例 3 一袋红苹果（续）

新来的实习老师小刘刚上完生物课，一手拿着书，耷拉着脸，一股怨气地进入办公室，与之前出门时的满怀热情形成了鲜明的对比。我起身，出门，刚到班级走廊，就涌上一群女生你一言我一语地告状："孟刚才把刘老师气哭了！""他大声地回答。""他站起来说……"

自习课铃声一响，我找来孟，用征询的口气说："孟，你帮老师做个事好吗？帮我把我桌面上那袋苹果送去给我们的实习小刘老师。"乍听帮忙他很乐意，"就说是你送给她的。"他很愕然，"为什么？""不为什么，只是为了对刘老师几天来的热心工作表示感谢，你认为应该吗？"本以为老师要追究他的过失，此刻他倒是大方地说："那我们也可以去买呀！"因为他知道，那些苹果是早上师兄、师姐来看望老师时送的。老师竟拿别人的苹果来让他送人，让他做好事，孟表示有点儿不好意思，但还是高兴地做了。

意外收到水果的小刘老师，平静而又中肯地劝诫了孟课堂上的行为。

之后的生物课就如同他们事先商议好一般默契。就此事，孟在日记中写道："感谢老师对我的帮助，既让我保存了颜面，又化解了我与刘老师之间的误解，教会了我如何弥补自己的过失。刘老师的教导使我懂得了自己的行为造成了不良后果，她也告诉我如何听课，如何做笔记。"

通过每一次过失的面对，每一个责任的担当，孟就向前前进了一步。渐渐地"动物饲养员""走廊保洁员"等责任的担当，让平日里大咧咧的孟变得脚步快了，行为专注了！

让孩子"学做人"，其益处远大于分数的提高，孩子在成长路上犯错是难免的，关键在对于错误的认识和弥补，及其对自身的改进和提升。灵活的履行承诺的处理方式，激起孩子对错误的认识、对责任的担当和对问题的解决比起简单道歉更实惠。这是最实用、最有效的办法。一个障碍，就是一个新的已知条件，只要愿意，克服生活中的任何一个障碍，都会成为一个超越自我的契机。

案例 4　"我要达到上将"

今天有一些专家和其他学校的老师要来参加我们班的"我的中国，我的梦"主题班会活动，我在校门口恭候着这些老师的到来。"老师，我肚子痛，想请假回家。"这时孟和转学回来的浩来请假。

"今天我们开主题班会啦！""是今天来吗？""是呀，还有博士、研究生们也来，全县中学的有名的班主任也来哦，教育局副局长也可能来哦，这可是十年一遇，你能坚持吗？"一连串的惊喜、意外，似乎让他忘了疼痛，"那我去买个药就回来！"

班会刚开始，"报告！"在座的学生、老师、专家放眼望去，站在门口的正是孟——一手拿药，一手擦汗，赶着回来的。他错过了开头环节，但积极参与课堂讨论，"我的目标是打好篮球。"他大声地回答着；手语舞《感恩的心》，虽笨拙但欢快地舞动着，让在场老师倍感孩子的纯真；看他落落大方地向导师们介绍我们的班级文化，显得是那么成熟和稳重；"我要像专家们一样优秀"的心愿卡，紧紧地贴在班级"成长树"上，上面用真诚的笔触写道："这节课让我受益匪浅，我会永远记住这一节课。我一定要争取达到上将军衔（班级'军衔制'升级量化管理模式里的一个级别勋章）！"他的声音是那么坚定！

自那以后，他每日下午坚持到篮球场练篮球，我会在旁助战；他在班级活动中唱首小情歌，我会殷勤地献上一朵小花；班级聚餐时，他喜欢炸小油条、油饼，我便为他捏小面团；他代表小组参与知识抢答，我亦乐意为他披上象征荣誉的绣球……孟会掰着手指高兴地对小伙伴说："每天我坚持练半小时篮球，就可以得到 1 个三等功，每 6 个三等功就得升一级，我只要练足 120 天，就可以达到上将啦！"期末军功统计，累加活动参与加上县级参赛获奖，再抵扣违纪，他整整得到了 10 个三等功，已经超额完成目标。

点评

　　对于孩子，需要的是真实的评价，需要的是善意的帮助，同时还有安慰和鼓励。怀着信心，怀着爱意，帮助他去解决任何问题。

　　总之，真正有思想的园丁绝不会把所有花木按统一标准修剪整齐，而会尊重差异，因材而"修"；真正高明的园丁还会智慧地施肥，在耕耘的过程中，抱着一颗上善若水的心，抛弃私心杂念，原谅学生无心的过错，就像在拔莠除草，让每一朵花都能明媚盛开。唯有如此，才能有效地做好初中"后进生"的转化工作，才能在学校管理中营造出一座座令人神往的班级花园。

（柳江县洛满中学 钟成宝　广西师范学院　李　红）

班级管理从心开始

　　2015 学年学校每周三开设硬笔书法和养心音乐相结合的养心课程，目的是提高学生的文化素养，把浮躁的心静下来。第一次课我只是到教室去巡堂，从第二次起，就交由班长小祖操作了。我让他 2：15 开始在班上开电脑找出养心音乐的文件夹，然后花 5 分钟时间整顿纪律，这样就能在 2：20 准时开始练字了。经过几次上课的观察，大部分学生能按时进教室，可是从学生的坐姿就可看出他们的心还是没有真正静下来。于是，我对他们说得最多的话就是："同学们，淡定些，把心静下来。"

　　受学校开养心课程的启发，我在语文课上也在摸索如何帮助学生养心。我从学生的读书声中，可断定他们的心是浮躁的，所以，读课文时总是读不出味儿来。于是，我开始在课堂上有意加强朗读训练，目的是让学生能静下心，读出课文的韵味。

　　这天，上的是《梦圆飞天》，学生还是老生常谈地读着课文，拖沓、没感情，听着就浮躁。我赶紧击掌示意"停"，接着说："同学们，淡定些，把心静下来，别急。"有了提示，再读时，开头两句好了些，再下去，又不行了。我毫不客气地马上叫停，还是重复着那句话，叫学生静下心来。我说："老师听你们的读书声就知道你们的心是浮躁的。言由心生，同学们，淡定些，不急！"有了多次的提醒，学生终于有了进步。特别是男同学，经过几次的练习，终于找到了感觉，把"神五"飞天的那种自豪感读了出来。那一刻，学生们也真正体味到了我这个班主任多次强调"淡定""静心"的真正意义。他们也被自己的认真、专注而深深地打动了。

　　我借机问学生："感觉这次'静心'去读后，有什么不同吗？""老师，只有静心，才能不分心，认真做好每一件事。"有学生总结道。我趁热打铁，继续启发学生："那如果应用在我们班里，'静心'对我们班是不是有促进作用呢？""是！"全班学生都点头回答。于是，我向学生强调了"静心"对班内所产生的重大影响。它能使同学们上课更专心，做作业更用心，打扫卫生更细心……

自那以后，养心课上学生的坐姿变端正了；教室里的卫生也变好了；同学间的关系也变融洽了。学生都开玩笑说："养心课，让我们班一切都变得美好。"

本案例让我们受到极大的启发。从中我们看到，要做好班级管理工作，班主任必须要触及学生内心，让学生自觉自愿地积极参与班级的管理。只有这样，才能避免在班级管理中出现两个极端：一个是班主任忙得团团转，还整天气鼓鼓的；另一个则是学生一肚子怨气，做得不甘不愿。同时，也才能真正实现教育的终极目标：培养学生良好的行为习惯，让学生自己教育自己。

那么，班级管理工作如何从"心"开始呢？案例故事告诉我们可从三方面做起。第一，做个专心的班主任。班主任的心要专注在学生身上，要以学生为本，这是做好班级管理工作的基础。不管做什么决定，都要从学生的角度出发，为学生的利益考虑。这样，做出来的管理决策才能打动学生的心，得到他们的认同，并能获得他们的积极配合。第二，做个会交心的班主任。班主任要与学生保持良好的沟通，让学生愿意把自己的心里话掏出来，这是班级管理工作能否顺利进行的重要保证。与学生谈话要尽量做到晓之以理，动之以情。不要总是板着个脸，动不动就批评学生。如果班主任与学生之间有一个很好的关系，沟通顺畅，那么在班级管理中就能起到事半功倍的效果。第三，做个有爱心的班主任。有经验的班主任都知道，只要学生喜爱你，那么要他们做什么事都不难。这是班级管理中一个公开的秘密。学生由衷地爱班主任，自然会发自内心地去听从班主任的话，按班主任的要求去做。

苏联著名教育家苏霍姆林斯基也曾说过："教育者应当深刻了解正在成长的人的心灵……只有在自己整个教育生涯中不断地研究学生的心理，加深自己的心理学知识，才能够成为教育工作的真正的能手。"愿所有班主任在班级管理上能多从"心"开始，在学生身上专心，多与学生交心，对学生有爱心，个个成为班级管理的能手。

（柳江县拉堡镇中心小学　龙　瑶　广西华侨学校　邓美玲）

走进孩子的心灵

特级教师李镇西说过："爱，不仅仅是和孩子一起玩儿，而应是理解学生的精神世界，学会用他们的思想感情投入生活，和学生一起忧伤、欣喜、激动、沉思。我们的班级生活应该为孩子们留下温馨的记忆。离开了情感，一切教育都无从谈起。"

一、班级基础分析

班级共 57 名学生，其中有男生 29 人，女生 28 人。一年级刚进校时，学生的自律能力还不够，良好行为习惯的养成还不够好，存在爱讲话的毛病，表现在集队和课前，没有老师在的时候安静不下来。班干部没有发挥自身的作用，管理班级的能力还有待提高。根据学校及大队部要求，班级需加强学生课堂行为习惯的养成教育，努力做到"班级有书香之风，学生有儒雅之气"。

二、班级管理体系及工作职责

班委会：设班主任一名，副班主任一名，总班长一名，副班长两名，学习委员三名，劳动委员两名，体育委员一名。

班主任：负责班级工作及德育工作计划的制订和班级工作总结，开展班级活动，并且就学科教学及时与任课老师沟通，推动全班发展。

副班主任：负责班级黑板报的出版及协助班主任工作。

总班长：主管班级各项事务及班内卫生和体育等事务，协助班主任工作。

副班长：负责班级文化建设和环境卫生。

学习委员：负责收齐作业，拿到老师办公室，每天布置家庭作业。

劳动委员：负责班内卫生，监督值日生的值日状况，及时汇报班内卫生情况。

体育委员：负责班内体育活动，如课间操、体育课、运动会的组织。

文娱委员：负责班内黑板报，组织各项活动及文娱项目。

各组组长：收齐组内作业，并向学习委员汇报检查作业的情况。

三、教育管理的措施

班级创建目标：努力创建一个健康向上、团结活泼的班集体，努力做到"班级有书香之风，学生有儒雅之气"；

班级文化愿景：班主任的管理理念决定着一个班级能否健康发展。创设一个宽松的学习环境是班主任工作的重点，只有让学生觉得他们的"大家庭"(班级)民主、自由、温暖，他们才会真正融入其中，体验学习的乐趣，生活的温馨；

班风："班级有书香之风，学生有儒雅之气"；

学风：读好书，好读书，做学习的主人；

教风：为人师表，教风严谨。

（一）完善的管理制度是班级管理的结实盾牌

没有规矩不成方圆，一个优秀的班集体必须有一套完善的班级制度。在班里，我采用竞聘上岗的方式组建班委会。成立班委会以后，我们常常组织班委召开班会，共同讨论班级建设和发展问题，发扬民主精神，调动广大同学的积极性，让大家一起参与到班级的建设当中，共同制定了《班级日常行为规范细则》、《二十字班级公约》等一系列制度，督促同学们学习，做好各项常规工作，为班级顺利前进打下了坚实的基础。我还定期召开班干部会议，利用好每节班队会，在班队会上，评选学习星、纪律星、劳动星、助人星等，奖励孩子们小红花，十朵小红花再换成一个"小苹果"贴到墙上，期末按小苹果的多少确定评先评优的依据。当然，这些要在家长会上得到家长们的认可。有了这些管理规定，班干部们能够不折不扣地履行他们的职责，班级工作有条不紊地开展。

（二）得力的班干部是班级管理的坚实堡垒

管理好一个班集体，光靠班主任一个人是不行的。如果做到"事必躬亲"，最后只能疲于奔命，还可能收效甚微。如果班主任有一批得力的左臂右膀——

班干部，班主任就不会为繁琐的班级工作忙得焦头烂额，班级工作也因为有了一批得力干将的群策群力而做得更圆满。这就需要班主任知晓班级管理的艺术，培养出能干的班级"小管家"，让他们参与到班级管理中去，做管理的主人。

班干部是班级的中流砥柱，是班主任的得力助手。我在学期初，采用"竞争上岗"的方式选举班干部。自愿参加竞选的同学纷纷上台演讲，宣读自己竞选的职位、原因及施政纲领，然后再由其他同学无记名投票，决定新一轮班委会成员。这样既可以增强学生的竞争意识，又可以让乐于为班级服务的学生参与到班级管理中来，接受锻炼，展示自己的风采。有同学们的信任感做后盾，无形中激发了班干部的主人翁意识，班级的核心运转起来就更加富有朝气蓬勃、积极向上的活力。

在学校里，我听到同事们和我说得最多的一句话是："韦老师，你外出学习那么多，你们班的流动红旗都没落下，你有什么法宝啊？"呵呵，要说我的法宝，就是完善的班级管理措施，还有一群得力的管理班级的干将！上至班长，下至小组长，他们各负其责，团结协作，班里或者同学出了问题，他们及时沟通处理，处理不了就向班主任或者副班主任汇报。每次我外出学习之前，我赐予班干部们"尚方宝剑"："你们管理的范围内哪个同学出了问题可以自行处理，如果这个同学不听你们的话，你把情况记录下来，通过QQ及时向我汇报。"班干部们有了"尚方宝剑"，威信更高，工作起来更加有激情。记得有一次我去南京出差，出差的第三天，班长小薇通过QQ向我汇报小卓同学上英语课不听课，还和老师顶嘴，把英语老师气哭了，班干部找他谈话没有用。从南京回来之后，我一进教室的第一件事就把南京的特产给全班同学分享，不过，独独没有给小卓。我在班里说："小卓，知道老师为什么没有把南京特产给你吧？"小卓慢吞吞地说："不知道。"于是，我把他做的"好事"一五一十地在同学们面前说了一遍，我又说："如果班干部们找你谈话，当时你认识了错误，今天你还是可以得到我的奖励的，可是你没有领班干部们的情啊！"看着同学们津津有味地品尝美食，小卓低下了头。

这件事以后，无论我外出多久，我都不用担心班里会出任何状况，因为我有得力的班干部们，有管理班级的"法宝"！ 班主任只有选拔好班干部，给他们一个施展才华的舞台，在老师同学信任的目光中他们才能真正地以主人自居，为老师排忧，为同学做实事；才能使班级管理获得成功，以达到"教是为了不用教"的教育目的。

（三）特殊的奖励是班级管理的灵丹妙药

我带2011（1）班有四年半的时间，学校领导和任课老师都说我们班的孩子纪律好，我想，除了健全的班委会负责制管理办法，更得益于我给予孩子们特殊的奖励。

记得一年级，孩子们刚入学，我不放过任何用小红花奖励他们的机会，特别是集队和上课时。小红花成为孩子们在班会课上最期待的礼物。渐渐地，一群懵懂的、稚嫩的幼儿园孩子转变成有一定行为习惯的小学生了。二年级的时候，在我外出学习的时间里，班干部们和我反映有些同学不听班干部的指挥，集队和上课时爱讲话。由于当时我参加县里的名师、名班主任两个项目的学习，外出学习是常事，一个学期有一个多月在外面学习，怎么办？我该怎么让他们自觉遵守纪律呢？我有一颗童心，这颗童心使我自然而然地走进了学生的情感世界。于是，我每次外出学习之前，都会先召集班干部们开会，给他们分好工，然后，在班里宣布："我不在学校的时候，谁的纪律最好，谁最听班干部的指挥，我学习回来有礼物哦。"自然，我说到就要做到，每次学习回来，我都带当地的特产回来，听班干部汇报谁最听话，谁的纪律最好，首先把礼物送给谁。那些被班干部报告所谓的不听话和纪律不好的孩子，看着得礼物的孩子，眼睛里一点光芒都没有。我抓住时机，说道："老师这次原谅你们，让你们和他们一起分享，下次纪律不好就不行了哦！"这些孩子惊喜地连连点头。看着全班孩子津津有味地品尝我带回来的特产，我知道，我的教育有了新的魅力。从那以后，我在学校的日子里，孩子们自然是循规蹈矩的，我外出学习时再也不用担心谁纪律不好了。所以，孩子们的守纪律就成为领导、老师们赞扬的榜样，我暗暗窃喜自己教育的机智。

我外出学习时间多了，多少都会影响孩子的学习成绩。孩子们的成绩从一年级的年级第一降到了年级第四。怎样才能让孩子们有学习的积极性和主动性呢？老师苦口婆心的教育只对成绩好的孩子有效，对学习不上心的孩子还是无用。一个受孩子衷心爱戴的老师，一定是最富有人情味的人。三年级上学期开学初，我就在班里宣布："期末考试，哪个孩子语文成绩达到 98 分以上，可以去我家做客。"话一说完，班里炸开了锅，成绩好的孩子眼睛充满希望，成绩中下等的孩子半信半疑。一个学期结束了，我兑现了我的承诺。没考到 98 分的孩子都后悔没努力，呵呵！我再次窃喜，因为我看到了一群有上进心的孩子。就这样，四年级我把分数降到 95 分就可以到我家做客，慢慢的，孩子们爱上了学习，爱上了看课外书。孩子们的语文成绩从第四追到第三、第二，又考了年级第一！当然，成绩不是衡量孩子们唯一的标准，我觉得教师最大的幸福就是看到孩子们在成长，难道不是吗？

特殊的奖励成为我和孩子们心连心的"法宝"。每次学校举行的任何比赛，我都激励孩子积极参加，只要获得好成绩，就在班里开展一次美食或者零食大会，孩子的积极性别提多高。班干部的工作能力得到了提高，班级的凝聚力也增强了。所以，学校举行的体操比赛、队列比赛、运动会开幕式、歌咏比赛……我们班都勇夺第一名，我这个班主任特别有成就感。去年的农历"三月三"，我和妈妈亲手制作五色饭奖励在队列比赛中获得第一名的孩子们。看着孩子们幸福的笑脸，我的心里也暖暖的，我给孩子们一份爱，我收获的是 57 份爱啊！教育的对象是富有情感的、具有纯洁心灵的学生，教师的辛勤劳动和坦诚之心一旦感染了学生，就会引起学生对教师由衷的敬爱。

（四）家长的信任是班级管理的有力保障

领导和同事们都说我的班级工作特别好做，因为我的家长们特别支持和配合我的工作。我想，只要你让家长们真正觉得你是为了他们的孩子好，你所有的教育教学理念都是爱他们的孩子，他们怎么可能不支持和配合你的工作呢？教育家陆分平说过："以仁治校，以爱执教，以诚待人，才可融社会、学校、师生为一体。"我的第一次家长会至今我还记忆犹新，我用一个小时的时间把我的教育教学理念和家长们交流，并且用 PPT 把每个孩子进校半学期的表现展示给家长们看，家长们第一次和我有了默契：为了孩子们，共同努力！在以后的工作中，我和我的家长们配合越来越默契，孩子们的思想动态都在我们的掌控之中。现在，我和家长们有了微信群，大家在微信群里对孩子的点点滴滴畅所欲言，成了无所不谈的朋友。有一个家长在微信群里这么说："我从教 20 年了，自以为自己的教育一切是为了孩子，看到韦老师的教育，我才知道什么是真正的一切为了孩子，韦老师是我见到的第一个这样做的老师。"另一个家长说："韦老师是我见到过的真正为了一切孩子和为了孩子一切的老师，是唯一的。"得到家长们这么高的信任，我无比自豪！能得到家长和孩子的尊敬和喜爱，这是教师的价值所在。

四、班级管理初见成果

如今的 2011（1）班，不仅学风好，班风也好，凝聚力强。2015 年荣获学校队列比赛一等奖；学校校歌比赛全校第一；学校大课间活动比赛第一名；学校民族体育运动会踢毽子比赛第一名；2013 年、2014 年连续被评为柳州市先进班集体；2015 年被评为柳州市"红旗中队"；每个学期都被评为学校文明班级。

案例 1 不再孤独的小婷

2015 年的冬天特别寒冷，可我的心却暖暖的。11 月 4 日早上第一节课，冬日的阳光悄悄溜进鸦雀无声的教室，此刻，孩子们有些在思考，有些在飞速地移动笔尖。

这是一节习作课，孩子们正安静地修改自己的习作草稿。我随机叫了几个孩子念念自己的习作（我喜欢面批学生的习作）。"小婷，来，念念你的习作！"小婷腼腆地站了起来，她的手拿起本子，微微颤抖。"我的作文题目是《爸爸，您还爱我吗？》。爸爸，上学期妈妈去世后，您的性格变了，像换了个人似的，每天都是三更半夜才回家，丢下我孤零零一个人在家。昨天傍晚，一个电话打来，您丢下五元钱说是我明天的早餐费，就急匆匆出门去了……写完作业的我一个人躺在床上，怎么也睡不着，感觉夜晚是如此的漫长啊……爸爸，您还爱我吗？"小婷念作文的时候教室里格外安静，只听到呼吸声。教室里随即响起雷鸣般的掌声，我和好几个女孩子落泪了。"同学们，小婷是多么的坚强，妈妈的去世没有影响她的学习，反而让她更加懂事，她的习作字里行间表达了自己的真情实感，是难得的好作文，再次为小婷的坚强鼓掌！"我的话音一落，教室里再次响起雷鸣般的掌声。

中午回到家，我把小婷的习作摘录在家长的微信群里，家长们的反应是我始料不及的。"老师，小婷以后有什么困难，我第一个帮她。"小卓的妈妈说。"老师，以后叫小婷放学来我家吧。"小静的妈妈说。"老师，小婷好可怜，需要我为她做什么，您说一声。"家长们你一言我一语，也有责备小婷爸爸的。正当大家说得热烈的时候，小婷的爸爸在群里留言了："婷婷，爸爸当然爱你，比以前更加爱你。我之所以半夜出去是去批发市场看看有什么好的路子多赚钱，让你过上更好的生活……"这下，群里更加热闹了。"婷婷爸爸，对不起，我误解你了。""婷婷爸爸，以后你忙的时候让孩子到我家吧。""婷婷爸爸，以后有什么难处说一声。"静静地看着他们的对话，我这个班主任仿佛成了旁观者，可是我的眼湿湿的，心暖暖的。微信群把家长们的心一下子拉得那么近。

下午，我早早来到教室，迫不及待地把小婷叫到讲台上，把小婷爸爸给我的留言念给小婷听。小婷一下扑到我怀里，"老师，中午爸爸向我道歉了，爸爸是爱我的！"微信群的魅力如此之大，把我和孩子的心拉得更近了。

第二天早上，小婷在教室门口笑眯眯地看着我，她走到我身边，"老师，昨晚上爸爸和我在家包饺子了！我不再孤独了！"看着小婷洋溢着幸福的笑脸，我深深舒了一口气。从那以后，小婷的脸上总是露出灿烂的微笑，她的学习成绩也越来越优秀。如今，开朗的小婷成为我的得力小助手了！

案例 2　自信的班长

小薇同学从一年级到三年级，一直担任我们班的班长，这是个自信的女孩，学习、工作样样都好，是我的得力助手。这几年，我外出学习期间，班里所有的管理事务自然就落在小薇的身上，工作认真负责的小薇把班级管理得井井有条。每次开学，她都会大胆地问我："韦老师，你什么时候出差啊？"我当时就纳闷，这孩子为什么老是问我什么时候出差。后来通过和她妈妈的沟通才知道：如果我出差了小薇就可以放开手管理班级，每次我出差回来我都给她奖励和表扬，她有一种成就感。可是到了四年级下学期，小薇不再自信了，班长的竞选她没有参加，上课注意力也下降，学习成绩退步了。我不厌其烦地和她父母沟通，功夫不负有心人，终于弄清她自卑的原因。原因之一是小薇在四年级上学期长了水痘，脸上留下不少疤痕；原因之二是她开始进入青春发育期，生理上的变化让她变得沉默寡言。弄清这些原因之后，我开始对她对症下药。很多次的班级活动都找她商量，让她感觉到班级的工作管理离不开她，让她的责任感战胜她的自卑。进入青春期的她非常叛逆，她妈妈检查她的日记她动不动就发脾气，甚至和她妈妈对着干。在一次主题班会课上，我针对她的问题对她进行疏导，让她妈妈在课堂上和她当面沟通，母女俩终于不计前嫌，和好如初。这学期开学初，我鼓励小薇参加班长竞选，她欣然同意，竞选结果是全班同学全票通过，令她更加自信。

如今的小薇不仅是《柳州晚报》的优秀小记者，还是柳州市"三好学生"，柳江县"小小德育宣讲员"。

感悟

"有心插柳柳成荫。""播下一种文化，收获一种习惯；播下一种习惯，收获一种性格；播下一种性格，收获一种命运。"班集体是学生成长最直接、最有影响力的课堂。最有效的教育不是说教，而是形成使人向上、向善的积极氛围。风气是无形的力量，它能引导人，陶冶人，教化人，塑造美好的人格。教师播撒的一片爱心，是促使学生上进的雨露。教师对学生除了要有爱心，还要注意工作方法：与学生以心换心，真诚地对待每一位学生；关心他们的学习和生活，把学生的饥寒冷暖都挂在心上，就像他们的亲生父母一样；全心全意地为学生服务，设身处地地为学生着想，把爱洒向每一个学生的心田；再辅之以言传身教、晓之以理、动之以情、导之以行等教育措施，使学生"亲其师，信其道"，以便能收到事半功倍的效果。教师在把爱奉献给学生的同时，自己也在收获着学生们的爱。现在，我们班基本上建立了师生之间的和睦关系，形成了团结、和谐的气氛。我坚信：只要我们用一颗真诚关爱的心去开启不同学生心房的"锁"，定能给学生捎去和煦的春风，给班级带来亮丽的风景。一路耕耘，一路收获，充满爱的班级管理让我的班主任工作愈发有激情！

（柳江县壮校附小　韦柳玲）

心病还须心药医

"忠言逆耳利于行。"我和我的学生们亲身实践了一回这句古训。

星期三是孩子们交日记的时间，我和往常一样早早地来到办公室，拿起日记本批改，当改到第四本的时候——这回的日记是孩子们对我的控诉：

"莫老师，很不满意我们？！1.小兆打了小媛你只说了他两句，并没有埋怨告诫他！2.你不但不说小兆还来说我们；3.我们的作业太多，不只有语文作业要写，还有英语作业、数学的口算，你用高标准来要求我们，可我们还有一堆的家务要做！！！"

"你因为小兆父母离异，所以对他好，你只关注他！但你不了解我们！小媛很缺爱，她爸爸经常拿她来出气！班里有好多学生的父母重男轻女！可你不知道！……你已不是几年前我们所尊敬的莫老师了！"

"我们宣泄，你会当我们无理取闹；我们女生在你眼里就是告状佬，男生是惹祸精！小兆上课积极回答问题，他不惹祸！他最好了！"

我和我的学生，我们怎么了？

我带的这个班是全校成绩最好，也是日常行为最好的。而这一切是怎么了？我和我的学生的这种情况，让我一度陷入无法抽离的各种自我否定与消极。

第三天了，我对班里的任何事情都不闻不问不管，孩子们也意识到了自己的过激，想做些什么，但我拒绝了。

我想知道，我们是怎么了？反思之下，我渐渐明白了：

1）我在教育上迷失了，没有从孩子的角度去关心、爱护他们，只是一味把作业、班级管理强加在他们身上，引导教学的方法有些过激；

2）孩子们不了解我作为老师的初衷，对老师有所误解，而成长中的心理状态带有年龄的特征，过于单一且过激，缺乏换位思考；

3）班里男女生的关系特别僵硬敌对，整个班级关系剑拔弩张。

我反复思忖，心病还需心药医。既然学生的控诉事出有因，即使我有些委屈，也要咬咬牙想办法解决。这种事总得应对的，也许它能成为良好的教育契机。于是，我依次采取了三个行动。

行动一　将计就计——沟通思想，疏散矛盾

再接下来的两天，我每天都按常规地去上课，但全程与孩子们零交流。孩子们很难过，其实我心里也不好过，但是这是我为接下来的沟通做的准备。但奇怪的是，这两天这帮孩子安生了许多，各方面表现得都很棒，男女生关系似乎和缓不少，没爆发什么不可调和的矛盾。

星期五的第一节课，我迈着轻松的步伐走进教室，我想给孩子们 "惊喜"！

1. 动之以情

"同学们，今天我想让你们看看这个我从微信下载的故事《让我学会感恩》。"看到一半的时候，我就发现下面有几个女孩子已经流下了眼泪，男孩子只是静静地看着。

2. 晓之以理

"同学们，我们要做个学会感恩的人，这个故事告诉我们，懂得感恩的人，才能收获更多真情和财富。这几天你们心里好受吗？我好难过，原因你们懂的，今天我们就开诚布公地聊聊……"

我话还没说完，下面的女同学就开始泪流满面，写信的女孩更是站起来说："莫老师，对不起！请您原谅我！"孩子们的情绪在这几天的积压中达到了一个极点，这时，像找到了出口，开始宣泄。我强忍着说道："不，我没有怪你们，

我还要感谢你们，如果不是这封信，我不知道我居然做错了这么多。"孩子们都诧异地看着我，"是的，老师在这里向你们道歉，对不起孩子们！老师没有顾虑过你们感受，只是一味把对自己的要求强加在你们身上！没有好好关心你们每个人的生活，老师错了！请你们原谅我吧！"此时，全班同学都哭了，我也情绪百感。我们的矛盾开始和缓冰释。

行动二 主题讨论——人无完人，老师也如此

为了进一步巩固孩子们的认识，彻底解决这次事件带来的负面影响，我针对性开展了主题活动，在活动中感悟。

案例3 "他说她说老师说"主题活动

（一）设计背景

根据我班男女生关系不和谐，对自我认识过于片面的情况，进行师生同步沟通。

（二）活动目的

让学生从"根"处认识自己、认识他人，从缺点到优点对自己做一个完全深刻的自我再认识，从而给自己、同学、老师一个清晰的定位，方便同学们在交往中能正确地交流，做个身心健康的人。

（三）活动流程

1. 我们老师的办公室里都有一面大镜子，大家知道有什么用处吗？今天，我们也要照照镜子，看看镜子里的我们到底是个什么样子？同学们有没有兴趣？敞开心扉交流。

2. 每个人想象自己的手中有一面镜子，对着镜子，放松心态，认真回想，我是一个什么样的人？然后写到老师给的白纸上。

3. 把学生们写的内容收集上来。

4. 在你心目中，男（女）同学有什么优点？有什么缺点？老师呢？一起罗列出来。

5. 小组安排学生代表发言展示，并提出新问题："每个人所写的和同学们对他的认识是不是完全一样？"通过具体学生的展示，进行针对性的讨论。

6. 总结讨论结果："为什么我们对自己的看法会和大家对我们的看法有所出入，我们该如何来面对这样的情况？"

板书：男同学的优点：　　　　　　　　缺点：

女同学的优点：　　　　　　　　缺点：

老师的优点：　　　　　　　　　缺点

（四）班主任总结

通过此次"他说她说老师说"活动，使学生们认识自己，认识同学、老师都不是完美的人；有时"镜子"也会骗人，自己对自己的看法和印象，有很多时候会和同学们对你的看法有所区别。这就是一种错误的映像。

"人无完人"，老师也一样有缺点，但现在我认识了自己的错误，同学们也要认清自己，给自己一个合适的定位，这是做任何事情以前最重要的一个准备工作，没有一个正确的定位，你将在生活和学习上寸步难行。通过本次的一个自我反省，让同学们挖掘自身的优缺点，帮助他们给自己定位，然后有针对性地加以发扬和改正。

这次活动开展之后，整个班级的氛围变了，女同学的言语不再那么犀利，男同学做错事都会说"对不起！"我也燃起了工作热情，心态改变了许多。"教育是等待的过程"，成绩是一时的，而好的行为养成才是一辈子的。我放低了对孩子们成绩要求，把目标放在把"心病"治好。

行动三　行动反思——走进内心，对症下药

作为一名班主任，阳光心态很重要。我们教育的是成长中的人，他们在接受教育的过程中必然会出现各种各样的违纪事件，面对这些违纪的孩子，我不能用偏激的方式去管理，更多的是需要用宽容、爱心去感化他们，同时更需要耐心。

但班级管理更多的还是需要以理服人，以德服人，感化教育，严格要求，宽容对待。教育应该是一个很有乐趣的工作，面对一个个天真无邪、充满青春和活力的孩子，我必须有阳光心态，充满青春和活力；而在教育工作过程中，面对孩子和自己的"病"，应该对症下"药"，先治好自己，才能把孩子向健康的方向引领。

如何在今后的班级管理中把握好"对症下药"呢？通过这次事件，我感悟了许多：

1）保护好弱势群体。我们对班里的孩子要一视同仁，平等对待，不歧视，不冷眼相看。每一个学生，特别是单亲家庭、缺爱的孩子，要保护他们的自尊心。尤其是当他们做出一些违纪行为时，老师要克制自己的情绪，千万不要向学生"重炮猛轰"。教育家陶行知说过："你的鞭下有瓦特，你的冷眼里有牛顿，你的讥笑中有爱迪生。"要让孩子们感到老师是在真心爱护他、帮助他，他们就会信任、接近、感激教师的教育。在此基础上转化他们的行为，效果将非常显著。例如本班的男孩子都不太愿意接近我，有时我到教室去辅导，他们明知自己做作业有困

难，就是不愿问，宁可等其他同学做完了去抄一点来交差。对于他们，埋怨或批评都将会带来伤害，产生对立情绪。我主动接近，热情关注，精心辅导，不厌其烦，平时与他们多沟通。

2）保持对孩子们的欣赏。"人无完人"，孩子们身上固然有缺点，但他们也有优势和长处，有闪光的地方。作为教师要善于发现学生的闪光点，及时抓住这些闪光点充分肯定和鼓励，让这样的"点"越来越大，越来越亮，终究会有一个质的飞跃。我的办法是，亲之近之，在接触学生的时候，逐渐深入到他的心灵深处，了解他的想法，为什么这样做，而不那样做，然后"对症下药"。

我对孩子们始终都有一种很自然的、本能的爱，无论是受过伤害也好，有委屈也好，但是看到他们的时候总有一种发自内心的亲切感。即使前面有过误解，但这是师生沟通与教育的过程。唐僧取经还会遭遇九九八十一难，我们教育只会意志越磨越坚，这份勇敢无畏与担当，源于内心的力量，越来越猛烈，乃至不可阻挡。

杨小秋老师说得好："活在学生评价中的教师，面对学生所做的事情可以分为'该做的事'和'不该做的事'。"一位明智的老师，会引导学生去做一些事情，学生会不由自主地跟随老师，并且在跟随中明白，在跟随中感恩，在感恩中与老师建立深厚无比的情谊。肖川教授说"教育过程是'一群不完美的人引领着另一群不完美的人追求完美的过程'"。教师只有在教育过程中认识什么该教、什么不该教，把教师的"本质"定位好，不断地提升自己，才能更好地去教育孩子们。

（柳江县穿山镇思荣小学　莫秋菊）

|第四篇|
我与孩子一起成长

是故学然后知不足,教然后知困。知不足然后能自反也,知困然后能自强也。故曰教学相长也。

——孔子

我的班级管理故事

一、开学第一天

开学第一天（2014年9月1日），分配抽签来的学生除了第二名的小雯和第五名的小相没有报到以外，其他的都来报到了，并且还来了小花等六位补充进来的同学。从整体上来看，我还没有发现有特别难教育的，或许是我摆正了心态，从心底去爱自己学生的原因吧！我特别留意我女儿告诉我的从她们那里过来的"四大金刚"，尤其是小相，我要对他恩威并施。先把这块硬骨头降服了，也许以后就好办了。

在班级的具体工作中，我下决心要放手给学生去做，朝着自主化管理的方向去思考和实践。比如今天，学生刚到学校报名的时候，我特意让部分同学去承担一些任务。像小炳同学，我派他去领本班的日常工具，他还真的能大胆地去问这问那，最终把工具领了回来。虽然放错了班级，但是在上晚修的时候，我又叫他去把它们找回来，他也真的办成了，其胆量超出了我的想象。我还让同学们自己去领书、发书、发饭卡。这招还真管用，发书只用了10分钟，而且都准确无误地发到了每一个同学手上。

所以我今天在班上大力地表扬了小炳，还表扬了小相等同学。我想我的表扬有很好的引导效果，这也是培养班级正气的开始。同时，我也对小相等几个同学进行了教育和纠正。他们在同学做事的时候不但袖手旁观，还对积极做事的同学冷嘲热讽。我想，明天我还要特别地要求小相这几个"金刚"主动或者半强制地做班级的义务工，并要求他们无条件地去参与班级的事务。除了日常事务的自主化方向管理，我牢牢记住了罗晓云老师关于新生最主要的是要统一思想，班级整体要提升执行力和凝聚力的教诲。我用晚修时间开始对学生进行"学会自主管理自己和班级，创建一个优秀的班集体"的教育。我用激情澎湃的语调问他们："你们愿意一起来创建一个优秀的班集体吗？"同学们回答："愿意！"我鼓励他们，他们的声音从小到大，直至呐喊。我还说，现在要求大家回答愿不愿意，明天还要同学们回答有没有信心！

今天，我还在班上和同学们一起讨论和制定了"早晚读"制度，让上学期的领读员小雪同学把一个学期的早晚读要求列出来，并举出理由；又让生活委员小俊列出各个卫生区的劳动任务，征求同学们的意见。但还是剩下倒教室垃圾、打扫走廊的任务还没有人来认领。我有点头疼：同学们都在拈轻怕重啊！我有点想发脾气，但是忍住了，明天让几个班干部一起来商量如何解决吧，顺便也锻炼下他们的工作能力，检验他们关于责任的态度和认识水平。对于寒假作业的检查工作继续进行，同时主要对同学们灌输遵守制度、热爱班级的思想，增强他们的班级主人翁意识。今天的教室卫生还是比较糟糕的，明天必须要做好学生的思想工作，选出"环保使者"来开展工作了。

二、我外出的一周里

2015 年 3 月 23 日，我坐在教室的讲台上，静静地望着我可爱的学生们，然后把我要到南宁学习的消息告知他们。同学们有点怨言了：班主任，又去那么久！

我说："同学们，还记得上周我写给全班的一封信吗，我要告诉你们的五句话是什么？其中，我对大家说，我们要创建的是一个自主管理的班级，我们中的每一个人都很重要，我们班里的每一个同学都要有自己承担的角色，行使自己应有的权利，你们都是班级里的主人。现在，班级里的学习风气已经很浓，像小俊、小馨等同学现在学习都非常认真，我希望大家都能向他们学习。上一个学期的段考，我们班的成绩落在了后面，但大家不要灰心，因为，我们现在是在通过活动让同学们形成对班级强大的凝聚力，慢慢地培养着我们许多学习和生活的良好习惯。至于学习成绩，当各种良好的习惯养成了之后，我们一定会产生巨大的爆发力。大家看，我们的期考怎么样？英语、政治、历史、语文等科目都已经排到年级的第二名了！我有种预感，到了这学期的段考，我们班的成绩一定会有飞跃式的提升。因为，我们班现在的精神面貌是最好的。大家看，教室干干净净，宿舍评比常常是优秀，尤其是终极 506 宿舍，每一次检查都是优秀，俨然成为我们学校的明星宿舍了。

"为了把我们班的教室布置得更漂亮，我们要在讲台前放上一些花盆，并成立班级维护小组，选出'护花使者'，现在先来选出我们的志愿者吧。"

同学们都把手举得高高的，好多的女同学还"撒娇"着抗议。文艺委员说不想当文艺委员了，因为那个职位太空闲，没事做呢。我笑着——向同学们解释。现在我真正感受到了李红教授所说的"有效沟通下的班级管理的魅力"了！

我开始总结发言了："好了，现在同学们对班级的自主管理的参与热情都那么高涨，那么，我现在安排一下我不在家的下一周的一些日常生活和学习要求。首先，考勤由我们的班主任助理小俊同学负责，班主任的章由你保管，谁要请假需要经过你和请假人的家长的同意才能盖章。"

"宣传委员要组织同学们出好一版'学习雷锋'的黑板报；班长组织同学们到敬老院那里去进行一次对老人的慰问，对于好人好事都要记录好；对于违纪的，要由执行委员按班规进行相应的处罚。总之，班级的一切互动都要在每一位同学的努力工作下正常运转。我希望在我回到学校的时候，同学们能够带给我一个好的心情，并且，如果大家表现好的话，这学期我承诺带大家去进行一次野炊。大家有信心吗？"

回答当然是肯定的，声音响彻了整个校园！

3月30号，我回到学校。一回到办公室，班主任助理小俊马上就来向我汇报情况了：全班宿舍只有409两次不合格，其他的都是合格和优秀，尤其是女生宿舍，每次检查都是优秀，成绩真不错；上星期班里种的花都已经生机盎然了；上周迟到和旷课的有小丁、小超等六位同学，自习课吵闹的有……所有的这些都记录得清清楚楚，我说："小俊，我不在家的这几天，你把班级管理得比我在家的时候都好嘛！"看小俊乐滋滋地走出办公室，我不禁想到，何不让更多的学生都积极地参与到班级的管理中来，我应该大胆地把班级还给学生，让他们都心甘情愿地把心交给班级。

首先，我让所有班干部都分别上台向全班同学面前汇报这一周的情况。

学习委员小英的总结是有关学习方面的，并给同学们提出建议。虽然讲得不是很好，但至少对她本人来说，这是一次锻炼的机会。

负责作业统计的学习委员小卢有关缺交作业情况的报告，虽然简短，但是却震撼了那些不交作业的同学的心。"小福，本周缺交9次，连前一周一起共缺交17次……"哈，念得小福的头都差不多钻到桌子的抽屉里去了。我心里乐了：看平时我督促你总不听，现在由一个女学习委员来收拾你了。

两位劳动委员进行宿舍值日情况报告总结，当男生劳动委员总结到男生宿舍时，女同学在下面就逗乐了："所以，你们男同学就应该向我们女同学学习嘛！"而男同学一听到这一句话的时候，都不服气。呵呵，我才不管呢，让你们自己斗斗嘴又如何。

最后各负责小组的组长都做了汇报总结，总体还不错。

　　我只在后面做了简短的总结发言："同学们的总结都很好，我希望以后更多的同学都要到这里进行班级的一周总结，当然这需要我们每一个同学都要把班级放进心里，平时多观察，多为班级发挥自己应有的贡献。"

　　今天我给了班干部同学一个自我展示的一个舞台，想不到同学们的自我管理能力很快就被激发起来了。

　　我去南宁之前曾经承诺，如果我不在学校的这些天里，班级的卫生、纪律和学习等各个方面都表现不错的话，我就带同学们进行一次野炊。但 409 宿舍的两次不合格和一些同学的旷课和迟到让全班同学的希望扑了空。我说话算数，正好借着这个机会来继续实施我的班级自主管理计划。我很坦率地问大家："我们来看看，是谁捅破了我们的希望和梦想呢？"

　　在同学们的众目睽睽之下，有六个同学站了起来。我说："大家都应该记住，我们班的每一个同学都很重要，我们的任何一份荣誉都离不开每一个同学的努力！"当他们几个都说出了迟到、旷课的缘由之后，我给他们做了一个总结："你们有的是情有可原，有的确实是无视纪律，故意旷课，情节严重。现在给你们一个弥补的机会：这周请你们负责督促班级卫生和纪律情况，如果经检查有不合格的，你们要负主要责任。具体分工你们自行决定。"我说完后，他们很无助地你看看我，我看看你。我说："看也没用，就这么定了。"下课后，我告诉劳动委员和纪律委员，要好好配合他们，管好这周的班级卫生和纪律。接下来我开始满怀忧虑地期待着。

　　第一天早操，我走到他们中间，询问谁去检查清洁区、宿舍的卫生，他们指向了阿覃。我说："好的，今天是你们负责管理的第一天，提示你们一下，待会儿负责纪律的同学要检查看哪个同学没有出操，及时记录；今天各堂课都要做好记录，并协助老师维持好纪律。负责卫生的同学赶紧督促值日生做好教室、清洁区的卫生，督促舍长看宿舍的卫生是否有人值日并做到位没有，然后早读前要赶紧去检查一遍，看还有什么地方要返工的，及时叫值日生去返工……晚修时我再听你们的检查情况说明。"

　　一天下来，他们的表现还可以。负责纪律的同学拿了一张白纸，只有日期。我问他们什么情况，他们说："没有违纪的。"我具体问了些细节，他们都能回答出来。虽然没有经验，但都做了认真的记录准备。负责卫生的同学汇报了今天督促检查的情况，经学校检查，班级的卫生情况都是合格以上。我总体肯定了他们的表现。看着他们略为得意的神情，我话锋一转，说："知道为什么今天班级表现很不错吗？"他们没出声，我继续分析："这是因为大家积极配合，值日生认真负责，同学们自觉遵守纪律，大家团结起来，争取进步就很容易了。今天你们都认真负责，参与到班集体建设当中，就是一个很好的例子。希望接下来的几天继续好好表现。"

一周下来，终于完成任务了，班级情况都是合格以上，我什么都没说。

晚修时间，我及时召开了一次题为"我为班级添光彩"的主题班会课，他们的事例及班级管理工作的体会，同学们都表示认可。以此为例，我引导同学们进一步认清"每个同学都很重要"的道理。

班会课上，当他们在同学们面前把自己要为班级继续做好事的决定怯生生地念出来时，脸上是挂满笑容的。这也许是他们对班级情感认同的一种最好的体验。

三、对课堂纪律管理的一些思考

带班到现在，我一直受一个问题的折磨，就是学生的课堂纪律不够理想，尤其是自习课的纪律特别让人头疼。所以，我在带"辉煌145班"时，特别用心思考这一问题，采取了一定的措施。经过一个学期的努力，自习课的纪律取得了比较明显的效果。

我的做法是：不设置固定的纪律委员。因为凭我的经验来看，单靠纪律委员管理班上的纪律是比较困难的，如果做得不好，还经常会引起他和"捣蛋"同学之间的矛盾。所以我在每节自习课的时候，由班长提醒，让同学们自愿报名当纪律监督员，到讲台上来维持课堂纪律。若本节课没人自愿报名，那就班干部上，最后才到班长上。这一制度实行以来，很少有班长上去的，大多数都是同学们自愿报名上去的。

坐在讲台上维持课堂纪律的同学，自己也拿着课本和其他的复习资料在上面学习。一旦有同学违反课堂纪律，纪律监督员就去制止，并将其名字公布在黑板上，抄留一份报送班主任。被记名字的同学，下课后由班级的执行委员对其按班规条例进行处罚，通常是做俯卧撑或者写说明书。如果不按要求执行，则由执行委员将情况上报班主任。凡是到班主任这里处理的，那处罚就要翻倍。所以，一个多学期以来，几乎没有到我这里处理的情况。

在实行这一个制度时，我充分发挥每一个同学参与班级管理的积极性。首先，在制订制度之前，我和同学们做了很好的沟通，让同学们都明白，坐在讲台上面维护好本班的自习课纪律是每一个同学的责任，而对违纪同学的记名是透明的、公开的、及时的，若有异议，可以提出申诉，并且得到下次的课堂纪律监督管理的权利。班主任会进行抽查，如果恰逢班主任过来检查时，教室吵闹而违纪同学的名字没有出现在黑板上的，则视为纪律监督员的责任，要接受班规的处罚。这样，同学们都能够互相理解，很少出现因为维持自习课纪律而出现纠纷的。整个班级的自习课纪律有了非常明显的改观。

但是，学生的纪律问题恰如山火，好不容易扑息，却极易遇风复燃。这两周，我逐渐感觉到，同学们在上课的时候，注意力特别不集中，尤其是在一些科任老师的课上，经常出现瞎喊或故意捣乱的现象。语文老师在布置作文的时候，小丁等几个同学竟然公开抵制，到了下课交上来的是"无字作文"，学风之低下，让人为他们担忧。我反复自忖，为什么会出现这种现象呢？

结合刚好阅读到的钟杰老师的《一个学期打造优秀班集体》这本书，我反思了自己在班级管理上的问题，主要表现在这几个方面：

1）对学习委员和课代表培养指导不够。学习委员和科代表基本上只负责收作业和检查缺交作业的同学名单，而在如何配合科任老师来进行创造性的工作没有得到有效的指导。学习委员没有想到有计划地组织好科代表的工作，相互支持，共同打造一个有效率的学习管理团队。

2）班上的学习小组一直没有组建和运行起来，最基本的学习单位没有建立起来。

3）没能建立起积极进取的班级文化，人心浮躁，学生难以静下心来学习，更没有把学习当成一种快乐。

不管怎样，让学生爱上学习是班级发展中必须解决的主要问题，否则，班级一定会不断出现各种各样的问题的。

（柳江县里雍镇初级中学　韦寒泉）

反弹琵琶也是春

没有批评的教育是不完整的教育。恰当的批评可以让教育达到事半功倍的效果，反弹琵琶即是其中的一种。

那天，我刚走上讲台，就发现部分学生的神情有些不对劲，有的还在嗤嗤发笑。我一头雾水，转身一看，黑板上"真的爱你！！！"几个大字赫然对我咧嘴笑。黑板没擦，关键是还不是不擦黑板的问题，总有些你预计不到的"小青春"举动在调皮。

像女生会偷偷穿上妈妈的高跟鞋，男生觉着就应该和哥们混一块。在黑板上写些自己以为好玩的字啊话的，兴许是他们有了要表现的小想法，又或者为波澜不惊的学习增加点小兴味。每次都是在老师进教室前就擦干净黑板了的，这次，看来是故意的。我瞥了一眼黑板，又高深莫测地看了看大家，孩子们也饶有趣味地等着我，教室里的氛围很有意思。我思忖着：如果我来个"冷处理"置之不理，估计会有更多的学生效仿，课堂弱了点严肃性不妥，在其他老师课上这样更不好，同时也辜负了孩子们想要从我这里获取到有趣反应的小心思；如果我来个"热处理"，大动干戈地把学生批一顿，一定能揪出罪魁祸首，让他知错能改。可是问题也不至于严重到要这么生硬地毁了大家的"小青春"，小把戏就应该有小把戏的应对。与学生的沟通莫不在于换位、比心，再水到渠成。

决定后，我又认真地看了看黑板上的字，再和大家来了个眼神全接触，就在孩子们期待我各种反应的时候，我真诚地说："这几个字写得还真不错，以后我们班的黑板报都不愁没有写好字的了，我希望这位同学以后参与到班里黑板报制作中来。同学们喜欢写粉笔字是好事，练完字要记得擦黑板。"我眼睛观察着，心里基本也有了数。突然，我转了个语气："还有啊，我好高兴，因为有同学这么爱我，都情不自禁地表达在这儿了，真让我受宠若惊。不过，我还是希望能把这些话写在卡片上给我，我比较喜欢这种方式。"学生们"轰"地开心笑了。那个高大身影的始作俑者，在同学的笑声中，满脸通红地笑着跑上讲台，擦掉了黑板上的字。

自那次后，每次上课黑板都很干净。而那个孩子也积极参与班级的黑板报制作，在学校及年级的评比中还获奖了呢。我不知道，那一次的"小青春"举动在大家的心里或者学习生活中会是怎样有意思的记忆，我愿意和他们一起创造与经历。

针锋相对的批评与如沐春风的表扬，只是一种方式方法。艺术地运用批评与表扬，尊重学生时代里孩子的那些"小心理"，反弹琵琶也是春。

（柳江县穿山中学　罗彩青）

特殊的教师节

时光飞逝，岁月如歌，又是一年教师节。

下午的时候，班长阿斌特意跟我说："老班，今晚您一定要来教室啊！"我一阵愕然，下意识地追问："怎么，发生什么事了？"

我的思绪不禁飞到了学期开学前。新学期开始了，按照学校的规定，我本应该接手高一年级的新班级，但学校工作的需要，我被安排接高二年级一个理科班：62 名学生中曾有三分之一左右因违反学校纪律被记过、记大过和留校察看，甚至多次协议就读，期中期末成绩平均分都排在全年级末尾。这个班级注定要让人操心。

"没什么大事，我们班的小富明天要去部队当兵，今晚我们将举办一个送别小仪式，他说希望您能来。"他微笑着回答我。我没有多想，答应了。

当天晚上，在接到班干部们的几通电话后，我就从与朋友的小聚上辞别，匆忙赶回学校，参加大家给小富参军的践行。

"老班来了，快关灯。"在楼道的拐角处我隐约听到这样的话。看来大家都到齐了，就等我了，我赶紧微笑着走进教室。话还没来得及说，小富就从教室的后面捧着一个点着蜡烛的蛋糕缓缓向我走来。"你问我爱你有多深，我爱你有多真……"歌声响起，平时就活泼好动的小黎领着大家一起唱起《月亮代表我的心》。"难道是给我的吗？"我还没从惊喜里缓过神来，歌声萦绕在耳边，一切仿佛不真实，却又真实得让人怀疑。

"老班，我们爱您！"全班同学异口同声。我这才发现原来自己已经热泪盈眶。这些孩子啊……做老师的第十个年头，我得到了犹如生日般的庆祝。

记得刚开学的时候，我详细地做了一份班级计划书；和同学们见面的第一天，我上了一节"相逢是首歌"的主题班会课。我们这个班在高一的下学期就进行了文理分科，一年的时间有些学生还没有从初中的状态中转型过来，好的学习习惯没有养成。但我相信，每个孩子都有花期，可塑性很强，我所要做的就是引导他们。我认真观察班级里大家的点点滴滴，和大家谈心，找特别"牛"的学生聊"将来，他想做什么？"从班风整肃到学风塑造，时间一天天地过去，整个班级有了明显的变化。学习积极的同学增加了，班级氛围变得快乐，纪律散漫的同学有了质的飞跃，慢慢地我们班的孩子得到了领导和老师们的认可。我们1402班获得了第一次流动红旗、第一份学校活动的获奖荣誉证书、第一次"校级优秀班集体"称号……

我始终记着对他们的承诺："无论之前的你们做了什么，错了什么，我都不在乎，我在乎的是你们的现在和将来。看到你们如此用心，我相信你们也可以用心做人，用心学习，我希望我们会和谐快乐地走下去。我对你们充满信心，你们有没有？""有！"

认真倾听，慢慢地等来"花开"的声音，我选择的是等待与陪伴。

（柳江县实验高中　唐秀红）

"火麒麟"班变形记

我的学校是一所农村乡镇初级中学。我接手初二（4）班时，全班共有 42 名学生。听闻这个班级学生纪律涣散、学习成绩差、普遍不爱劳动。我了解了一下学生的家庭情况，学生的家长均是农民，父母都外出的留守儿童有 7 位，其余的均有一方父母进城务工，留在家里的家长大都溺爱孩子，或缺少教育孩子的方式方法，以致孩子成为所谓的"小皇帝""小马虎""小懒虫""小邋遢"。一开始接手这个班级时，为了振奋大家的精神，我鼓励班级同学为自己起一个响亮的班名，不知谁提议"火麒麟"这个名字，得到了全班同学的热烈响应。火麒麟，神话传说中的神兽，体形硕大，是炎帝（神农）的坐骑。好吧，那就让我成为这些孩子的"坐骑"，从培养劳动习惯开始，和他们一起成长。

一、劳动，可以如此动人

脏兮兮的地面、凌乱的书桌、蜘蛛网随着电扇旋转起舞，这就是我第一眼看到的这个班，犹如进盘丝洞，我这个"唐僧"要渡这些"小妖们"了。我决定，当下，从卫生开始抓起。于是我走近正在走廊上打闹的学生们："同学们，和老师一起把教室打扫干净，好吗？"孩子们虽不大情愿，可还是拿起劳动工具，和我一起打扫起来，孺子可教啊。

大家开始分工劳动，洒水、扫地、擦窗、洗瓷砖墙。"墙上的纸印污迹很难擦掉。"有同学开始抱怨了。这时，一个小胖子男生叫起来："你们应该用铁丝球擦拭，最管用，我家的墙就是这样洗干净的。"我笑着说："这就叫劳动出真知。"小胖子男生洋洋得意，干得更起劲了，不用我指挥，专捡最脏的活来干。"老师，教室吊扇的扇叶还有一层灰呢，太高了擦不到，怎么办？"马尾辫女生急问道。"是呀，吊扇太高了，擦拭时要注意安全，首先关掉电闸，然后再怎么擦？谁有好主意？"我又把问题抛出。"我有办法。"只见高个子男生把抹布系在竹竿上，准备去擦扇叶。可是吊扇叶是会旋转的，没有固定点支撑，这样擦不了。小胖子见状说："应该站在人字梯上，才能擦干净扇叶。""真是个好主意！"我表扬了他。当我借来了人字梯，刚放平，他就第一个爬了上去，要擦拭扇叶。我提醒他要当心脚下，注意安全；可话音未落，他一个踉跄掉了下来。旁边的同学说时迟，那时快，及时抱住了他。还好没摔伤，否则后果不堪设想。我刚想做其他的安排，可这小胖子不服输，坚持要完成任务。于是，我让两位同学扶梯子，另外的同学观察，帮忙扶人。大家还不时鼓励他做得好。功夫不负有心人，他终于完成了任务。"呀，真干净。""哈，教室变得漂亮了。"孩子们兴奋地欣赏着自己的劳动成果。

劳动结束后，我让他们写劳动的感受，大家几乎不约而同地感叹："与老师在一起劳动很快乐，从没有感受到教室是如此的干净和美丽。是劳动让我们变得勇敢、智慧、团结。原来劳动，也可以如此动人。"在后来的日子里，孩子们对待劳动的态度逐渐好转，班级的卫生量化评比分在学校名列前茅。

二、给宿舍起名字

开学第二周的班级例会，值日班干部按惯例进行小结："本周咱班宿舍卫生被扣分很严重，排全校倒数第二名。"几个同学私底下还窃窃私语，漠不关心，不以为然。

虽然我们班之前已经有了班名、班规、班干部、班服，但看来还要给我们班级的管理下些重手啊。首先，就要让大家明白，宿舍卫生被扣分，后果很严重；大家是班级的主人，这是与大家相关的事情。以宿舍文化建设入手，我开始着手整个班级更细化的团队建设。

我们的班级共有 42 名学生，分为 4 个宿舍（男女生各两间）。一个宿舍为一个小组，舍长即组长，按照纪律、卫生、学习等三大方面进行评比，分等级奖励。宿舍要有舍名、舍规、口号、舍歌、舍花、舍训等。我给他们一周的时间来完成宿舍文化的建设。孩子们从没有经历过此种新鲜事情，积极性很是高涨，海阔天空地讨论起来。

一周后的班会课，我让他们的宿舍长上黑板写舍名和口号。女生 1 号宿舍名叫"星辰"，口号是"星星之光辉，引领我们成长"；女生 2 号宿舍名叫"青春姐妹"，口号是"青春姐妹，魅力无限"；男生 1 号宿舍名叫"斧头帮"，男生 2 号宿舍名叫"金钱"。全班哄笑起来，我觉得这是个很好的教育契机："同学们，大家说说看，哪个小组名字起得好？班长先说自己的看法，好吗？""我觉得女生的宿舍名起得还可以接受，但男生的必须改。"班长说出了她的感受。"男生宿舍名字为什么要改？"我又追问全班同学。学习委员站起来，一语道破我的心思："因为'斧头帮'，有点帮派的味道，感觉很暴力；'金钱'，又有点俗气了，上不了台面。"男生们有点不好意思，面对女生们的质疑，他们由原来的洋洋得意变为保持沉默。我继续发问："他们的名字要怎么改，才能高大上起来？""老师，我想改成'金钱豹'！"矮个的小男生说道："因为金钱豹奔跑的速度超快，我们要向它学习。"我笑着说："有创意，改得好。希望你们都能像金钱豹那样善于奔跑，超越自我。"另一组男生也不甘示弱："我们宿舍名也改了，改成'金斧头'。"女生笑着问："为啥要学人家用'金'字？"他们齐声答道："因为'浪子回头金不换'！""哈哈。"这节班会就在大家的欢笑中结束了。

三、班级"劳动之星"评选

在开学初，针对班级不爱劳动、不讲卫生等不良行为习惯，我开展了评选班级"劳动之星""学习标兵"等活动，对学生的表现进行成果交流、验收鉴定，树立榜样，促进学生争优创先，使他们达到自我教育、自我完善之目的。

经过一个学期的努力，我们班级在德智体美劳等方面都有所进步，每个月都被评为校文明班级。这很让人欣慰！这与每位学生的努力是分不开的。终于等到了期末，"班级之星"表彰会要开始了，但"劳动之星"的最后定夺，却让我很头疼。

我最初设想的方案是：经过班级投票，先选出候选人，然后科任教师再投票给候选人，票数高的，即是班级之星。经过同学和老师的投票，各"星"都已经实至名归，唯独"劳动之星"，出现 5 人同票。其中有 2 位是班干部，剩下的分别是平时学习、体育、纪律等综合表现不佳的小波、小志和小青三位同学。我很纠结，迟迟未下决定。一天晚修，我踱步到学生宿舍窗外，听到一些同学的议论："班主任一定会把'劳动之星'发给成绩好的同学，我们学习不好，没有希望的，别做白日梦了。"他们的话让我陷入深思：只奖励成绩好的学生，并不是我最初的设想。每个孩子在他进步了、努力了的时候，都应该被认可。此五人之中再选拔，成绩不好的一定会被淘汰，这是个问题。为什么只能有一人得一颗星？其实我可以让这五个人共享'劳动之星'的荣誉，这样就可以激发更多孩子的内驱动力，榜样的效果就更显著了。当我把这一决定在班里宣布时，得到了同学们的掌声和认可。有这样共赢的结果，我很开心。

我和我的学生，还有我们班级的"变形记"还在继续。在教中学，在学中教，教育是在师生互动中完成的。你永远不知道下一刻是什么，却永远有继续下一刻的智慧。这是一个很美妙的历程。

（柳江县里高中学　兰宝贵）

运动会后的"较量"

放学了，学校里很安静。操场边，运动会成绩公布栏上分数的细目、总分和排名也静静地待着，却不知道因为它们，校园里喧嚣了一下午。在我们班排名处，写着一个模糊的"2"的印子，我脑海中不自觉地浮现出体育委员和同学们恨恨地用手指把"2"擦掉的情景。我不禁笑了起来，喃喃道："这帮熊孩子。"

下午，"喂，老班，你还在开会吗？我们班运动会总分明明和 13 班一样，体育老师却说他们班第一，我们班第二，凭什么啊？同学们都不服，体育委员都闹到体育组去了，而且有些同学受不了 13 班同学的嘲讽，和他们吵起来了……"班长焦急地向我汇报了一长串消息。在开会的我只好安抚班长道："我知道了，你拦着他们别惹事，等我明天回去再说。"

会后我就向学校奔来，也和体育老师通了电话，了解情况。"没得第一的确有点遗憾，不过班里的孩子荣誉感很强，很有凝聚力，这一点很值得表扬。只是遇到问题过于冲动了……"体育老师委婉地提醒。"是啊，八年级的孩子也该长大了，明天一定要教会他们遇事要学会冷静地分析，宽容地处理，第一不是争出来的，而是脚踏实地干出来的。"月亮挂在夜幕上，晚上，我想了想该如何引导他们解决问题，随即给语文科代表安排了任务。

第二天早上，天阴沉沉的，似乎要下雨了。刚走进学校，大老远的，班里的几个同学就迎着我跑来，围着我，就七嘴八舌地讲述、询问、责备、闹腾，我微笑着对他们说："老师知道了，待会我们一起讨论这事，好吗？你们先进班里。"

第一节课铃声响了，我微笑着走进教室，看着还在愤怒地谈论着运动会结果而忽视了上课铃声的孩子们，我用响亮的回位掌声提醒他们。孩子们这才意识到，然后迅速地坐在了座位上。各种急切的眼神齐刷刷地投向我，在等待我的态度、我的答案乃至于我的发号施令，那架势仿佛为了荣誉马上就可以和 13 班干部上一架。孩子们成了斗志满满的斗士，蓄势待发。

我饶有兴味地看着 64 张紧绷着的可爱而略带稚气的脸庞，挑衅地说道："昨天运动会的结果我已经知道了，怎么，不服气？"我话音未落，高大的"大炮"就急着接话："同样的分数为什么他们第一，我们第二，我第一个不服。"其他的同学也大喊道："我们也不服。"小个子小姿怒气冲冲地站起来说道："他们班的女同学还说你的坏话，说你在微信里说我们班肯定得第一。现在我们没得，多丢脸！我不服，我不准她们诬蔑你。"豪气女生小琦也一跃而起，说道："是呀，我也不准她们诬蔑你。就算他们得了第一，也不能这样嚣张，乱说我们班的坏话，我不和他们吵才怪呢！那个什么冰冰，看见她就想揍她。"教室里又是一片沸腾。

听了几个孩子的发言，事情的起因和孩子们的想法我基本明白了。我安抚了大家沸腾的情绪，缓缓说道："好，同学们的想法我都知道了。首先，我和大家一样，非常希望这次运动会我们班能得年级第一。但是，体育组老师给出这样的结果，一定是有原因的，不可能随随便便给出结果。所以，我询问了体育老师，他告诉我，在团体赛中总分一样时，比较单项得第一的个数，我们班比 13 班少了一个单项第一，而且他们还有一项破了纪录，所以得第一他们当之无愧。其次，我微信上说'看来这年级第一又是我们 1411 的了'，带着我对大家的肯定和为我们班级骄傲之情，并没肯定结果，13 班的同学大概是误会了，而又言辞犀利地嘲讽我们没得第一也是情有可原。但我还是很感谢大家对我的维护，我也以你们为荣。"这时,之前"硝烟四起,剑拔弩张"的氛围才稍稍缓和了下来。我微笑着继续分析道:"大家正值少年,年轻气盛,得了第一的骄傲,没得第一的有些不服气、有些懊恼,会发生争执都是正常的,没什么对错之分。而我们班的大部分同学能维护班级的利益,说明我们班里凝聚力很强,大家都爱我们这个大家庭,值得表扬。老师这样解释,大家能理解了吗?"同学们点头的点头,叹气的叹气,议论的议论,我给了他们一点时间接受这个结果。

然后我提高音量,严肃地看着所有的同学,说道:"但我对大家昨天处理事情的方式不太认同。遇到一点事情,不分缘由,吵吵闹闹,斤斤计较,甚至随意涂改比赛结果,毫无遇事时的冷静,毫无纪律观念,毫无气度。"班里瞬间像被冰封了一般,鸦雀无声。我也不做声地看着每一个人,过了良久,一个怯怯的声音才从角落里发出来:"那我们该怎么办?""问得好,我们该怎么办,让大将军韩信来告诉大家。"我用眼神示意语文科代表小贤上讲台,饱读文学作品而又极有表现力的小贤,娓娓地说道:"今天,我给大家讲讲韩信的故事。韩信,西汉开国功臣,官拜楚王、上大将军,中国历史上伟大的军事家、战略家和军事理论家。但在他年轻时,淮阴有一群恶少当众羞辱他。一个屠夫对韩信说:'你虽然长得又高又大,喜欢带着剑,其实你胆子小得很!有本事的话,你敢用你的佩剑来刺我吗?如果不敢,就从我的裤裆下钻过去。'韩信知道自己势单力薄、寡不敌众。于是,他便当着许多围观人的面,从那个屠夫的裤裆下钻了过去。在场的人都嘲笑韩信,认为他很胆小。史书上将这件事称为'胯下之辱'。后来,韩信富贵之后,找到那个屠夫,屠夫非常害怕,以为韩信要杀他报仇,没想到韩信却善待屠夫,并封他为护军卫。他对屠夫说,如果没有当年的'胯下之辱'就没有今天的韩信。我的故事讲完了,谢谢大家。"

听完小贤说的故事,全班同学陷入了沉思。我适时地问道:"体育委员,在想什么?""我们昨天似乎太冲动了,得了结果,不该去闹。韩信能忍辱负重,有着看清局面的睿智,有着能进能退的气度。我们只是输了第一,是不该到体育组闹事。""对,遇事要有看清局面的睿智,冷静一些,更何况'大丈夫要能屈能伸'嘛。"我开解道。"小姿,在想什么?""我没弄清事情真相,就急于和别人吵架。误会他人,又和同学产生矛盾,甚至两个班级间都产生了矛盾,我……"小姿说着眼泪不自觉地流了下来。"好孩子,别难过,我小时候也犯过同样的错误。遇事冷静分析,就能避免矛盾的产生。"这时,丹丹站了起来:"老班,对不起。昨天我和他们吵得最凶,现在我觉得我太小气了。""俗话说:'海纳百川,有容乃大',就是说要豁达大度、胸怀宽阔。那些具有像大海一样广阔胸怀的人是可敬的人。韩信的胸怀让天下人敬之,我们为什么不做一个这样的人呢?"看着孩子们已经心领神会,我继续说道,"吃一堑长一智,运动会虽然结束了,但运动会后的较量没有结束，该怎么去修复和13班同学的关系，你们要想一想，做一做。除了体育上的较量，其他方面时时都在比赛，要超越对手，不在于有结果时的意气之争，而在于每一天脚踏实地的努力。而且，我们不会输噢！运动会入场式的分数还没加进去呢，我们可是年级第一。所以，总分第一还是我们的。"此时，教室里掌声雷动，孩子们欢呼雀跃。

下课了，两个班长走进办公室与13班的班主任热情地交谈，体育委员与"大炮"向体育办公室走去，小姿、小琦和丹丹在13班教室门口向几个13班女同学道歉……光破开了厚厚的云层，出来了！

（柳江县第二中学　陈金妮）

我 当 选 了

2015年12月的一天上午，学校党政办的刘主任给我打电话，通知我被学生选为"学生最喜爱的老师"，我感慨万千，心想：我终于迈出了成功的一步。就在去年的评选活动中，同样作为班主任的我落选了。

当时，我新接了123班，这个班是合并后的后进班，成绩和纪律都是让人头疼的。"名班主任工程"的培训，为我在班级管理的经验、方法和观念上带去了一剂良药，如郑学志的"带后进班要有名班意识""给学生一个明确的制度体系"等。

在123班的班级管理中，我也秉持了"名班意识"，并坚持"以人为本"的理念，以发展学生的能力为出发点。班级实行学生的自主管理，普通学生能做的事，班干部不做；普通班干部能做的事，班长不做；班长能做的事，班主任坚决不做。在班级管理的基本思路上，坚持以学生为中心，以情感为主线，以活动为载体，高度重视人的情感因素和潜能，尊重学生、依靠学生、信赖学生，发扬民主，强调学生的共识、协作和积极参与班级管理的主动性。

为了班级管理尽快进入正常轨道，我做了如下努力：一是成立班级活动小组，由小组成员选出组长、副组长，再由组长召集组员制定出本组的组名、口号、组标等。二是全班民主选举选出班委干部，在班委班干部内再投票选出班长、副班长、学习委员、卫生委员、文体委员、生活委员、纪律委员等。三是制定班规，由班长牵头，组织班委干部制定出班规，包括学习、纪律、卫生等，再提交全班学生讨论通过。四是明确职责，班主任和班干部共同制定出各班干部的职责范围，让他们知道自己应该做什么。班长全面负责，全面协调；两个副班长，一个负责卫生、劳动和生活等工作，一个负责学习、纪律和体育等工作。五是划分卫生区域，明确卫生责任，任务落实到人。六是开展创建优秀活动小组的评选活动，参评内容包含卫生、劳动、学习、纪律和体育等方面。每周评一次，总分第一的获四颗星，获"周冠军组"奖牌，第二的获三颗星，第三的获二颗星，第四的获一颗星；每月根据获星星的多少评出"月冠军组"，获"月冠军组"奖牌，学期期末根据总分的多少，评出本学期的"总冠军组"，本组的每个学生获"总冠军组"荣誉证书。七是把每月的最后一天定为"班级课外活动日"，班委会安排好活动内容，设计出活动方案。八是让学生每周找出自己的一点优点来加以表现，找出自己的一点缺点来加以改正，并写到每周的周记里，上交给班主任。

在班级管理框架设立并实施后，我以为能做一个"省心"的班主任了。在刚开学后的几个星期，我带着学生们开展各种活动，买了很多奖品来奖励大家；班里的一些事情，都征求学生的意见，学生也被我的激情和民主所打动。事实上，我也受到了全班同学的欢迎，甚至别班的学生还想转到我们班。那时的我也很有一点成就感。但到了下半学期，开始出现问题，学生并不是我想象中的那么"听话"、按部就班。合并后的我们班，没有凝聚力，学生自觉性和责任感有待加强。班干部管理班级的方法简单、粗糙，学生口服心不服，甚至出现班干部本人的自制力不强，经常有违纪的情况。比如在自习课上，班干部要求别人不讲话，但他自己又在高谈阔论；要求他人把卫生做好，轮到他又不扫地等。

究其主因，作为班主任，我在制度的落实上没有坚持原则，对违纪学生不够严格，尤其对班干部的违纪，处理的方式与结果引起其他学生对我的不满；没有培养好班干部就放手让他们管理班级，忽略了其他学生的主观能动性。反思自身，我虽然制订了班级制度，开展了活动，对学生关爱，和学生打成一片，但都未能获取学生的信任，提高班集体凝聚力。在学校 2014 年"学生最喜爱的老师"评选活动中，我落选是必然的。

在《学生管理的心理学智慧》一书中写道："教育的重要目的就是要对学生产生影响，而班主任需要在日常教学和管理中不断提升自己的影响力……我管你喜欢不喜欢，只要我说的话起作用就行。"班主任的定位、目标是对学生起作用，产生影响。没有影响力的班主任，不管你制定的制度、班规等等有多好，有多人性化，也无法执行下去，也只是贴在墙上的文字，对学生的行为没有产生影响。

在班级管理中，学生之所以规范自己的行为，很多时候，是源于对班主任的"敬畏"，即让学生"尊敬"和"信任"。"树信"是基础，"立威"才是关键，要做一个有"威信"的老师。

2015年的9月，我又新接了134班，这个班也是合并的后进班。我吸取了上次带123班的经验，在学生注册时，主要做了三件事：一是给学生照相，便于我尽快地熟悉学生；二是给学生发放《班规》，在班规里对各方面做了明确的规定，如穿拖鞋学校一律没收，带手机来校一律没收，期末归还，有事外出要经过家长同意，课堂违纪记录在案，早上不出操不锻炼，过后要补跑10圈等；三是了解原来的班干部情况以物色班干部的人选，便于以后选拔班干部。后来的事实证明，这样的做法确实起到了很好的效果。在上课的第一天，我就能喊出全部学生的名字，让学生大吃一惊，这为我"树信"奠定了基础。开学第一天的很多事情，如摆课桌、发课本、搞卫生等，很快都完成了，没有谁敢偷懒的。由于提前制订好了班规让学生了解，违纪须按班规执行，学生心服口服，没有谁有怨言。在班干部的选拔上，也是很快就选出一批责任心较强的班干部。在第一次班干部会议上，我与他们交流很多班级管理的方法，并强调作为班干部，没有特权，班规里要求学生做到的，班干部首先要做到，如有违纪按班规处理。后来事实证明，这很有效果。

那么，如何树立自己的"威信"，做一名有影响力的班主任呢？

一、提高教学能力，让学生钦佩

要想成为一个优秀的班主任，首先必须是一个优秀的教师，而优秀的教师就必须具有较好的专业素质。这种专业素质，包含了扎实的任教学科知识、教育科学知识、美学知识等。

学生上我的化学课，总感觉时间过得很快。在课堂上，我从学生的基础知识入手，根据学生的生活环境和原有的知识来设计教学情境，与学生们互动，让他们共同参与，极大地调动了学生学习的积极性。针对我们班学生学习能力不强、学习基础薄弱的特点，我设计了容量小、难度浅的教学内容，重在让学生每节课都有收获，都有兴趣。由于教学设计符合学生的认知水平，在课堂上学生都听得进课，没有谁上课睡觉的。在段期考中，学生们化学科的成绩在各科目中也是遥遥领先。灵活的教学艺术、宽广的知识面使得我备受学生的钦佩、关注和尊重，形成自身的知识"威信"；高深渊博的知识，上课时的旁征博引和幽默风趣，更是我赢得"威信"的重要来源。

二、注意外在形象，让学生欣赏

美的就是好的，心理学上有一个"美即佳"效应。这给我一个启示，班主任应当适当注重自己的为人师表形象，平时的衣着要整洁大方，精神面貌要自信抖擞。

记得有一次，我新剪了个发型，喷上啫喱水，身穿一件从专卖店买来的深蓝色短袖衬衫，再配上一条很时尚的米黄色长裤，脚蹬锃亮的皮鞋。当我健步进入教室走上讲台时，同学们的目光一下子就被吸引过来，青春期的学生们甚至对我大加赞赏。其实，班主任，作为一个班级的主要老师，是代表着一个班级形象的，甚至影响所管班级在全校其他班级学生心目中的印象。在校园里、在教室里，班主任阳光、干练，无形中提升了班主任的人格魅力。

三、学会欣赏赞美，让学生喜欢

学生喜欢那些认可和欣赏他们的老师。心理学研究发现，班级管理中适当的赞美会收到很好的教育效果。

在我们这样的合并班，学生普遍内心脆弱、自卑，获得老师的赞美是很少的，他们听得最多的是老师对自己不足的提醒。要赞美，老师首先要有一双慧眼，去发现学生的优点和长处；其次要有一颗会欣赏的心，去捕捉学生身上的闪光点。比如有个男学生因为违纪，被要求写保证书。在他把保证书交到我手上后，我打开一看，字迹很工整，这在我班上可是很少见的。在严厉批评他的违纪行为以后，我话题一转说："你看，你的字写得很工整，很不错嘛。可以想得到，你在小学时成绩一定还不错，是吗？"他点点头："老师，我读小学时还获过奖呢。"我笑了笑说："是吗？我就知道你是块读书的料，你的记忆力和反应能力很好，只要好好学习，成绩一定会提高。"以此为契机，我和他谈了他小学的学习情况、家庭情况和中学生活，他也深刻反省了学习下降的原因。后来，他的确也有了很大的改进。这次谈话，也拉近了我和他的关系，每次见到我，总是笑眯眯地喊道："老班好！"

要赞美学生，还要有让学生展示的平台和表现的机会。这样，老师才能及时发现他们身上的发光点，适当地给予表扬和鼓励。由于他们的表现和个性得到了老师的肯定，内心自豪感会油然而生，也会喜欢上赞美他的老师。在我们班，学生在课堂上不敢回答问题，回答正确并获得赞美的机会可就更少了，因此任课老师很少有个别提问的。而在我的课堂上，我会设计一些相对简单的问题，通过提问和讨论，让他们回答或发表见解，给学生们一个表现的机会，从而去发现他们的优点来加以赞美。班上一位学生，平时上课总是在睡觉，学生戏称"睡觉大王"。有一次在课前测评中，我提问了一个和生活有关的问题，这时，我看到他犹豫地举起了手，马上点了他的名让他回答，他的回答准确而完整，让全班学生为之一振。"回答完全正确，来，把掌声送给他。"随着同学们热烈的掌声，他受宠若惊，脸色变得绯红，从他的眼神可以看出，他简直不敢相信这掌声是送给他的。我心想，这掌声对于他来说，也许来得太迟了。从此，在我的课堂上，他没有再睡过觉，成绩也有了较大提高。

我在南宁37中跟班学习时，指导老师曾经也提到"每天要表扬一个学生"。赞美不仅提升了学生的自信心，也提升了老师在学生心目中的形象和地位，增强了学生对老师的信任。

四、处理班级事务公平公正，让学生信服

班主任在处理班级事务时，要公正公平，才能获得绝大多数学生的拥护和信赖，否则会引起学生很大的不满，直接影响到班级的管理和班主任的"威信"。

在我们学校，每年都有学生获得困难补助。在2015年的困难补助申请中，我们班有42名学生申请，但只有21个困难补助的名额。这名额给谁呢？对农村学生而言，每个学期625元的补助是一笔很大的补给。面对42份补助申请书，班主任是不能单凭申请书的内容来确定补助对象的，一方面困难标准不易掌握，另一方面班里特别困难的只有两三名学生，其余的情况基本都差不多。若是对学生进行核实家访，既要花大量的时间和精力，又未必能切实解决问题；同时时间紧，两周内要确定名单，一般有些班主任就会根据学生成绩、纪律作为依据确定补助名单，但这样未必能真正帮助到有困难的学生，且学生会有抵触情绪。

怎样才能做到公平公正呢？其实这件事的核心是困难补助，我决定在规定的时间内让家庭困难的学生请家长亲自到学校向班主任申请，说明家庭困难情况，老师做好记录，最后根据各学生家庭的困难情况选出应该获得困难补助的学生家庭。当我在班上宣布这个申请方案时，也有个别学生不满地说："真麻烦，还要家长来。""以前的老班不用要家长来的。"但绝大多数的学生拍手称好："对，就是这样。""这才叫公平。"可见，这个方案获得大多数人的赞同。而由此获得困难补助的学生，他们的学习习惯和行为习惯也有了很大改变。这次活动，家

长满意，学生信服，没有谁投诉到学校或上级部门，我也获得了更多学生的拥护和信赖，班主任的"威信"自然也提升了。

采用公平公正民主管理班级的模式，在班级中建立一套公平公正民主的规章管理制度，让学生成为管理班级的主人，让学生自己来管理自己。当学生们在平时的学习生活中出现这样那样的问题时，班主任先请学生自己根据有关的规章制度来自我分析评判，然后班主任再根据学生的自我反省情况，依照班级的规章制度来公平公正地做出相应的处理，对事不对人，犯错的学生在接受处罚时才心服口服。

（柳江县进德中学　曾宪会）

我的"华丽转身"

两年的坚持，竟然发现自己还真的留下了班主任"奋斗史"的痕迹。我算不上一个优秀的班主任，因为我这个班主任一当就是 15 个年头，连乡镇级以上的班主任荣誉奖状也没有领过一张。

记得我刚开始当班主任的时候，班级总是不那么尽如人意，带着带着就有种"力不从心"的感觉。尤其是刚工作的头几年，实在觉得难熬啊！所以，在很多年的班主任生涯里，我常常是在"不服气—抗争—得过且过—任人评说"的循环中"熬过"。

2012 年，我们县里举行了一次班主任技能大赛，我这个来自边远乡镇中学的班主任居然在全县的决赛中获得了二等奖，成为了县里"名班主任工程"的一名学员。记得当时还有一些老师对我的入围提出诸多非议，有的还干脆直接找学校领导"理论"。当然，这些我都不在意，因为我为自己争到了一次自我"充电"的机会，才不管别人说什么，别人越有意见，我越要为自己"正名"。带着"赌气"和"不服输"的心态，我走进了这个学习殿堂。

培训、阅读，导师的引领，工作室的伙伴互帮互学，让我不断地反思着自己。其实，我也明白我的性格和做事风格严重地影响了我的班主任工作。散漫、得过且过、不思上进、做事拖拉，这些都是我缺点的真实写照。我也曾多次尝试着改变自己，但是很多时候，"小酒加小鱼"安于现状的农村生活还是战胜了我的上进和努力。所以，很多时候，我都要感谢那些曾给以我真实甚至是夸张的负面评价的人，是他们激起了我不曾泯灭的斗志。否则，我依旧还在苦闷中煎熬啊。学习中，郑立平老师的一句话成为我的座右铭："其实，班级管理的最好方法就管理好班主任自己！"是啊，这句话对我来说太震撼了，我真的太需要管理好自己了，我需要一个全新的改变！当然，这个改变一定是很艰苦的，但是，再艰苦我也要坚持！有一天我一定能够成为优秀的班主任！因为我的学生很喜欢我，毕业了都还经常来看我。

带着这份信心，我奔走在"学校工作—培训课堂—广泛阅读—团队研讨—展示分享"的各种活动之中，聚焦问题，在行动中改进，在行动中研究。整理了一下自己的班级管理和自我反思等日记，竟然发现已经有二十几万字。只有坚持下去才能让自己"华丽转身"。

一、倒述：楝树花又开

一天，李红老师在没有任何预兆的情况下，在"名班主任工程"汇报大会的开幕词上突然对大家说："下面，我用名班主任群里的一位成员的一篇文章来回顾一下 2015 年的工作吧，这篇文章的题目叫《老班，你在干什么呢？》，大家猜猜这位成员是谁呢？"这时，好多在场的人异口同声地回答道："韦寒泉。"

李老师的这一招让我猝不及防，而当老师们都向我这边望的时候，生性腼腆、不善言辞的我顿时不知所措。如果是在几年前肯定是脸红到了耳根，好在这两年跟着团队混，脸皮也厚了点，基本能镇定下来。但是，心里的激动和震撼确实抑制不住。当我静下心来听着李红老师那动听的声音在深情地念着我的文章时，心里美美的，原来，我的文章也写得那么好。慢慢的，我已分不清是李老师的声音美得动人，还是我写的文章灵气感人，耳边一直回响的，是李老师的深情朗诵；脑海里一直浮现的，是李老师对我欣赏和鼓励的神情。李老师对我们的关心和期待，无时无刻不在感染着我们的每一个成员，李老师的魅力更是倾倒了我们所有的成员。

听完李老师的深情朗读后，我脑海里闪现出另一位老师的面孔，一副很帅气的年轻男老师的面孔，那就是我的初中语文老师，兰启康老师。二十多年前，他大约二十多岁，我的一篇作文《春天的苦楝树》，也曾经被他当众朗读。我依稀记得，那时，我的作文里写的是："春天来了，我们美丽的校园里，到处都是苦楝树。苦楝树开花了，满校园都是苦楝树洁白的花的香味……"当时我用了从课堂上"捡"来的一个词"馨香"，来描绘这满校园的苦楝树花的香味，得到了兰老师的大力表扬，说我的文章很有文采。他那毫不掩饰的欣赏和鼓励的表情，现在依然清晰可见，帅极了，可爱极了！从此，在我的整个初中阶段，在兰老师的每节课上，我一直用笔记本认真地记着兰老师的每一个经典和美妙的词句。在兰老师的影响下，我了解了顾城、流沙河、普希金和莱蒙托夫等诗人，向老师借来了《诗刊》《星星诗刊》等杂志，学习了诗歌的十二像等知识，并且也习惯了用日记和自己的心灵交谈。这些让我真是受益匪浅啊！让我过了一个充实的初中，并影响我至今。

现在仔细想想，兰老师做的其实也很简单，就是念了我写的一篇文章，给了我几句真诚的表扬，就让我一辈子都迷恋上文学，迷恋上了写作。而对于现在作为班主任的我们，类似于这些简单的事情，是我们可以经常做的，我们可要多多地发现每一个孩子的闪光点啊。也许正是这些简简单单的欣赏和赞美，在许多孩子们的心里就变成了他们一生的动力，其中蕴含着巨大的人生能量呢。

而现在的我又是多么的幸运，都已经四十出头了，我的作品还能被李老师在课堂上拿来深情朗诵。那一份震撼和触动犹如初中当时的情景一样，依然刻骨铭心，依然在催我前行。我不禁回想起在名班主任工作室中所经历的成长岁月……

二、从对教师"幸福"的思考说起

自古以来，人们对幸福的理解有千万种，我也和大家一样，一直都在思索、追寻、感受着自己的幸福。

以前人常说："家有三斗粮，不当孩子王。"此话可以说是完完全全地道出了一名教师的清贫和艰辛。是啊，只要你踏入教师的行列，并准备好终生扎根于这三尺讲台，就注定了你这一生的清贫。但是，人活着就是要寻求幸福的，寻求自己的幸福，为别人带来幸福。

记得刚开始当老师，我也和其他工作岗位的人也一样，对这简单乏味、反复枯燥的教育教学生活感到厌倦，不甘心这辈子的平庸和默默无闻，所以常常哀叹生命的平淡无奇，担心也许不知那一天，自己就像一棵小草一样悄无声息地消失于这世界，就像从来都不曾来过。我好迷惘，找不到生活的方向。直到有一天，我一个人在一个路口闲逛时，突然被一阵独特的、有魅力的叫卖声吸引住了。我循着叫卖声挤过去，原来是路边停着一辆高顶棚车，有人在那里大声叫卖，他的声音和表情都特吸引人，也很懂得顾客的心理："10 元一件，超值家常必备，应有尽有，走过路过千万不要错过……"我也禁不住他的广告诱惑，到他的货堆里挑选了一副拉力器，嘿，才 10 元，在正规店里可要 30 元呢！我再向他确认，是 10 元吗?回答是肯定的。当我掏钱给他的时候，我突然感觉他好面熟，好像就是我以前的学生。这时候，一直也在望着我的他突然开口问道："我觉得你好面熟，你是……"

"你是不是叫什么新？我是里雍的……"我也有一种亲人久别重逢的感觉。

"你是，你是我以前的班主任吗？我叫梁小新。"

"哎哟，真是你啊！"

"哎哟，我的班主任啊，怪不得我觉得怎么那么面熟啊，我怎么能收你钱呢？有好多年不见了，老师！"接着他猛地从车后座跳了下来，执意要把钱退给我。后来我走远了，回头望着他叫卖的影子，心里真是感慨万千。当年他确实是一个不让我省心的学生，但我却永远也忘不了他对我说的一句话："老师，你就是讨厌我！"幸福、自责……各种情绪交织在一起，心里如同打翻了"五味瓶"。

我虽然仍是日复一日地重复着像以前一样的教室、宿舍"两点一线"的生活，但是，我感到我的心灵好像走进了和以前完全不一样的世界。因为我发现学生其实很可爱，我可以把他们的个性引向善良，正直；我可以静静地伴着他们，和他们走过成长的每一天，同时我的生命也在这些陪伴中得到了升华。

记得有一位著名的班主任说过：光有爱是不行的，因为，我们做老师的还要懂得如何去爱，我们要有爱的能力！所以，我经常提醒自己：我要不断地提升自己，让自己具有更好地爱我的学生的能力。此时，博览群书已不再是我的负担或压力，而是一种实实在在的幸福！吴常昌老师说得好："只有幸福的老师才能给学生带来幸福，只有幸福的老师才能造就幸福的学生。"

（柳江县里雍镇初级中学　韦寒泉）

半夜醒来只想读书

现在是凌晨 5:55。

想起昨天晚上我去看班的时候，听到一位校领导对我的班主任工作的负面评价，心里犹如遭到了一记重锤，让我更加坚定对班主任工作的研究和实践。

在这所学校里，领导对我的班主任工作的评价基本上都是负面。即使是我参加了全县班主任技能大赛获得了二等奖，并由此得到了"名班主任工程"培训的资格，旁人依然用嘲笑的眼光看着我，这增加了我的压力，感觉像是被逼上了梁山一样。

幸运的是，自从参加了"名班主任工程"的培训后，我喜欢上了阅读，尤其是班主任工作方面的书籍，几乎到了上瘾的程度，一有空就抓起一本书来读。半年中我已经看了四本班主任工作的专著，再加上重温培训活动中的体验，我感觉自己对班主任工作渐渐有了一些灵感，一些"鬼点子"在班级管理的具体实践中开始自然而然地蹦出来了，有时我会不由自主地兴奋起来。

现在已是凌晨，我又被那只可恶的老鼠给弄醒了，自然而然地又拿起一本有关班主任工作的书籍来阅读，并把感受记录下来，生怕把这种灵感丢掉。

我很感谢这些精神食粮，从这里，我找到了前行的动力！

一、班主任是需要威慑力的

这几天，重读了迟毓凯的《学生管理的心理学智慧》，真是受益匪浅，感慨万千啊！当了那么多年的班主任，我一直都在纳闷一个问题：为什么我对学生那么好，和学生也基本上能成为朋友，可是班级怎么还是经常乱糟糟的，学生怎么总是不听话呢？

其实，我觉得我对学生的爱心还真是无可挑剔的了。和万玮老师最初带班一样，我没有老师架子，和学生的关系很近。课堂上给孩子们讲故事，用故事说明道理，课后平等交流。春天带他们去春游，秋天带他们去烧烤，为孩子们保管钱，为孩子们满是皮肤病的手擦药，和他们随意地开玩笑。但是，第二个学期后，班级频频出事，班干部要"辞职"，学生成绩差、纪律也差，总感到学生根本不听我的话，慢慢地整个班都要变成差班了。我常常遭遇学生管理上的失败，丧失了作为班主任应有的影响力，原因何在？书中给了一个非常正确的答案：很简单，缺乏教师应有的"威严"，也就是说，教师是需要学生"怕"自己一些的。

一方面，教师自身的人格魅力、专业能力对学生产生非权力性的影响；另一方面，教师的角色、奖惩权力也对学生产生着另一种影响。教师对学生不应该缺乏爱，但俗话说"严师出高徒"，如果没有威严，学生对教师没有一点敬畏之心，其影响效果也是会大打折扣的。教师在教育中建立适当的"威严"，做到"不怒自威"是一种较为理想的状态，管理班级效率也比较高。但作为教师必须清楚的是，教师不能始终依赖"威严"来管理学生。教师的"威慑力"和"亲和力"所体现的是教师"威"与"信"的两极，这点在现实中的表现是有些冲突的，教师如何做到"威"且"信"，而不是时"威"时"信"，让学生有不可捉摸、变幻莫测之感，这是我们必须思考的问题。所以，何时树立这种"威严"，以什么样的方式树立这种"威严"，在什么情境下表现这种"威严"，是十分重要的！

二、我绝不能只空口说教了

这两天，一直在看《学生管理的心理学智慧》这本书，很迷人，原本计划一天抽出一个小时阅读，实际阅读时间却远远超出了计划。我一面看，一面拿着笔画出那些有启发意义的句子和段落，对作者的观点和案例赞不绝口，对作者的智慧真是佩服得五体投地。

这是我第二次读这本书，但仍然激动不已。第一次读的时候也很着迷，但是带着任务去读，而现在更像是精读。因为我发现里面所提到的许多有关学生和班级管理的问题，分析得实在而精辟，应对策略又是那么具有可操作性，许多分析和描述都让我感到茅塞顿开。

很多时候，我站在讲台上，或是略带严肃地走在孩子们中间，说了多少次不要吵了，但是还是时不时地又从某个角落冒出了一些闲聊声，我有时得生气甚至发怒了才能平息这些小的"暴乱"。今天也一样，当我在晚修前走进教室，孩子们一见到我都"作鸟兽散"了，但是回到座位也并没有拿出课本或练习本来学习，有几个甚至还拿起零食心安理得地吃起来。虽然还不到上课时间，我心里还是有一种挫败感，为什么这么聪明的孩子却不爱学习啊！我在班上已经讲了无数次学习的重要性了，也找过很多同学做思想工作；但是，孩子们的心灵震撼也只是一瞬间，很快就忘得一干二净了。难道我那么多苦口婆心的教导都已是废话连篇吗？我一直坚信，这些孩子只要能真正用心学起来，肯定能学得很好！但是，我什么时候才能等到他们的花开之时呢？

刚好，我看到《学生管理的认知策略》中的第四章，第76页提到了学生为什么会改变，以及如何对付"破罐子破摔"的学生；如何应对叛逆的孩子；转化学生从哪里开始等。这些章节慢慢地为我解开了许多谜团。

首先，人们的行为背后总会有一些理由，可以归纳如下：一是认知观念，可以称之为"脑的法则"，即头脑中的认知观念在指导我们的行为；二是社会互动，可称之为"脸的法则"，即由于人际互动的规律导致了行为的变化；三是情绪情感，可称之为"心的法则"，即你在认真的学习，你的行为主要受到了自身情绪情感的影响；四是行为习惯，可称之为"体的法则"，即你之所以认真学习听课是因为这已经是你的习惯了。当然，要养成这些习惯还真不容易。

我平时的"说教"，最多也只能算是运用了"脑的法则"，但是还有其他的三个法则我几乎没有意识到，没能把它们充分运用起来。所以，要影响这些孩子，让他们能够真正快乐地学习，我必须研究这些法则；并把它们综合运用起来，才能让学生朝着我的教育目标前进。而这应该包括班级的文化建设、学生学习习惯的养成、和谐的班级人际关系的建立，它们不应是孤立存在的。

对"破罐子破摔"的学生，应该运用认知失调理论去分析，找出相应的对策，"死猪不怕开水烫，那我就先把猪救活再烫"，比如赞美；而对付那些"叛逆"的孩子，就需要明白其中的关键点：他（她）跟你对着干，你不能跟他（她）对着干。

哈，读书真好！当然，有很多实际问题都要我们去琢磨和实践才能真正领悟到教育和管理的智慧。

三、幸福的教育和教育的幸福——关于一节体育课的思考

这天，我和韦敬娱、兰宝贵到南宁十四中的八年级八班听一节英语课。老师上的是一节试卷讲评课，运用课件来讲评试卷，我还是头一次看到，令人耳目一新。但是，也许是因为班级的学生太多了，座位一直排到教室后面的墙边，我们只能坐在教室的走廊上听课。听着听着，我渐渐地被操场上的一节体育课给吸引住了。

正在上课的体育老师是一位中年男老师，身体壮实，声音洪亮，看起来很帅气，脸上挂满笑容，却不失严肃，一看肯定是个受学生欢迎的老师。体育老师站在舞台上，上的是一节体操课。老师面对着同学们，非常细心、耐心地讲解着每一个动作，洪亮而不失柔和的声音，就像平时和学生谈天论地，总能吸引学生们。体育老师在舞台上时而转身，时而弯腰，时而伸展双臂，每一个动作完成后，老师都要把身体动作定格，再回过头来看看同学所做的动作是否正确，然后毫不吝惜地送上一个微笑；而对于在下面调皮捣蛋的，就皱一下眉头，送上一个凶眼，孩子们立即会意认真起来。我感受到老师和学生很多时候都是用身体语言和交流，而且沟通融洽、和谐、有效。老师的认真、细心、负责和敬业让我敬佩不已，而和学生的沟通也是达到了心有灵犀的境界。同时，我也看到了有几个学生在老师讲课时一面听课，一面打闹，时而你给我一脚，我给你一拳，时而这里蹿蹿，那里逛逛，你捏我一把，我推你一下；而老师只是时而停停、看看，纠正一下，时

而向他们望一下，送上凶眼，看到同学们都做好后，又送上了鼓励的微笑，对困难的动作一次又一次地细心讲解，示范演示，从没有大发雷霆。老师讲完后，大家跟着录音练习。一听到录音，几个"活跃分子"迅速归位，认认真真地跟着录音完成每一个动作，丝毫没有刚才的打闹景象。做完后，老师郑重宣布："大家做得很好，休息五分钟！"大家带着满意和快乐的笑容散了，但转瞬间，老师一声召唤："135班集队！"大家快、静、齐地完成了集队活动，又开始了第二轮的训练。不知不觉中，一节愉快的体育课就过去了，孩子们满脸幸福和快乐，余兴未尽。

这节体育课，看着也没有什么特殊之处，很轻松，很自然，但是，也许正是这一种轻松自然，让学生们流连忘返，也把我给吸引住了。体育老师并没有那么严厉地去指责每一个动作不到位的同学，甚至对于那些课堂上打闹的同学好像也是视而不见，更没有大发雷霆，以彰显体育老师的威严。但是，学生最后做操的质量很不错，还能真正地投入到课堂中，与老师的配合非常默契。在课堂中能够说说笑笑就学到了许多东西，这真是一节幸福的课堂！相比之下，我平时上课时要求是不是太苛刻了，一切都按正点要求，规规矩矩，不准有丝毫的多余动作和言语。学生们刚开始时基本上能够屈服于我的威严，可是后来我慢慢发现，孩子们开始不安和烦躁起来了，不那么听话了，我的严格要求换来的并不是学生的感激和自觉性的形成，而是对压力的抗衡和明显的叛逆。想想看，这个年纪的学生本身就处于好动的年龄，不给他们动，那就像要了他们的命一样难受，他们又怎么会感受到课堂学习的快乐呢？学生感受不到学习的快乐，就无法培养起学习的自觉性和主动性，毕竟，谁愿意去做那些自己压根儿就不喜欢的事呢？

教育的本源就是培养什么样的人、如何培养人。在如何培养人的问题上，教育不应该是僵化的灌输，应该遵循其应有的规律，更应该尊重学生成长的规律，而不应是教师把自己的意志蛮横地强加到学生的身上，因为这样容易造成"拔苗助长"式的伤害。所以，教育常常需要润物细无声的熏陶，做到教育的无痕化。

我们应该尊重和关爱每一个学生，要能够读懂每一个学生的心理，走进学生的心灵。因为，教育本就是一种"以心换心"的工作。所以，优秀的课堂应该是师生间有效沟通的典范，使师生身心都感到轻松而自然。总之，要让学生感受到最幸福的教育，同时也让老师感受到教育的幸福！

（柳江县里雍镇初级中学　韦寒泉）

班主任的威信

2015 年 6 月 13 日，心缘工作室在柳江县百朋镇中学开展研修活动，在与导师们的交流讨论中，我对班主任的工作有了新的认识：要做一名有威信的班主任。

做班主任累，主要因为心理压力大，心累。面对屡教不改的学生，班主任无能为力。批评他，他不理你；惩罚他，他告你；你告他，没人理。现在网上还流传着很多学生殴打老师的案例。我们不禁要问：现在的学生怎么那么大胆？现在的学生为什么不怕老师？答案是：老师没有威信。

威，威严，让人害怕；信，信任，让人喜欢。平时我们说得更多的是老师要有爱心，对学生要多关心，从而取得学生的信任，让学生喜欢老师。殊不知，在班级管理中，学生之所以规范自己的行为，不任凭欲望驱使，很多时候是源于对班主任的"敬畏"。让学生"敬畏"和"信任"，就是班主任的"威信"。"树信"是基础，"立威"才是关键。对班主任而言，头等大事就是树立自己的"威严"。"立威"从处理学生违纪开始，学生违纪，要严厉批评；处理违纪，要及时果断；对待违纪，要防微杜渐。

有一天早上，韦副校长把一张名单交给我说："昨天下午最后一节课，还没下课，你们班有 10 多名学生已经跑出教室到食堂吃饭。这是班长记录的违纪学生名单，你看着办吧。"

我接过名单一看，共 13 名学生。对于没有老师在的自习课，学生早退也是常有的事，这件事情也就是一般违纪，常用的处理办法是批评学生，指出错误，让他们保证以后不再犯，也就不追究了。况且这次违纪学生还不少，学生会想：班主任肯定不敢怎样，大不了在班上批评几句，以后不准再犯也就过去了。

这件事如果简单处理，我也省去好多事。但我仔细地想，这样处理他们会深刻认识到自己错误吗？能起到良好的教育效果吗？学生对于这样的事情可是特别敏感的，他们可都在关注着呢。如果不严肃处理这些违纪的学生，别的学生会认为班主任没办法对付他们，老班并不可怕；班主任的威慑力就会下降，下次违纪的学生可能会更多。所以这件事情一定要严肃处理，让他们知道这不是一般违纪，而是严重违纪；要"杀鸡给猴看"，以儆效尤。

当天下午，我表情严肃地走进教室，平静地说道："同学们，现在向大家通报一件事。"同学们带着疑惑和好奇，都竖起了耳朵。"我这里有一张纸条，记录着咱们班 13 位学生的名单。"我语气加重，语速故意放慢。同学们你望我，我望你。从我的表情，他们应该看得出，这不是一件好事。"念到名字的同学，都好好地站起来。"

我严厉地说道："你们这是早退，严重违反了学校的纪律，同时也给班集体带来了极其恶劣的影响。你们现在马上带上笔和纸，去我的办公室里好好反省反省，写出 200 字以上的保证书，然后拿去给韦副校长签字，如果她不给你签字，说明你反省得不够深刻，那么就请你继续反省。"其实我知道学生敢于主动承认错误，副校长一定会给他们签字。我这样说，主要是想让他们认识到问题的严重性，也吓吓其他学生。这一招果然奏效，当我走出教室时，我听到教室里其他学生开始议论了。

"幸好那天我没去。"

"他们这次惨了。"

"又保证，又签字的，还要校长签字。"

"有那么严重，校长不签字，就要继续反省。"

……

我的心里可是乐开了花，班主任的威慑力又提高了。

如今，学生并没有因为我的威严而远离我，而是更加尊敬我。在这个学期，我被学生评为"最喜爱的老师"。

我们常说"人之初，性本善"，认为学生本质上都是善良的，其实，人性就其本质而言，既有善的一面，也有恶的一面。如果教师对于学生的本能欲望不加克制的话，那么，他们在显现善良、可爱一面的同时，自私、懒惰的本性也会自由发展。而有效节制这种负面效应的一种方式，就是对班主任心存"敬畏"。俗话说，"严师出高徒"，如果教师没有威严，学生对教师没有一点敬畏之心，教育的效果是会大打折扣的。

做一名有威信的班主任，将是我不懈的努力和追求！

（柳江县进德镇中学　曾宪会）

改变就能看见

一、研究背景

刚接手 12（1）班的时候，了解到班里孩子的家庭情况后，我陷入了思考和焦虑中。大家认为我们学校的生源好、家庭教育好，学生获得好成绩是理所当然的；可在我带的这个班里，大多数家长是靠打临时工或者做点小买卖来维持生计的，真正有固定工作单位的不到五分之一。大多数家长每天都在奔波忙生计，很少有时间辅导孩子，而更多家长本身文化素质差，根本就没有能力辅导孩子。每一次学习检测，除了我教的语文学科排在年级的中间位置外，其余科目基本倒数。

我的语文科目之所以能跟上年级的平均分，也是来之不易的。面对那些学习跟不上、作业完成不了的孩子，我都会抽出时间个别辅导。于是，放学后的每个傍晚，除了参加学校的会议、学习，我不是在班上辅导学习有困难的孩子，就是在办公室里加班批改作业。临考试前的一周我更是勤奋工作，为了及时批改完 64 个孩子的试卷，我不惜占用午休时间，晚上一吃完饭就开始埋头苦干。即使很累，我心中也只有一个念头：教好所带的班级，不放弃任何一个孩子！

家人曾笑我："你比国家领导人还忙！"的确，我一直是同事眼里的"拼命三郎"。我也因此获得诸多荣誉，曾被评为"柳州市爱生模范"、柳江县"优秀班主任"等，我乐在其中。

直到有一天，我到外地学习，躺在床上动弹不得，医生告诉我有三节腰椎间盘突出，不及时治疗就会有瘫痪的可能，我的眼泪夺眶而出：我会残废吗？我还这么年轻，我的家庭、我的未来怎么办？

幸好，那次经历只是一个警告，病情没那么严重。身体慢慢恢复后，我常常问自己：人生的意义是什么？这么多年的生活和工作，我快乐吗？我是真的幸福吗？有没有一种更轻松的适合我的工作方法和更好的生活状态呢？

答案是肯定的，那就是放下急功近利的想法，在学习中不断提升自己。于是，我很开心地加入柳江县"名班主任工程"这个团队中，跟随"德行天下"工作室的姐妹们一起成长。在自我成长中，我尝试着把所学到的知识整合到班级管理中，和孩子们一起开心地参加各项活动，开心地在知识的海洋中遨游，收到了较好的教育效果。

二、研究过程

（一）教师成长篇：蜕变后的美丽

记得 2014 年加入柳江县"名班主任工程"时的第一次培训学习，连续三天都是坐着的，我的身体有了反抗，腰疼、大腿疼，面对一大堆要完成的表格和任务，头更疼，脑袋好像要爆炸一样。当时，一位负责调研的老师让我们填一份表格，其中有一项是问："如果给你选择，你愿意做班主任吗？"我如实写下自己的感受："不愿意，太累了！"

在后来的学习中，我认识了很多老师和新朋友，得到很多专家的引领，每次学习完都有很多感触。最难忘的是 2015 年 3 月份，在导师的引领下，我们工作室成员到南宁三塘镇中心小学进行一周的跟班学习活动。期间，我们诵读了《让世界因我而美丽》这篇文章，这是我第二次朗读。和第一次一样，每次读到和父母有关的段落时，我就会泪流满面，以致发不出声音。我不知道自己为什么会有这么强烈的反应。

那次跟班学习最幸运的是认识了韦宗诚这位看似普通但又不普通的年轻老师。他用敞开的义工心态全身心地投入工作中，他的课堂没有任何责备，全是正面的鼓励；他的班级不仅很好地完成了学校布置的所有劳动任务，还主动承包食堂、厕所的卫生工作；他每两个星期召开一次家长会，用真诚和爱心在家长的心中播下善德的种子……每一项工作他都做到细致、用心，他个人收集、整理的资料堆成一座座小山。看着我们惊讶的表情，他腼腆地冲我们笑了笑："我做的工作微不足道，这些资料的整理是我个人主动做的。我真的很喜欢做班主任，它能让我快速成长起来。我希望我的经历能帮到你们。"朴实的语言让我觉得惭愧：我们每一个人都是学校里的骨干教师，是县里面挑选出来的培养对象，而我们却常常在抱怨工作的繁忙、生活的艰辛。而他呢？一个三岁孩子的父亲，就这样在这个小小的班主任岗位上默默地、快乐地奉献着，不图任何回报，没有任何怨言。

这，不就是现实版的雷锋吗？

什么时候，我们也能找到那种工作状态啊？

2015年7月份，"名班主任工程"请来了广西师范学院的陈劲老师给我们进行心理辅导。在体验课上，陈老师微笑着对我说："你有一个内在的小孩，他需要你的关爱，他需要成长了。"

是的，我要学会关注自己的内在，好好爱自己了。三节腰椎间盘突出、内分泌紊乱、右侧附件长出的拇指大的肿瘤等自身的疾病及身边很多亲人、朋友的病逝告诉我：我得自己拯救自己。

我的心结没有打开，和家人的关系陷入一团糟中……我，如何拯救自己？

2015年暑假，韦宗诚老师给了我们一个信息：北京有个关于"生命教育"的体验课程非常好，是很适合我们教师成长的。在校长的支持下，我和学校里的一位同事参加了那个课程，果然跟以往我们参加的培训学习不一样。来自全国各地的很多老师在课程中完全敞开自己、释放自己，找回美好的感觉。而我，虽然敞开了自己，但除了难受，还是难受……

北京之行，我有点失落。

为了找到自己想要的状态，得知南宁也开设这样的课程后，我和几个老师便报名去做助教。啊，作为旁观者，我更清晰地看到了自己的盲点：喜欢在一个情境中绕啊，绕啊，就是绕不出来！哈哈，难怪在生活中我常常辨不出方向，会迷路。工作中的我又何尝不是如此呢？

那次助教体验，晚睡早起，看似很辛苦，但我却非常开心。

此后，为了提升自己，我常利用课余时间参加一些公益课程的学习，如"智慧父母""幸福人生"讲座等。有了北京、南宁和以往的学习铺垫，我在各项体验活动中完全释放自己，在流了无数眼泪后，我找回了自己——一个像三岁的孩童那样开心、快乐的自己！

临近期末，学校颁发班级文化建设奖，我们班获得了三等奖。如果在以前，我心里会有难受和遗憾。因为，这次班级文化布置是我和孩子们特别用心完成的。我们在教室的布置上做了全新的改动，精心设计了墙面展示的人物和意味：孔子是德行高尚的教育家，放在孩子们的正前方，能时刻提醒大家要尊师重道，向圣贤学习；雷锋是行动力很强的人，能提醒大家勇于奉献；柏拉图关注人的内在，是发现真理的智者，能让大家学习在反思中实现自我成长。更重要的是，墙面布置的每一个字、每一幅画都是孩子们利用课余时间亲自动手做出来的，没有任何成人的帮助。那天学校发奖的时候，我还乐滋滋地想着起码得二等奖以上，面对有点失落的孩子和那张三等奖的奖状，我对孩子们说："同学们，虽然这次的教室布置我们没能像上次那样拿到一等奖，但是你们知道吗，老师依然为你们感到骄傲！因为这一次的教室布置，几乎全是你们自己的功劳啊。我们班的布置是全年级所有班级中最早完成的，你们的付出得到了所有老师的肯定。特别是英语老师，她对我们的布置评价非常高，她说一进我们的教室就像走进美丽的大自然一样舒服。在她教的四个班中，她可喜欢进我们的教室给大家上课了。同学们，在我的心里，你们和获得第一名的班级一样棒，是永远的第一！"

教室传出持久而热烈的掌声，就如中了大奖一般。

此刻，我享受着做一名班主任的幸福。我突然意识到：当放下一切名和利，做回真实的自己，用心付出时，你就能感受到世界是那么美丽，一切都是那么美好！

（二）班级成长篇：自由选择，快乐分组

开学不久，党雪妮和韦宗诚两位导师走进了我的课堂。当时还没分班，教室里密密麻麻坐着65个孩子，那时刚好上到第二课《但愿人长久》。听完课，宗诚老师笑了："什么样的老师就会带出什么样的孩子，你们班孩子身上有好多你的影子。"然后，两位导师只是笑，不再多说一句话。

班上的孩子有我的影子？有我什么样的影子呢？对，用在"生命教育"课程中学到的办法："停下来，回看。"

慢慢回放我的课堂，我发现了我的影子：在指导孩子品读文章时，过多地耗在指导"苏轼埋怨月亮"这个细节上，而这篇文章的主旨是引导学生学会转念，做个心胸宽广、豁达的人，应该把教学重点放在品读"宽慰"和理解这首词上。我刚才只关注了文章细节，而遗漏了对文章的整体把握。这不正是在北京学习时，助教老师给我提出的隐藏在我内心的"自私"的本性吗？本应该给孩子传递更多正能量的，刚才我却在无意识中给孩子传播了过多的负能量。当时，我为什么就没有发觉呢？还有，我们班虽然是EEPO有效教育实验班级，但刚才的课堂上我除了使用"OK"和"明白"两个简单的手势之外，其他的做法还是穿新鞋走老路，学习小组并没有发挥多大的作用，学生的倾听习惯也没有很好地得到落实。虽然大部分孩子能保持学习的热情，但仍有少部分在开小差。我发现后虽然给予了提醒，但过不了几分钟，先前开小差的孩子那种坏习惯又反复出现。

这就是我的课堂——一节真实的、几乎没有任何准备的常态课。无论我个人拥有多么好的素养和组织能力，带给学生的知识也是有限的，学生的能力并没有因教师的出彩而得到真正提高。在刚才的课堂上，我更多地充当了负面情绪的传播者。

在回看中，我忽然明白了为什么在南宁"生命教育"课程做助教时，导师不停地训练我们用手势和语言回应他的每一句话，回应每一个任务的落实情况，那是在激活

我们的身体细胞，训练教师的反应能力啊！难怪在我们 EEPO 课堂中会出现那么多的约定手势，难怪在课程培训中导师常跟我们说："当你感觉越不精彩时你就越要鼓掌！"原来，所有的做法都是在帮助我们释放负面情绪和"疏通经络"啊！

哈哈，我为自己的这个伟大发现而鼓掌。

此时，我明白了"没有对和错，每一种经历都是成长"的真正含义，这堂课让我看到了自己的不足，更让我有了改进的方向。

于是，我对照自己的《班级管理提升计划》，在没有得到家长有力支持的情况下，重新思考如何依靠学生团队的力量激发学习热情，提高孩子的自学能力。脑海里猛然响起了一次公益课上一位老师的话："当你做一件事感到特别没有成效的时候，你就要学会用相反的方法去尝试，也许会有意想不到的收获。"

对，就从成立学习小组开始改变！

这一次分组，我不再指定和约束任何人，给孩子们充分的选择权和自由权，完全由学生自己选择同桌，自由组合成立 4~6 人的合作互助小组，当然条件是男女比例尽可能均衡。学生分好组后，根据学校的常规管理工作，重点抓好班级的礼仪、卫生、学习、听课效率等方面的落实，每个小组自行选出礼仪组长、卫生组长、学习组长和纪律组长。礼仪组长负责检查登记同学们的着装和文明礼仪；卫生组长负责提醒、带领大家劳动和整改个人卫生；学习组长负责检查和督促大家完成作业的情况，帮助大家提高学习成绩；纪律组长负责关注本小组每个成员的课堂专注力，督促本组成员养成积极发言和认真倾听的好习惯。

哈哈，小组成员分工明确，现在每个人在班上都当官，人人都是领导。大家平等互爱，其乐融融！

成立好互助小组，接下来就要开发管理班级的工具了。

记得党导师来调研时曾对我说："你已经有了工作的热情，现在缺乏的是管理班级的工具。这个很好办，如果有必要你可以向宗诚老师请教，用他开发的表格帮助你管理班级。"我仔细想想，我研究的方向是依靠团队的力量促进班级管理，而宗诚老师管理班级主要以个体的形式为班级做事，他制作的各种量表不太适合我们班的情况。于是，我打算自己开发量表作为管理工具。

用电脑制作表格是我的短板，为了班级的进步，我决定挑战它。我请教了办公室里的老师，花了两个中午和放晚学的时间终于做了简单而适用的登记册。当我把 54 本小册子发到孩子们手中，看着大家惊喜的表情，我又满怀信心地做了一番如何使用册子管理班级的演讲，让孩子们明白小册子记录着大家每天的成长足迹，是每个小组领取奖章的凭证。

小册子的书写替代了老师的唠叨，在学校里孩子们的任何一项常规工作都可以脱离教师的监管。在学校里没有了教师的"盯梢"，每一项劳动和活动都可以和好朋友在一起分享交流、团结合作，孩子们怎么能不开心呢？孩子们管理劳动卫生和作业的收发工作彻底把我从烦琐的班级事务中解脱出来。一个学期下来，除了第一天带领学生去认识劳动区域之外，我几乎没去过清洁区；学生的作业完成情况和收发作业的任务，甚至部分作业的批改也由孩子们代劳。而我的主要工作就是不停地激励和表扬孩子，在实践中，我发现孩子越来越棒，我也越来越快乐。

哈哈，自从自由分组和利用我开发的工具去管理班级后，孩子们连续两次获得了"月文明班级"。

当然，孩子们也有闯祸和犯错的时候，每一次我都结合《弟子规》中的道理进行引导，孩子们也常用"过能改，归于无；倘掩饰，增一辜"这个句子去正确面对。结合柏拉图的"外面没有别人，战胜自己是最高尚的胜利"这句名言，孩子们的信心和自控能力得到进一步增强。

我坚持用善念、善言与善行相结合的做法收到了较好的教育效果，在各项活动中孩子们的表现都不错，学习成绩也有了很大进步，历来倒数的数学与语文在期末检测中在全县名列前茅。

期末，我们班评上了学校的"文明班级"。啊，久违的"期末文明班级"又回来啦！我、科任老师和孩子们内心充满了感动和喜悦。

从A点到B点有N种成功的方法，在尝试中我找到了一条适合自己的管班之路，那就是无条件的信任——任其自由，快乐参与！

（三）孩子成长篇

案例 1 最好的安排

进入四年级后，每个班的人数越来越多了，非常不利于管理和教学，学校决定在本学期进行分班。听说要成立7班，每个班上要有部分学生被分出去，整个年级都人心惶惶的。我们班也不例外，我甚至不止一次收到短信或者接到家长的电话："张老师，能不能不要把我的孩子分出去？她回家吃不下饭，哭得眼睛都肿了……"

真没想到，这群小家伙对我们的班级有这么深的感情，看来没有白教他们。窃喜之余，我更理解家长和孩子们的感受，毕竟在一起同甘共苦了三年多。

"要想孩子更独立，必须让孩子成功的分离。"耳边传来心理学导师陈劲教授的话语。好，响应学校号召，马上开个分班动员会吧。

面对65张可爱的笑脸，我心中泛起很多不舍，但我知道，只有快乐的分离才不会给孩子造成心灵上的伤害。当班上很多孩子的眼圈红起来的时候，我除了尽可能多地夸奖新班级的老师外，还说出了自己的见解："伟大的文学家鲁迅曾说过'学习必须如蜜蜂一样，采过许多花这才能酿出蜜来，倘若只叮在一处，所得就非常有限。'加入新的班级，跟不同的老师学习，你就比别人多了一份锻炼自己的机会。这个机会不是每个人都能获得的，只属于少部分人。如果你很幸运地分到7班，老师恭喜你！因为你比别人幸运，中奖了。中奖的同学一定要好好珍惜成长的机会，在新班级里发挥自己最大的作用，要接受和感恩新老师，因为他们会像我一样爱你，陪着你一起战胜自我，快乐成长。当然，没有中奖而留在班里的孩子也会很幸福，因为你们跟原来的老师有很深的缘分，咱们还得互相'折磨！'"，台下一片笑声。

"同学们，蒲公英妈妈为了让自己的孩子能独立生存，借助风的力量把种子播撒到不同的土地里生根长叶，为大自然增添光彩。我们每个人都是一粒勇敢的种子，每一个班集体就是一块肥沃的土地，你们愿意到各自的土地上生根长叶、开花结果，为学校增添光彩吗？"

"愿意！"

"我要中大奖，我要分去新班！"

"我要和张老师继续'折磨'！"

"老师，我明白了！一切都是最好的安排，无论在哪个班级学习，都可以为学校争光，都可以快乐成长！"

教室里一片欢腾。

……

当新成立班级的班主任向我夸奖那些分到新班级的孩子心态特别好，抢着做好事时，我心里由衷感叹：这全是加入"名班主任工程"培训学习的结果啊！

案例2　老师，我们要赚钱

1月18号是学生期末考试的日子，仅有一个多星期的复习时间，每一分钟都是那么宝贵。试卷的批改、评语的书写、期末各种材料的归档都要完成，这是班主任最繁忙的时刻。

一天，室长忽然找到我说我们工作室有重要任务要完成，1月17号那天要进行工作室的期末展示，我要尽快在QQ群里发开会的紧急通知，导师要和大家一起商讨展示活动的方案。

紧急会议后，大家要准备的材料还是蛮丰富的：有班级原始材料的收集，有加入"名班工程"后各班级成长的大事记，有集体节目的汇报及个人的汇报……另外，会场的布置、服装的租用、节目的彩排等，都需要大家合作完成。

整理各种材料和做《班级成长大事记》是我最不愿意干的活，孩子成长过程中的照片我倒是拍有一些，但是具体的时间我几乎全忘光；另外，使用电脑技术也是我的短板。除了这些，我还得准备个人的发言，并配上视频和 PPT。一个星期做这些，对我来说确实是挑战。时间紧，任务重，临近期考的这一个星期内我只能全力以赴地完成工作室的事情了。

学生的期末考试怎么办？试卷和作业的批改、背书的检查，我一样都做不来。看来也只能依靠孩子们自己的力量了。

我把接到的任务和遇到的困境跟孩子们交流后，没想到这帮小鬼却乐呵呵地说："老师，您去忙您的事吧。我们会自己批改试卷和所有作业的，不用您操心。"

"没有老师的批改，你们做的试卷都没有了分数，你们还愿意做吗？"我故意逼他们。

"学习是我们自己的事。您不是常说自己的事情自己干吗？您就放心吧！"孩子们的支持真让我感动。

怎样让孩子在没有分数的情况下也能保持学习的激情呢？那就得想办法让他们保持学习的兴趣，享受学习的快乐。于是，每天早晨集队完毕，我都和孩子们一起到操场练习跑步，一跑就是大约 1000 米的距离，让大家的脑力和体力得到有效的平衡。

当我把试卷发给孩子的时候，脑子里忽然灵光一闪，这帮小家伙的父母大多是做小本买卖的个体户，何不让他们现在就学会做生意赚钱呢？

于是我高举试卷："哈哈，老师这儿有好多的百元大钞啊！每一张试卷上的 100 分就是发给大家的 100 元哦。比一比，看一看，谁做试卷最用心，赚到的钱最多！"

哈哈，谁不爱钱呀？大家果然是热情高涨，争着、抢着做试卷。上午做不完的试卷，大家还会挤出中午的时间争分夺秒地补；白天在课堂做不完，晚上就回家继续"赚钱"……

有了第一天的行动，第二天就可以在课堂上"结算"讲评了。讲评的环节也是大家很期待的，因为讲评结束后学生又马上转换成老师的角色，互相批改，用火眼金睛找出错处。当发现有错漏的地方就当作"漏财"处理，然后互相提醒赶紧堵住"漏洞"，只要及时改错，都可以赚到满分的 100 元。

这个办法真有效！

每当听到同事们在办公室抱怨孩子是如何如何懒，做试卷是如何应付的时候，我就无比欣慰。因为，我在办公室加班的时候，已经不止一次地遭到孩子们的"骚扰"："老师，我们要赚钱！快发试卷！"每次我就会说："好，成全你们！我跟你们一起努力，挑战自己，赚人生的财富！"于是，学生在教室里专心做试卷，我就在办公室里挑战电脑技术，全身心地投入工作室的迎展工作中。

临近期末的那个星期，是我一个学期中最忙、最辛苦的一周，但也是我最开心的一周。

考试结束，我们班的语文成绩进步是最大的，让我的教绩奖晋升了两级，这是从未有过的惊喜啊！

孩子的潜力是无穷的，只要善于激发，就能看到奇迹！

（四）家长成长篇：快乐的家长会

2015 年 11 月期中检测过后，按照惯例我召开了学生进入四年级后的第一次家长会。

以往的家长会，我会向家长们介绍自己的带班理念，汇报班级情况，并作一些学习上的辅导。但这一次，我进行了一些思考：三年多的相处，家长对我、对班级已经很熟悉了，有些话讲了三年，没有重复的必要；而随着知识的加深，很多家长已经无法在学习上给予孩子更多的帮助了，如果继续在家长会上进行学习方面的交流探讨，也没有多大的实际意义。了解到班上很多孩子的家庭出现一些状况，不少孩子的父母已经离婚或者正在闹离婚，另外有四个孩子的爸爸或者妈妈因为癌症而离开了人世。家长最需要的是拥有一颗平常心，树立教育的信心。于是，我确立了本次家长会的主题——"学会转念，做有智慧的父母"。

这次家长会我打破了常规的做法，用一个个真实的故事贯穿整个家长会。我从布置教室说起，夸奖孩子们的创造能力和动手能力。接着，讲述了发生在"争章卡"里的小故事。

在自由组队争夺奖章中，理想小组特别有意思。他们每一个人都反应机敏、思维敏捷、非常聪明，小组里几乎没有一个人是因为行动慢而拖后腿的，但是他们合作挣的奖章却是全班最少的。为什么呢？通过了解，小组里的四个人经常为一些小事而吵架争论，导致很少得到文明礼仪奖章。有时候在上课的时候也争吵，使得课堂专注章也丢掉了。别的组也会遇到问题，但都能用比较理智的方法解决，而这个组的孩子为什么那么喜欢争吵呢？是他们不想夺得奖章吗？我和他们交谈后得知，他们每一个人都很想夺得奖章，都有自己的想法和做法；就是因为太聪明、太有个性了，所以谁也不服谁，谁也不肯让步，最后在合作中就无法达成一致！在亲子关系中，目前流行着这样一句话"孩子是父母的'复印件'"，据了解，这个四人小组里两个孩子的父母已经离异，一个孩子的妈妈嘴巴特别厉害，行动力也非常强。记得有一次征文活动，这位妈妈就帮助孩子抄了一篇文章上交。爱子精神可嘉，可是孩子的能力得到提高了吗？台下一片笑声，那位妈妈也不好意思地笑了。

"急躁的心理和用吵架的方式来解决问题的思维模式在你们家庭当中是否也经常存在呢？如果我们每天都是那么急躁、焦虑，不能让心静下来，就会好心办坏事，就会做傻事。心理学家曾调查，12 岁之前孩子出现的问题，几乎都是家庭里出了问题。孩子有了问题，作为'复印件'的孩子要改，那作为'原件'的家长是不是也要改呢？善念，善语，善行，必有善果。从孩子的身上你们看到自己的影子了吗？"

在沉思中，我引导家长关注后墙上贴在学习园地里的"争章卡"，让他们找出最有特色的一张卡。因为大多数的卡虽然图案不一样，但几乎都是方形的，有一张卡却是房子的形状，显得特别醒目。家长很快找出了房子形状的争章卡。于是，我讲起了制作争章卡发生的故事。

这张卡是飞翔小组的作品。他们小组制作争章卡是全班最慢的。当时我给的时间是两天，小组做完就可以自由选择贴争章卡的地方。两天内几乎所有的小组都按规定完成了任务，可飞翔小组用了近一个星期，一直到周五才完成。当他们要贴卡的时候，发现学习园地里留的位置比别的组小，根本贴不下。他们不知道怎么办，就找我商量。我们拿着卡，在学习园地里左右比划，也没有找到合适的地方。怎么办呢？我引导孩子去想办法。一个孩子想到用剪掉一部分的方法。另外一个孩子受到启发，觉得剪掉不好看，还不如用折叠的方法。于是，通过一次次的实验，我们顺势叠成了这座房子的形状。周一来学校的时候，这个小组的创新作品得到了大家的啧啧称赞。

"由这个故事，我们获得什么启发呢？我们每一个人的智慧是无穷的，只要能转个弯，转个念头，不停地去尝试，就能有意想不到的收获。"

切入家长会的正题 "学做有智慧的父母"，我从大家一抬头就能看到"孝亲、尊师、立志、友学"讲起，每一个词讲一个故事，这些故事全是发生在孩子们身上的真实事例。

时间在一个个生动、真实的故事中流逝。在一个个案例中，家长们从孩子身上看到了自己的影子，从中感悟出，孩子就是父母的镜子，家庭的和睦就是对孩子最好的教育。

最后，我把在"名班培训"中陈劲老师教的排解负面情绪的方法教给家长们，这让家长们很受益。散会后，很多家长不愿意离去，围着我诉说育儿和家庭中的困惑。

工作 20 多年来，我第一次经历了这么轻松、愉悦的家长会！

三、实践收获

1. 学习才会成长

加入"名班工程"之前正是我人生低谷之时，内心的焦虑和职业倦怠感无时不充斥着我，我好累。加入"名班工程"的两年来，在不断的培训学习中，在导师和团队成员的帮助下，我懂得了如何更爱自己，如何远离负面情绪，逐渐找回了简单、快乐的生活和工作状态。"当有成绩时，要常照镜子；没有成绩时，学习不停止……"每次耳边回荡起《习主席寄语》这首歌时，我内心深处就会涌起无限的感恩之情，感恩学校让我加入"名班主任工程"学习成长，让我遇到那么好的导师。是的，每一个生命都要不停学习，不停止成长，只要你愿意改变，不断在学习中实践，在实践中探索，任何人都可以享受到成功的快乐！

2. 善于学习，成长才更快

三人同行，必有我师，我们不仅要向有经验的人学习，更要向孩子学习。每一个孩子都是我们的镜子，作为班主任，我们要善于从孩子的问题中吸取教训，实现自我成长。真正的爱是无条件的，爱孩子的优点同时也接纳孩子的不足。水满自溢，当我们的内心成长到足够宽容时就会无条件地接受孩子，无论发生任何事都不会用负面的语言去压制孩子，而会像水一样包容万物，用正面的语言去激励孩子，让孩子在成长中自由选择、自由经历，而每一段经历都会成为孩子生命中的一笔财富。

坚定信念，彼此信任，勇于实践，就会产生奇迹！

（柳江县拉堡小学　张玉能）

开 心 农 场

　　我是一名柳江县洛满乡中心小学的班主任，作为一名农村学校的班主任，如何有效地利用农村的教育资源开展班级管理活动，在活动中培养孩子们善合作、爱科学、勤劳动等综合素养呢？下面我就讲讲"开心农场" 中的一畦萝卜，这是有关一次体验、一次收获的故事。

一、开垦土地，播撒种子

　　同学们听说班主任给大家找到了一块种菜的园地，甭提多高兴了！主题班会上，大家取了一个动听的名字——"开心农场"。种什么好呢？种萝卜吧，因为萝卜的故事很多很多。同学们买来种子，开始翻地，男同学都抢着干重活，你瞧，

这个小家伙，别看他个头小，锄地起来一点都不含糊。地锄好了，很多同学虽然汗流浃背，但是从他们的脸上看到的都是灿烂。"锄禾日当午，汗滴禾下土"，感同身受。同学们在锄好的土地上热火朝天地干起来，你撒种子，我来盖土、浇水。小小的种子，均匀地躺在坑里，同学们迫切地期待种子发芽、生根、长叶、结果。

这是同学们写的日记：

9 月 22 日

我们怀着期待的心情来到"开心农场"，先在菜地里挖一个坑，然后把一点种子放入坑中，再把土填上，再浇一点水，不一会儿，就把种子播完了。临走时我想："萝卜萝卜，快快发芽吧！"

活动时间	9月22日	活动主题	
参与人员	全组人员		
活动过程	我们怀着开心的心情来到开心农场。我们先在菜地上挖一个均坑，然后一点种子放入坑中，再把土填上，最后再浇一点水，就完成了。不一会儿，就把种子种完了。临走时我还想："快快发芽吧！"		

二、细心护理，茁壮成长

中午在校的同学，每天中午吃完午饭，都要到"开心农场"去看一下，给萝卜浇水，拔草。他们都迫不及待地让小小种子破土而出。一天，同学们高兴地跑来告诉我说："老师，老师，我们的萝卜发芽啦！""是吗？"大家到"开心农场"一看，所有的种子都长出了黄黄的苗，有些苗种得比较深，像大力士一样把泥土给顶起来了。瞧，多么旺盛的生命力啊！

这是他们写下的日记：

9 月 29 日

今天，我们吃完午饭，怀着兴奋的心情来到"开心农场"。种子已经发芽了，还长出了两片小叶子，别有一番风味。我们给小苗浇水后，才依依不舍回到教室。

小萝卜苗在同学们的细心照顾下，一天天长大，叶子油亮油亮的，在阳光中快活地扇动着，看着让人格外喜爱。男同学可细心了，还给萝卜苗间苗、拔草、灭小虫。看着白嫩嫩的萝卜一天天长大，像白白胖胖的婴儿，同学们记下的日记也渐渐多了。

三、收获成果，分享快乐

功夫不负有心人，终于等到萝卜成熟的日子。

同学们在记录本中写道：

1月6日

我们的萝卜终于成熟了。今天，我们怀着开心的心情来到"开心农场"拔萝卜，老师还给我们拍照呢。拔完以后，我们就把萝卜洗干净，按老师指导的方法做酸萝卜。想到明天就可以吃了，别提我们有多高兴了！

过了几天，同学们端着两大盆酸萝卜来到教室。主题班会被我们命名为"酸甜"庆功会。"酸"寓意深远，"甜"幸福甜蜜，大家感受着一路走来的辛勤耕耘，换来了今天的丰收喜悦，同学们品尝着自己的劳动果实，心里甜滋滋的。

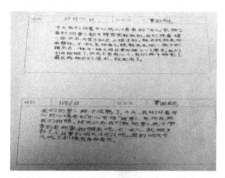

最后，同学们谈感受说心得。大家不仅把萝卜吃完，还把酸水都喝光了，还意犹未尽。小航同学跟大家说："老师，这酸太好吃了，下次我们还继续种，好吗？""好的，老师相信你们，勤快、负责任，把一件事情做好，你们太棒了！"

感悟

　　活动结束了，我在思考，作为一名班主任，如何才能让学生在学校感受到学习是快乐的，劳动是辛苦的；如何从小培养孩子们每做一件事，都要专一、专心，把事干成。联想我所带的班级数学期考成绩都能位居兄弟学校前列，我想，这与我经常开展班级活动，从而凝聚起班级的精神、力量、自信心是分不开的。

　　作为一名班主任，在班主任专业化成长的道路上，我一路成长，一路收获，此刻我还想说："我愿做一名园丁，用爱心、真心、诚心，去浇灌，去滋润孩子的心灵，让理想与智慧之花，开遍洛满，开遍柳江！"

（柳江县洛满镇中心小学　林玲）

与"龙"共舞的日子

　　苏霍姆林斯基说："要像呵护荷叶上的小露珠一样，小心翼翼地保护孩子幼小的心灵。晶莹透亮的露珠是美丽可爱的，却是十分脆弱的，一不小心露珠滚落，就会破碎，不复存在。"对班级管理中学习、思想、行为等方面存在一定偏差的"问题学生"，我们也应该像呵护小露珠一样。

在我们班，有一群先天聪慧，却纪律散漫、脾气倔强的孩子。其中一个名叫"龙龙"的男生，看似外表"高大上"，寄托着父母当初取名时"望子成龙"的初衷，但平时却厌学、违纪、捣乱。主要表现为：学习基础欠缺，各科成绩较差；上课时要么无精打采，要么小动作频繁，要么故意影响别人学习；课后常常不能完成老师布置的作业，即使做了，也是胡乱写一通。几乎每天都有学生向我告状，他是我班级管理工作中的一大"心病"。

我多次找他谈话进行引导教育，每次他口头上都表态很好，但在行动上却没有实质改观；尽管多次与家长沟通，仍收效甚微，让我陷入"欲速则不达，欲罢而又不能"的两难境地。凭着班主任的责任心，我责无旁贷，决心改变这一现状。

行动一 讲究技巧，以"柔"克"刚"

2014 年 3 月的一天，我走进教室，站上讲台环视教室时，突然看到龙龙竟蜷缩着躺在教室后面的地板上，身下垫着一个大蛇皮袋子，手挡住前额。我走到龙龙旁边，用手摸摸他的额头，还好，不是发烧；想到之前的种种，我猜想他想跟我唱对台戏了。气愤之时，思索过后，我瞬间平静下来，用温和的语气对全班同学说："龙龙可能是不舒服了，咱们先自己默读课文吧。"然后我站在龙龙旁边静静地望着他足有 5 分钟，也许感觉到我的注视，他似乎有些不自在地动了一下身子，于是我开口道："龙龙，要是昨晚没睡好，你跟老师说一声，回宿舍好好睡一觉。这样在地上睡觉，既伤身体，又丢面子，外面那些流浪的乞丐不就是这个样子吗？你可是我们班脑筋最灵活的男孩呐，……"我话还没讲完，他已经起身并拉起蛇皮袋子走到了自己的座位上，一场由他导演的闹剧暂时平息了。

行动二 因势利导，"软硬"兼施

我们班正在上数学课，班长急急忙忙跑到办公室告诉我，龙龙跑出教室了。我立即放下正批改着的作业追了出来，发现龙龙已冲到学校大门口，幸好大门锁着。我赶到大门口处，平心静气地对他说："龙龙，告诉我你想干什么？"从他断断续续的讲述中，我大概了解了事情的经过：龙龙在数学课上玩手机，被老师批评后仍然继续，老师一气之下拿走了他的手机，于是他以跑出课堂来向老师示威。我听完后，给他抛下三句话："如果你认为自己是对的，我叫门卫给你开门，并通知你妈妈接你回去；如果错在你，是男子汉，跟我回去向数学老师道歉继续上课；如果你执意要出去，所有后果自己承担。"说完我转身向办公室走去，偷眼向后望时，发现那条"浑龙"也正慢慢向教室一步一步挪来。这时，我才轻轻舒了一口气。

行动三 因时制宜，多方施教

1. 以榜样的力量进行教育

有人说："榜样的力量是无穷的。"在学校中，总有一批积极参与学校活动，并且取得荣誉的学生；在班级中，总有一批乐于倾听，乐于助人的学生。我经常鼓励龙龙向这些同学学习，当龙龙有进步时，夸奖他鼓励他，让他相信只要努力自己也可以成为其中一员。

2. 加强家校沟通，凝聚教育合力

我经常用书信、电话、校讯通等方式与龙龙的家长联系，针对龙龙的不足和优势，以及性格特点和问题，进行针对性的教育。并针对龙龙的行为习惯、学习习惯、学习成绩随时捕捉他的闪光点并加以表扬，让他更加努力进行实践。

就在与"龙"共舞的日子里，我慢慢悟出了一个道理：对付这条"龙"要软硬兼施，因时制宜，灵活施教。在他"呼风唤雨"之时，我装作"视而不见"，等他"风平浪静"之后我再"以理服人"。这样反复之后，他有了些许改观：学习目的明确了，变得认真努力，成绩有了显著提高；学习和生活状态良好，信心也增加了；日常表现好转，与同学相处融洽，并能积极参与各种有益的集体活动。

有个教育家说过这样一句话："任何人都没有力量改变另一个人，但如果你乐于按照一个人的本来面目去接受他，你就给了他一种改变他自己的力量。"

我希望，用我的耐心，能给龙龙一种改变自己的力量！

（柳江县新兴小学　曾令恒）

日常抓，抓日常，我和孩子共成长

一、研究问题

1. 背景分析

2014 年 9 月，我所带的柳江县教育幼儿园中三班有 39 个孩子，其中男孩 22

人，女孩 17 人。中班是幼儿三年学前教育中承上启下的阶段，也是幼儿身心发展的重要时期。中班幼儿的年龄特点是：有意识行为开始发展；学习控制自己的情绪；规则意识萌芽，是非观念较模糊；动作发展更加完善，体力明显增强；活泼好动，积极动用感官；对事物的理解能力逐渐增强；能独立表述生活中的各种事物；游戏中表征水平提高；具有丰富、生动的想象力；通过手、口、动作、表情进行表现、表达与创造等。

2. 优势

他们学会了自我照顾和遵守各方面的规则，有了一定的安全意识；乐意与人交谈，能主动参与各项活动；他们对周围的事物、现象感兴趣，充满了好奇心和求知欲；生活自理能力有了较大提高，学习的良好习惯逐渐养成，认识能力有所发展。

3. 弱势

由于班里幼儿年龄偏小的较多，规则意识较差，自理能力较差，动手能力较差，社会交往力弱。因此，无论在教学组织还是在班级管理上都增加了一定的难度，表现为在家在园两个样。父母和长辈的溺爱、宠爱、代办和包办，让孩子在家锻炼做力所能及的事的机会是少之又少，依赖性很强。孩子们得到的爱太多太多，而对于自己该怎样去爱父母、长辈、老师、同学，却知道得太少了。

现在的家庭基本都是独生子女家庭，孩子成为家庭的绝对核心。孩子们在家庭中只懂得向父母长辈索取，提出一些合理或不合理的要求，要这要那，全然不顾父母的感受，更别说回报、孝敬父母了。这种令人担忧的现象的出现，不能全然怪罪孩子，做父母的也有对孩子教育不当的责任。父母长辈在平时注重的是对孩子的智力教育，往往忽视了对孩子的道德教育，尤其是忽略了对孩子进行"孝亲教育"。

从幼儿园到小学，是孩子人生道路上的第一个转折点。幼小衔接工作往往会出现片面性，重知识准备、轻能力培养，如：只关注儿童认识了多少字、会做多少算术题，不关心儿童的学习兴趣、学习习惯及学习能力，不关注孩子独立生活能力、交往能力、挫折的承受能力；只关注儿童的生理健康，忽视了儿童的心理健康。心理学研究表明，儿童能力的发展有一个关键期（3～7 岁），在关键期内，儿童的能力易于养成，过了培养期和关键期，儿童能力的培养就显得特别困难。因此，做好幼小衔接工作，可以使我们在教育孩子方面少走许多弯路。

二、拟定班级管理提升目标

《幼儿园教育指导纲要（试行）》指出：要培养幼儿"爱父母，爱老师，爱同伴，爱家乡，爱祖国"。尊重、热爱自己的父母是一切爱的基础，一个连父母也不爱的人，怎么会真正地爱祖国、爱人民？一个连父母都不关心、不体贴、不孝顺的人又怎么能在社会上为祖国和人民承担起责任和义务？一个人，只有在家里能养成尊重、孝敬父母的好习惯，将来到社会中，才有可能做到关心别人，也才有可能做到对祖国忠诚。

幼儿园阶段是进行道德教育的基础阶段，孝亲教育必须从小抓起。

作为班主任的我，在学习了《幼儿园教育指导纲要（试行）》后，根据柳江县《"名班主任工程"项目实施执行案》和《"德行天下"名班主任工作室工作计划》的要求，结合我班孩子的实际，以"孝亲"为主题制定了本班班级管理提升计划。目的是促进孩子道德礼仪品质健康发展，教育孩子们学会"知恩""感恩""报恩"。

孩子从幼儿园大班进入小学，既是一个从学前期进入学龄期的重要阶段，也是人生的一个重要转折。他们要从以游戏为主的生活进入以学习为主的生活，从没有严格的作息时间的约束到必须按照严格的作息时间来约束自己，比如不能迟到早退、听铃响上下课。这些要求和变化对于孩子是一个考验，我们应该用各种方法帮助孩子建立起必要的时间观念，增强幼儿的主动性、独立性、规则意识和任务意识及人际交往能力，为今后顺利的学习、生活打下良好的基础。

三、研究计划

2014年9月5日，我制定了《中三班班级管理提升计划》，重点以"孝亲、尊师、友学、立志"四德中的"孝亲"为教育内容，以"感恩父母，孝亲敬老"为主题，渗透到班级日常的教育教学活动中。让孩子"知恩"——了解父母的养育之恩、老师的培养教导之恩和亲人、同学好友的帮助之恩；再通过"感恩"教育，让孩子们拥有一颗感恩的心，对父母、老师以及所有有恩于自己的人心存感激；最后让孩子们用自己的实际"报恩"活动，报答父母、老师以及所有有恩于自己的人。

（一）内容

让孩子们在园在家都学习《弟子规》里的孝亲篇，通过在幼儿园的语言、科学、艺术、数学、社会、健康五大领域的学习生活中重点渗透《弟子规》，班级形成人人学习《弟子规》、力行《弟子规》的风气，并把《弟子规》中做人、做事的规范与准则融入自己的学习与生活中，让孩子在家懂得孝顺父母长辈、在园懂得尊敬师长，团结同学，有礼貌，讲卫生，好学善思。

（二）措施

首先，把《弟子规》的教学与力行渗透到幼儿教育五大领域的课程中。围绕"孝、泛爱众"分别开展主题教育活动，如：家长孩子学习鞠躬礼、我是一个孝顺的孩子、我爱妈妈、怎样才是好朋友等。通过开展主题教育教学活动，教育孩子全面、客观地评价父母和自己。教育孩子了解父母的艰辛、理解父母的期望、懂得锻炼自己的自理能力，来减轻父母的负担，从而激发孝敬父母的情感。

其次，培养幼儿养成良好的生活卫生习惯——"谨"和良好的语言行为习惯——"信"。在正常开展的安全课上，教育孩子们在晨间锻炼、户外和区域活动中学会安全运动和团结，让孩子明白把身体练扎实、安全保护自己不受伤也是对父母尽孝。午睡时，应把自己的衣服折叠好放在一个固定的位置，起床后，同样要把被子折叠好，鼓励孩子互相帮助。在礼仪教学中，让孩子学会怎么坐、怎么走、怎么站，教孩子如何做家务，既锻炼了孩子的自理能力，在劳动中懂得习劳感恩，又让孩子在快乐中学会学习，学会合作。

再次，转变家长的教育观念，引起家长对孝心培养的高度重视。现在的孩子都不缺少爱，但是他们往往体会不到别人的爱，觉得这一切都是理所当然的。因此，要想让孩子成为一个有爱心、会孝敬的人，首先家长应转变自己的教育观念。通过"家园"共育交流和家长座谈等形式，向家长宣传一些培养幼儿孝心的有效方法和恰当方式，让家长知道应该把只会对孩子付出无私的爱，转变为教会孩子"接受爱，回报爱"，让孩子在享受父母之爱的同时，学习以"孝"回报。

2015 年 9 月 7 日，我制订了《大三班班务管理提升计划》：

1. 内容

1）培养孩子良好的生活、学习习惯；

2）培养孩子的入学的人际交往、社会适应能力；

3）培养孩子的任务意识；

4）增强孩子学习方面的自我管理能力和规则意识。

2. 措施

1） 教育教学：开学初制定好月重点、周计划，有序开展语言、科学、健康、社会、艺术五大领域主题活动，继续做好对孩子们的感恩孝亲（尊敬父母、老师；团结同学；有爱心，乐于助人等）教育。

2） 安全卫生教育：时刻提醒幼儿意外就在身边，通过《安全行走》《预防食物中毒》《防火》《防溺水》等安全教育，提高幼儿的安全意识。本着让孩子吃好、睡好、学好的原则，积极做好班级各类卫生消毒工作，做好流感、手足口病的预防工作，为幼儿营造一个健康的生活学习环境。

3） 幼小衔接工作重点：①培养孩子良好的生活习惯。开展"我要上小学了"

的主题活动，激发幼儿上小学的愿望和兴趣；培养孩子按时作息，做事不拖拉，仪表整洁，爱护书包、学具等好习惯；②培养孩子良好的学习习惯。培养幼儿良好的倾听、阅读习惯，如正确的握笔、书写、坐、站、走姿势等；③培养孩子入学的人际交往、社会适应能力。教育孩子一定要学会自己整理书包、自己喝水、自己上厕所，自己的事情自己做，遇到困难和问题要自己想办法解决；学会与同学友爱、友学、友助；④培养孩子的任务意识。培养幼儿的任务意识，如做好值日生、小班长、小组长等；教育孩子学会记住许多东西，特别是今天学到了什么，任务是什么，今天老师所教的内容、交代的事、明天要带的东西等；⑤加强孩子学习方面的自我管理能力和规则意识。培养孩子生活规律化，安静专注地做好某一件事情；让孩子懂得什么时间应该做什么事，并一定要做好，什么时间不能做什么事；让孩子学会承受挫折，学会忍耐，学会与小朋友分享；鼓励幼儿积极按时参加各项活动，遵守各项活动规则。

四、研究过程

案例① 用孝亲榜样做好孩子们的"镜子"

俗话说得好：教儿教女先教自己，教育者首先受教育。如今，教育已经把孩子是否拥有善心、良心、爱心、孝心作为"大是大非"问题来对待。全社会都在呼吁赶快为孩子补上亲情教育、孝敬教育这一课，让孩子在享受父母之爱的同时，学习以"孝"回报。

9月25日晚上七点钟，我在家长会上，用"孝亲"为主题，通过和家长座谈交流，向家长宣传一些培养幼儿孝心的有效方法和恰当方式，以转变家长的教育观念，引起家长对孝心培养的高度重视。家长们积极交流，畅所欲言，并跟着我学会了行鞠躬礼。

家长会后的第二天，孩子们变得更有礼貌了。一个星期时间，全班孩子都学会和践行了行鞠躬礼。五一劳动节前，我在班上组织了一节主题班会课"爸爸、妈妈，你辛苦了"，鼓励孩子们大胆说出自己的体会。小钟说："我爸爸很辛苦！平时在乡派出所工作，一个星期回来一次，有时为了抓坏人，加班还不能回。我和妈妈都爱他！"小诗说："我妈妈更辛苦！爸爸经常出去做生意赚钱，妈妈在家一个人带我和弟弟，还要上班和做很多很多的家务事……"孩子们都积极发言说自己父母辛苦。我巧妙地往下问："爸爸妈妈这么辛苦，你会为他们做什么事呢？"

　　小和说："爸爸、妈妈下班了，我会搬椅子给爸爸、妈妈坐。"小才说："爸爸累了，我会帮他捶捶背，端水给他喝。"小晶说："在家吃完饭，我会帮妈妈洗碗。"小振说"我在门面会帮妈妈摆鞋子。"……我要求班里的孩子们都要把孝亲想法付诸行动。

　　此后，我在班上开展了孝亲主题系列活动：三月的"我和爸妈做绣球"、四月的"亲子环保春游"、五月的亲子绘画"快乐中国梦"、九月的"老师，我爱你"。现在班里的孩子们在家能主动帮助父母做力所能及的家务，摘菜、扫地、拖地板，给父母捶背、擦鞋、舀饭、倒水、梳头、拿鞋、唱歌，自己穿脱衣裤、整理床铺、收拾玩具，好吃的东西和父母分享；来到幼儿园还会把自己的孝亲的故事讲给老师和周围的小朋友听。在晨间锻炼、户外和区域活动中学会安全运动，玩弹跳鞋、踩高跷、骑脚踏车等丰富多彩的体育游戏时，知道安全保护自己不受伤也是对父母尽孝。午睡时，孩子们已学会把自己的衣服要折叠好放在一个固定的位置，起床后，同样会把被子折叠好，床铺整理好。孩子们在各项学习活动中，渐渐变得懂事、礼貌，与同伴之间能融洽相处，会互相帮助、互相分享，各方面能力和学习都有了明显提高。快乐中学习，快乐中成长。孩子们在这样的氛围中，慢慢加深对"孝"的理解，更多了解父母，真正从内心感到父母对自己的爱，并尝试着用自己的方式去回报父母对自己的付出和爱。

反 思

　　孝亲的榜样力量是巨大的，如何用孝亲榜样做好孩子们的"镜子"？班里每一位教师、家长，孩子们的长辈、亲戚朋友都应充当孝亲幸福家庭的角色，只有把各个角色的本分落实到位了，大家共同做好对孩子们的孝亲教育工作，才能使我们的孩子从小就学会关心、体贴别人，有爱心和孝心。这些美德不仅能使孩子终身受益，更有助于让每个家庭生活更加和谐幸福！

案 例 2　起床了

　　2015 年暑假过后第一周,很多孩子还没有从假期的生活作息中缓过来，早上迟到，中午不睡觉，吃饭挑食吃得慢，做事有些懒散和拖沓，来园时间从 7：50 到 8：30。参差不齐。早餐、早操、晨练、上课、午睡都受到了影响。

瑶瑶小朋友，升入大班时已经 5 岁半了。但是她却做不到按时睡觉。每天晚饭后，她精力非常充沛，一会儿看电视，一会儿玩玩具，一会儿吃水果、零食，一会儿看故事书，一会儿画画、剪纸，一刻也不闲着。十点钟了，妈妈让她赶快洗澡睡觉，她总是说："还早呢，没玩够……不想睡，也睡不着。"可是，由于晚睡，第二天瑶瑶不能够按时起床，总是讨价还价要多睡一会儿。再加上做事速度比较慢，开学第一周，她天天迟到，不仅影响她自己上幼儿园学习，而且还影响她父母按时上班工作。经常迟到的还有瑞瑞、小雨、翔翔等小朋友。

9 月 8 日早上我带班。迟到的瑶瑶等小朋友来到教室已是早餐时间。按时来园的小帝等小朋友，就大声嚷起来："又迟到了！丑猫猫！""吃得慢慢的，害我们不能出去玩。"被教室里面的孩子们这样一喊，她们委屈地大哭起来。孩子为什么会来晚？我结合刚开学出现的迟到现象，通过平日里的观察和与她们的谈话，了解到她们都是因为晚上睡得太晚，早上起不来造成的，其他小朋友中也有晚上很晚也不肯睡的现象。还有的小朋友醒得早却也迟到：一是孩子赖床，醒了也磨蹭着不想起，能拖一时拖一时；二是起床很早，但做事慢；三是家长没有重视孩子守时习惯的培养，有时孩子催家长好几遍家长还不动身。她们这样的来园表现，既搅乱了班上孩子和教师工作的正常作息时间，也影响了孩子们正常的学习，更不利于她们适应将来的小学生活。如何鼓励孩子早睡早起按时来园，积极参加各项活动成为我尝试解决的问题之一。

针对上述情况，我特别设计和组织了一节语言、社会活动课"起床了"。目的在于通过不同形式的师幼互动，体验故事中所蕴含的积极情绪，从而使小朋友养成早睡早起，不拖拉的好习惯，为上小学做好准备。

（一）情景创设、激发兴趣

我先出示小兔做早操的图片，提问："小朋友，这是谁？它在干什么呢？现在是几点钟？"再出示小猪睡觉图片，问："这是谁？它在干什么呢？噢，上学时间到了，让我们赶快把它叫起床，要不它会迟到的。"孩子们开心积极地叫着："小猪、小猪，快起床，上学时间快到了。""哎，叫不醒，又要迟到了！看来这是一只爱睡懒觉的小猪，小朋友，你们有什么好办法帮助他快快起床吗？"小朋友说出了很多不一样的把小猪叫醒的办法：小艺说："拍它屁股。"宗宗说："拧它耳朵。"小帝说："挠它痒痒。"……"用闹钟叫醒它！"小蒋响亮地说出了他想出的办法。"那你们能告诉我闹钟叫别人起床的时候会发出什么样的声音呢？"孩子们争着模仿小闹钟响。接着，我出示小闹钟的图片，告诉小朋友："这可是一个很特别的小闹钟，它很厉害！会用好听的歌声来叫小猪弟弟起床，想不想听一听？"全班的小朋友高兴地回答："想！"大家一起念儿歌："快快起床，快快起床，小弟弟，快快起床，快快起床，小弟弟，钟儿已经敲响，钟儿已经敲响，叮叮当，叮叮当。"我提问："小朋友，小闹钟都说了些什么呀？"请小朋友说一说，学一学，巩固对歌词的认识。"小闹钟的歌声真好听，我们一起来看一看小猪现在起床了吗？"小朋友："没有"。我又问："怎么办呢？"小振抢着回答："再闹一次。"闹钟一个接一个地响，就像是在一遍又一遍地催着小猪弟弟。它终于起床了，准备上学去了。（出示小猪背书包的图片）

（二）反复追问，强化训练

我先问："小朋友，小兔和小猪，谁可以得到大家的笑脸？小孩子们齐声回答："小兔。"我再问："为什么？"小朋友："因为她早睡早起不迟到。"我再问："为什么小猪不得笑脸？"小朋友："因为他睡懒觉、赖床。"最后问："你们有这样的坏习惯吗？"孩子们大声地回答："没有。""小朋友应该向谁学习？""小兔。""很好！接下来我们就来玩个游戏，看看你们是不是一听见小闹钟唱完起床歌就起床了？谁来试试看？我们应该怎样叫他起床？"

（三）知会家长，协助配合

下午家长来接园时，我和几位经常迟到的孩子家长都进行了面谈，请家长在家中备一个小闹钟，培养孩子自觉地遵守作息时间。在家时，家长也可以发挥小闹钟的叫醒功能，和孩子一起制定在家的作息时间表，适当调整孩子学习、休息、游玩的时间。家长还要引导孩子学会每天晚上整理自己衣物、学习用品；每天早上独立洗漱、穿戴、整理书包，培养孩子按时早起的习惯，让孩子从容面对每天上学的第一个困难。一个星期后，班里孩子迟到现象基本没有了。

反 思

在平常的交谈中，有的家长抱怨自己的孩子动作慢、做事拖沓、缺乏时间观念、没有紧迫感；也有的家长担心孩子依赖性强、自理能力差、懒散的生活习惯无法适应相对紧张的小学生活。

如何为孩子能平稳过渡到小学创造良好的氛围与条件？教师、家长应从培养幼儿的时间观念和生活自理能力及良好的生活作息习惯做起，共同做好大班孩子们"幼小衔接"的工作。相信孩子们升入小学一定会很快适应的。

案例 3 《拉拉钩》和《漂亮的公鸡找朋友》的故事

2015年9月25日星期五上午九点，孩子们在教室里开始玩区角活动。"熊老师！名名抢我积木，我不要和他一起玩。""熊老师，名名又抢我的玩具了。"小芯告状声响起。很快，我就走向他们，了解争吵的情况，我先问了告状的孩子小芯："你们怎么了？"她皱着眉头苦恼地说："他抢我的积木。"而一旁的名名也不甘示弱："她不给我玩。"此时，我拿起她们手中争吵的玩具问着其他的孩子："这些玩具是谁的呀？""幼儿园的。"小芯说道："我们不能抢的。""小芯真懂事，这些玩具是我们幼儿园的，我们应该一起玩。抢玩具的小朋友不是个礼貌的孩子哦。你们看，楚楚和她们玩的真不错，她们在一起玩跳蹦蹦的游戏呢！"小芯先看了看我，又看了看名名，然后我问小芯："应该怎么办呀？"他低着头不情愿地说了句："那一起玩吧。""我们一起玩吧。"名名接受了这个建议。之后，教室暂时没有争吵，大家互相一起玩了起来。名名是一位自我意识很强的孩子。爸爸经常忙于工作，很少管他；妈妈非常宠爱他，总是顺着他的意思满足他的各种需求。有的时候，稍有不满意，他还对妈妈发脾气。在幼儿园里，他最爱帮助老师收拾玩具、整理图书。但是，在玩区角游戏时却常常会与同伴抢玩具。

为了让孩子们能更好更快地融入同伴中去，我特别安排组织了音乐《拉拉钩》与故事《漂亮的公鸡找朋友》活动。

（一）在音乐背景下，我带班里的孩子们先玩音乐游戏《找朋友》，胆子大的幼儿带动胆子小的幼儿，有些比较内向的幼儿如小威、小慧都被热闹的气氛带动了起来，参与到游戏中，体验到了与朋友游戏的快乐。

（二）播放课件《漂亮的公鸡找朋友》，让幼儿初步了解故事内容。

（三）组织幼儿大胆积极地参与分组讨论：

1.漂亮的公鸡为什么前三次没有找到朋友？

2.牛伯伯是怎么对公鸡说的？

3.漂亮的公鸡为什么很快找到了朋友？

4.怎样才能找到更多的朋友？

孩子们获得的道理是：我们外表美只是一种美，而做到外表美、心灵美、行为美才是真正的美，这样才能找到更多的朋友。

（四）最后是歌舞表演《拉拉钩》。

幼儿与好朋友共同表演律动后讨论：怎样解决朋友间的矛盾？

孩子们在轻松的气氛中打开了话匣子，想出了很多的办法。小雨说："惹朋友生气了要说对不起。"小蒋说："好朋友在一起玩要大方。" 小芯说："好朋友要互相关心。"浩浩说："如果不小心说错话，要主动承认，和好朋友握握手和好。"……

类似这样的活动组织几次后，班上幼儿的行为习惯好了许多，为丁点小事争吵、翻脸的现象少了，幼儿社会交往能力有所提高。名名玩玩具时不争抢了，学会了与同学合作拼搭；暖暖想进人多的区角玩时已学会等待，遵守区角规则；小帝有好东西会和朋友一起分享；泽泽借东西时，会用礼貌语言，如果没有得到允许，还会寻求老师的帮忙；小兰和好朋友发生矛盾时，能用自己学会的方法解决，主动去道歉，大方有礼，不再像以前只知道哭鼻子。

反　思

《幼儿园教育指导纲要（试行）》社会领域目标中提出：幼儿社会态度和社会情感的培养尤应渗透在多种活动和一日生活的各个环节中。本次活动的生成来源于幼儿一日生活中经常发生的现象。幼儿良好人际交往行为习惯不是一天两天就养成的，而是一个漫长的积累过程。这就需要带班的教师要把幼儿一日生活看作是一个教育整体，关注幼儿一日生活的各个环节，随时发现问题，随时教育，使幼儿的一日生活成为一个真正的教育整体。

教育教学活动中，要有效发挥师幼互动、幼幼互动的教育优势，在新型的师幼互动中，教师与幼儿是相互促进的合作伙伴。在教学活动中，要以幼儿为主体，教师引导幼儿积极、主动地参与到学习活动中来，才能充分发挥师幼互动的教育优势。

五、学习工作中的不足及今后努力的方向

我坚持认真学习《3～6岁儿童发展指南》《幼儿园一日活动》，阅读导师赠

送的《陌上开花》《班主任兵法》《创造一间幸福教室》等刊物和专业书籍，拓宽自己的知识面；同时，我利用外出培训、跟班学习的机会，吸取姐妹学校和同行的先进经验，及时反思、总结，学以致用，夯实了自己的教学基础，使自己在幼儿园的班主任工作和许多教学事半功倍。但是，学海无涯，尚需加强业务、钻研学习，勤思考，及时做好教育教学大事记录，反思、总结，采他山之玉，纳众人之长。

（柳江县教育幼儿园　熊赛群）

我的"七彩乐园"

根据"穿山甲工作室"的研修工作计划，我的班级管理提升的重点是如何创设积极进取的班级文化氛围，让每一个学生健康快乐地成长在"七彩乐园"中。围绕着这个目标，我开始了班级管理行动研究之旅，下面由我们向日葵班的"小瓜子"们为大家介绍发生在我们班级管理行动研究中的小故事。

一、我的乐园，我设计

大家好！我是向日葵乐园里的一颗"小瓜子"——小东。我们 101 班为什么会有"向日葵乐园"这个具有个性的班名呢？那是因为杨老师希望我们都如向日葵一样，朝向阳光，健康成长，尽情绽放自己，做棵心理健康、团结拼搏、积极进取的向日葵，班级教室就是我们充满乐趣与朝气的乐园。

我们的班级口号：团结拼搏　积极进取　朝向阳光　绽放自己

我们的班歌：《左手右手》

我们的班级公约：乐园小小葵瓜子，待人诚恳有礼貌；学习用品摆放齐，上课勤奋爱动脑；作业认真又整洁，两操一定要做好；课间不追逐打闹，安全知识我知道；集队集会静又齐，认真倾听要记牢；地面干净无脏物，环境绿化更美好。

班训：态度决定一切，习惯成就未来。

我们还设计了班徽，这样就有了属于我们"向日葵乐园"的个性班级名片。

二、我的乐园，我分享

我是向日葵乐园里的另一颗"小瓜子"——琪琪。我们乐园里的每一个角落，都散发着积极向上的气息。请看，这是我们的"开心农场"。这里为我们提供的个性展示平台可以展示我们的优秀作文、书法作品，还可以展示我们感恩孝亲行动的照片呢！这个开心农场满足了同学们自我表现的欲望；处于"灰色地带"的同学，也有显示自己闪光点的机会，他们获得了大家的赞赏，感受喜悦的同时，更增强了自信心。

大家好，我们是"向日葵书吧"的"掌门人"——小萌、小爱。我们的乐园

还是一个充满情趣的书香圣地。这里有书籍伴随我们，广泛的阅读扩大了我们的知识面。特别是周三下午的诵读课，我们要轮流朗读一首诗，讲一个故事，向大家推荐一本好书。我们学会了分享，并享受着分享，学会了思考，更学会了真诚。

大家好，我们是"小瓜子"——小圆、莎莎。这是"我为班级添光彩"评比栏。评比栏主要结合班规、组规，对同学们各方面进行量化评比。每周的"星级人物"，都是结合"我为班级添光彩"评比栏的量化分产生的。被评为"星级人物"的同学，就可以把自己的名字或喜欢的大头贴粘贴在"星火燎原"评星栏。这两个评比栏威力可不小呢，它不仅激发了同学们你追我赶的上进心，促进我们良好习惯的养成，更是增强了同学们的自我约束、自我管理能力。

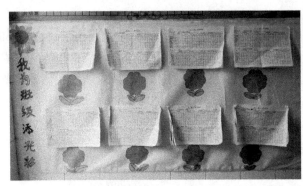

大家好，我是活泼可爱的瓜子——华华。请看，在我们乐园的窗台和书柜上摆放有各种植物，这些植物既美化了教室环境，又让我们时刻感受到大自然的气息。当同学们学习感到疲惫时，一抬起头，看到这些生机勃勃的绿色植物，心里安静了，一切的烦恼都没有了！

三、我的团队我自豪

我们班有 4 个小团队：护花团队、书吧团队、宣传团队和健康团队。组建的流程是：团队长的竞聘—团队长任命副团队长—其他同学根据自己的爱好特长到团队长处报名。团队成立后，班级部分工作就可以交由团队进行管理。这样的做法，让孩子们体验到了"我的团队我做主"的自豪感。

杨玲教授说："班级活动对于增强班级的凝聚力有很大的促进作用。"这句话给我很大的触动。我下定决心，我要让每次活动都能在孩子们的内心深处印下终身的回忆。两年来，我们开展了这些有意义的活动：

1）感恩孝亲活动：每逢重要的节日，我会提醒孩子们给父母或其他长辈送上一份礼物（一个拥抱，一颗糖，一杯水，一张自制的卡片，帮父母洗一次脚，做一次家务等）。

2）课外团辅活动：我们还举行了二人三足接力、信任背摔、跨步摸人、萝卜蹲等丰富的课外团辅活动，让孩子们感受到团结的力量，团队的力量。

3）艺术熏陶活动：我想，如果孩子们有某种特长，他的人生定会更精彩。从2015年4月份开始，我们请来了音乐老师，指导全班同学练习口风琴。12月，苦练半年的孩子们，有幸代表学校参加了柳江县"文化艺术节"乐器类的比赛，并荣获二等奖。当时，孩子们欢呼雀跃，幸福满满！

一个班级，一个有着共同愿景并不断追求愿景的班级，是如此的快乐。当孩子们在"七彩乐园"中不断成长时，我也深深地感受到自己在成长着，快乐着，幸福着！

（柳江县拉堡镇第二小学　杨柳葵）

第五篇

多彩的主题班会活动

教育中应该尽量鼓励个人发展的过程。应该引导儿童自己进行探讨，自己去推论。给他们讲的应该尽量少些，而引导他们去发现的应该尽量多些。

——斯宾塞

"学会沟通，让心靠近" 主题班会活动设计

【班会背景与目的】

美国著名心理学家埃里克森的人格发展理论认为，青春期孩子特别重视同伴关系，他们渴望在同伴、异性面前有良好的表现，但同伴关系的处理却给他们带来了很大困扰。因此，如何引导学生学会与别人有效沟通就成了班主任的一个重要课题，"学会沟通，让心靠近"这节主题班会课就是为了解决这个问题而设计的。

【活动时间】

40 分钟。

【活动环节】

一、游戏引入，感知沟通

师：请拿出刚才发给大家的长方形白纸，然后根据老师的指令进行动手操作。操作过程中一、二组同学可以面对面，可以商量，也可以询问老师；其他组学生背对背，不能相互商量，也不能询问教师，独立完成并向大家展示。同学们撕下的纸张别乱扔，放在抽屉里。

（投影或板书：撕纸游戏，学生按照老师的指令游戏。）

师：请大家打开自己的作品，并看看周围同学的作品。

（学生看到他人的作品各不相同，都不禁笑起来。教师顺势邀请一、二组和三、四组的两位同学上台展示作品。）

师：我们观察三、四组的两位同学的作品，为什么同样的材料、同样的指令，两位同学撕出来的作品形状会差别那么大呢？

（教师概括学生的讨论结果，如"没有交流""不能问老师""不能看别人的"等，肯定学生的看法。）

师：我们再观察一、二组的两位同学的作品，为什么这两位同学撕出来的作品形状也不一样呢？让我采访一下这两位同学。

生：我们没有询问老师指令的具体方法，也没主动和同学交流撕的方法。所以凭着自己的理解去撕，所以就不一样了。

师小结：同学们在游戏过程中，都是因为不能实现双向、多向沟通，所以造成作品千差万别。由此可见，沟通对于我们是非常重要的。今天，我们这节课的主题就是"学会沟通，让心靠近"。

（投影或板书：学会沟通，让心靠近）

（设计说明：教师通过活泼有趣的撕纸游戏，激发学生参与课堂的兴趣，并让他们了解什么是沟通，为下面的环节做好铺垫。）

二、情境体验，认知沟通

师：一个小小的游戏尚且因为理解不同又无法沟通而出现了这么多的结果，要是我们的人际交往中缺乏理解和沟通，可能会造成什么后果呢？请同学们看看以下两个情境。

（投影：情境图片，老师描述图片中的情景故事。

情境故事1：小丽的好朋友小红找她借东西，但正好她也要用而没有借给小红，于是小红对她说："找你借点东西这么难？你怎么这么小气！我看我们以后不要做朋友了。"

情境故事2：小明同学的父母平时生意很忙，从不过问他的学习。期末数学考试考砸了，父母怒斥他说："真是个没用的东西，又考成这样，我们俩怎么生了你这个这么笨的儿子呢！"小明恼怒地摔门而出。）

师：请同学们描述一下这两个情境的内容，并思考情境中矛盾产生的原因，以及会有怎样的后果。

生1：第一个情境是因为小丽没把自己也要用文具的原因告诉小红，让小红对她产生了误会。后果是两人之间有了矛盾，友谊破裂。

生2：第二个情境是因为父母平时从不关心孩子的学习，平时交流就少。当孩子考试不理想时，父母不问缘由，劈头就骂，伤了孩子的心，甚至离家出走。后果孩子与父母感情更疏远，孩子离家有可能遇到危险。

（学生围绕着情景故事各抒己见，发表与他人沟通的重要性，教师进行总结归纳。）

师：通过对两个情境中矛盾的思考，我们可以感受到：缺乏沟通会在朋友、亲人、集体等人际交往中产生误会，激起矛盾，引发生活不愉快，严重的甚至会遇到危险，危害生命。那么，我们在生活中遇到了这样的问题，应该如何解决呢？下面请大家欣赏小品《开心的烦恼》。想一想小品中的人物要怎么做，为什么"开心"才能解决烦恼呢？请欣赏。

（播放事先准备的小品视频：《"开心"的烦恼》）

（设计说明：教师通过漫画形式的演示，创设一个情境去打动学生的心灵，引起他们的思考，接着在学生讨论探究后得出结论：只有学会有效沟通，才能避免误会甚至是悲剧的发生。这样，让学生对有效沟通的认识从感性上升为理性，更深层次去理解有效沟通的重要性。）

三、小品演绎，学会沟通

（学生观看视频《"开心"的烦恼》后，分小组进行角色探讨。）

师：小品中人物应该怎么沟通，才能解决"开心"的烦恼？请各小组用情景剧的方式表达各小组探讨的结果。

（教师可提示学生从剧中各人物的角度去分析，怎样才能避免误会的发生。）

生1：小杰在有疑惑时，不要想当然，自以为是，轻易下结论，而应该把事情弄清楚。

生2：小刚遇事要冷静，不要急躁。应用文明的语言提问，尽量做到双向沟通。

生3："开心"在交谈时，态度平和，口气和缓，语言表达具体准确，让小杰和小刚都弄明白，并主动帮助小刚。

（学生小组情景剧表演：《"开心"的烦恼》续集——《"开心"没烦恼》。师生深入进行互动交流。）

师：大家在家庭、班级、社会交往中有因缺乏理解和沟通而产生的烦恼吗？当时你是如何解决的？没解决的现在你认为可以如何解决？

（设计说明：教师精心设计了一个小品AB剧的表演，目的就是让学生通过情景的观察和亲身实践，去发现问题，进而共同探讨合作，找到解决问题的方法；并联系学生的生活实际，启发学生灵活运用有效沟通的方法解决生活中的矛盾和烦恼。这一环节设计的目的主要是激发学生的兴趣，引起学生的共鸣，为下一环节奠定心理和情感基础。）

四、智慧火花，有效沟通

师：通过同学们刚才对小品多角度的观察、演绎和探讨，大家应该了解了我们需要与人多沟通，那我们如何才能有效沟通呢？让我们集思广益吧！

（以小组为单位用花朵图、气泡图等思维导图将"有效沟通的金点子"写在卡纸上。时间3分钟，小组发言人讲解，全班浏览，互相学习。）

师：通过小组的交流，我们一定掌握了许多有效沟通的方法。那么我们班有没有非常善于与他人交流沟通的同学呢？

生（异口同声）：有，我们的班长。

（推选评出班级"沟通之星"，为他点赞，并发表获奖感言。）

师：那让我们用最热烈的掌声欢迎班里的"沟通之星"上台，并发表获奖感言。

（设计说明：教师在这一环节采用了合作探究法和展示法，先以小组合作探究的形式，让学生在卡纸上用思维导图的方式写出有效沟通的方法；然后让小组发言人展示讲解，并评选出班级的沟通之星。"榜样的力量是无穷的"，通过评选让这节课的收获延续到未来的人际交往中。这一环节的设计是让学生从之前的"知、情、意"上升到"行"，让他们不仅懂得沟通的重要性，还要掌握一些沟通的方法和技巧，从而在生活实践中有效沟通，促进人际关系的和谐。）

五、憧憬未来，祝福无限

师：如果我们人人都能有效地沟通，我们的生活会怎样呢？

生1：朋友、亲人之间没有误会、矛盾。

生2：家人关系亲密、和谐，生活温馨美好。

生3：世界会充满爱。

生4：世界会很和平，没有战争，没有杀戮。

（师生共祝：人人学会沟通，让亲朋和睦、家庭和顺、社会和谐、国家和平！）

（设计说明：教师通过谈话让学生打开思维，了解有效沟通更深远的意义和作用。）

　　主题班会课是学校教育的主要阵地，它通过主题鲜明、内容丰富、形式多样的主题活动，引导学生参与交流、讨论和活动，以达到自发教育的目的。一节有效的主题班会课，主题应求"小"，环节应求"精"，活动应求"实"。本次主题班会课的选题恰恰符合了这一要求，整个设计思路清晰，环节紧凑，重难点突出。针对学生成长过程中需要的社会技巧，选取了人际交往中的"沟通"要素进行活动实施，并通过环环相扣、层层深入的活动环节，让学生逐层认识到有效沟通在社会交往中的重要作用。每一个活动环节的设计都有新意和吸引力，有明确的教育点，让学生通过动手实践、自主探索和合作交流，达到了活动育人、情景育人的目的。

（柳江县二中　陈金妮　　柳江县教育局　童芳丽）

"你若精彩，天自安排"主题班会活动设计

【班会背景】

对于高三学生而言，适时的励志是必不可少的，因为精神上的胜利能为实际行动上的胜利提供原动力。高考临近，学生心理压力越来越大，几次考试后部分学生产生了挫败感，陷入被动，有的甚至自暴自弃。为了使学生重新认知自我状态，通过此次班会课，让学生从身残志坚的人物身上感受生命的正能量，重新定位自己的人生目标，明白人生难免会遇到挫折和困难；并以此触动学生内心，激励学生的斗志，重拾最初的梦想，并内化为实际行动，从而为自己精彩的人生创造条件，找到高考前的冲刺力量。

【班会目的】

1. 让学生了解学习或生活中遇到困难或挫折是不可避免的。

2. 通过学生感悟，自我剖析其消极应对困难的现象，引导学生用积极、健康的心态正确对待挫折与困难，多途径寻找解决困难的方法；从身边的同学中找出具有正能量的学习榜样，用勇于挑战自我的勇气和毅力战胜挫折与困难，坚持理想，勇往直前，争取高考成功。

【活动准备】

1. 教师收集励志视频和励志歌曲；对学生进行问卷调查。
2. 学生收集身残志坚的名人名事，最喜爱的励志名言。
3. 师生学唱《我相信》。

【活动时间】

40分钟。

【活动过程】

一、设疑问创情境，引出班会主题

1. 出示班会主题："你若精彩，天自安排"
2. 通过 PPT 展示学生做过的调查问卷

师：同学们，还记得上次我们一起完成的调查问卷吗？

生：……

师：你们想知道结果吗？

生：……

师：那让我们来猜一猜第一道题。

生：……

（设计说明：展示调查问卷，设置问题，激发学生好奇心，引入主题。通过数据猜测的结果，间接反映出学生对整个班集体的关注与热爱；分析调查结果引出开展这次班会的目的——为处于困境或迷惘中的同学们"雪中送炭"，并为"你若精彩，天自安排"的主题班会做好铺垫。）

3. 视频导入，引入主题

师：如果我们遇到一点点困难就有了放弃自我的念头，那让我们来看看这样一个人，他是否和我们一样。

（观看视频，震撼心灵。播放一位天生没有四肢的演讲家力克·胡哲伴随着音乐声的震撼人心的视频，起到吸引学生注意力，触动他们心灵的效果，从而达到唤醒同学们克服挫折与困难的积极心理，并为追梦的实际行动积蓄正能量。）

（设计说明：播放力克·胡哲的视频，伴随令人震撼的音乐声，激发学生的情感，引入主题。通过短片的形式，让学生从感官上感受生命的正能量，触动学生的心灵，激发学生克服困难的潜在力量，引入主题班会"你若精彩，天自安排"。）

二、感悟篇

师：在这段视频中，你看到了什么？你有何感想？

生：……

师：谢谢同学们发自内心的感受与分享。从力克·胡哲的身上我们感受到了生命的顽强与精彩，通过他的努力与坚持，他拥有了一位支持他的妻子和健康的儿子，现在的他很幸福。这节班会课，让我们一起走进"你若精彩，天自安排"。

（设计说明：播放震撼人心的视频，使学生受到感染；设置疑问，让学生们看、听、想、感相结合，挖掘自己内心被触动的心灵。学生们通过自己搜集激励自我的名人名事，学习和领悟名人之所以出名的原因——在遇到困难与挫折时他们都有激励语作为让自己坚持下去的信念源头，同时学会多角度找解决问题的方法，为自我克服困难找到方向感。）

1）请学生分享收集的身残志坚的名人名事给全班同学。

2）教师展示自己准备的身残志坚的名人名事让同学们进行比较。

3）教师说出最喜欢的励志名言，引出同学们分享他们最喜欢的或自创的励志名言，起到为自我克服困难找到支撑力量的效果。

三、对照篇

1. 讨论个人经历

师：人生在世，难免会遇到困难或挫折，但是今天这么多名人名事的学习，一定给了你们不少启示。而且我们班也有同学是比较优秀的，可能他们也遇到过困难，并勇敢地克服了困难。

（接下来，8人学习小组讨论3分钟，然后派代表口头表达呈现：

（1）如果我们再遇到不可避免的困难或挫折，我们应该如何正确面对和处理？

（2）请分享小组同学克服困难的精彩故事。）

2. 观赏2012年十大感动中国人物——刘伟的视频，引出"坚持才能更精彩"的讨论主题师：人生的旅程中，我们会面对不断的选择，坚持是走向成功的关键，就像"断臂钢琴师"刘伟一样，活出属于自己的精彩。

（设计说明：这一环节，通过小组交流讨论，目的是让学生自我剖析在学习和生活中遇到的各种各样的困难，自己曾经是如何解决的，与给他们带来正能量的身残志坚的名人比较起来，那些困难只是小事。让学生通过比较，学会正确地面对和解决困难；再以身边实例为学习的榜样，让解决困难成为可行的实际行动。通过这个环节的教学，让学生学会寻找解决困难的途径与方法；通过身边同学的亲身经历，让学生更有信心去面对困难，面对高考；学会在困难挫折面前坚持，再坚持。）

四、追梦篇

师：高考即将到来，同学们看了，听了，感触了这么多，相信大家对于自己的高考有了更清晰的目标，现在请同学们付诸行动，写下你们的高考目标，粘贴在大树上，让你们茁壮成长，直到梦想的实现。

（让学生将自己的高考目标和奋斗的实际行动写在心形微卡上，将写好的微卡粘贴在一棵大树形状的大白板上。）

（设计说明：这一环节，现场定位高考目标触动学生内心，并且让学生明白任何没有行动的梦想只是空话，所以让学生在一首《我的未来不是梦》的音乐声中，郑重地写下自己的奋斗方向，以及今后自己怎样才能做到。对高考而言，这应该是学生喝下"心灵鸡汤"最好的时机，为学生这段时间的努力学习提供正能量。）

五、升华篇

师：在这节班会课中，我们看了力克·胡哲虽然没有四肢，但他坚强地创造了生命的奇迹，实现了他活得精彩的梦想；我们也看了"断臂钢琴师"刘伟虽然没有双手，却用双脚弹奏出属于他自己的精彩。我相信，只要你们坚持去追梦，你们也可以超越梦想；只要你们能活出自己的精彩，老天也会给你们幸福的安排。让我们一起高唱《我相信》。

（师生共同唱响一首极具激励性的歌曲《我相信》，让学生在音乐中加聚正能量，为自己赴高考的人生旅程中加油鼓劲。班主任总结并宣布班会结束。）

（设计说明：由观看身残志坚的人物对生命的诠释和对梦想的追求，到同学们自己主动地了解更多富有正能量的名人名事，再到同学们的感悟，最后有感而发的行动，让学生明白人生遇到困难与挫折是在所难免的，只有学会如何克服、解决困难，才能在学习和生活中过得有意义，才有可能实现自己的梦想，达到自己心目中的高度。共唱歌曲《我相信》，凝聚同学们更多的力量，激发他们学习的积极性，为即将到来的高考奠定更扎实的基础。）

点评

　　心育是主题班会活动课的灵魂，活动是心育功能实现的重要载体。青春期的孩子经常会有意无意地拿自己和别人作比较，发现不尽如人意，便会黯然神伤，甚至自暴自弃的问题，尤其是临近高考的高三学生，心理压力大，模拟考试后部分学生产生挫败感。唐老师设计的"你若精彩，天自安排"主题班会，对于高三的学生心理解惑与考前冲刺激励是一场及时雨，具有很强的实用价值。

　　该主题班会活动课教案把心理疏导和哲学思维指导融于一体，通过一段感人泪下、激人奋进的视频，把学生带进一个积极面对挫折与困难，具有心理正能量的班会课的情景中。整个活动设计没有枯燥的理论说教，而是提供"体验触动心灵—反思当下问题—制定行动计划—自我激励"等多个让学生自己体验和感悟的活动环节，采用高中学生喜闻乐见的故事、名言、流行歌曲等"听、说、看、讲、想、做及动静转换"的七要素组合教学方式，有效地促进学生参与到活动中，并以学生为主体，引导他们在活动中体验、感悟，以培养他们对抗挫折的自助能力。当然，想单靠一次活动消除学生所有烦恼，显然是不现实的。增强自信，找准自我定位，重拾信心应该是一个系列的主题活动。比如，教给学生如何消除焦虑情绪的实用方法，就是今后活动的努力方向。

（柳江实验高中　唐秀红　　广西师范学院　李　红）

"师恩难忘"主题班会活动设计

【班会背景】

尊师重教是中华民族的传统美德。感恩教育是青少年道德教育的重要组成部分，是激发青少年道德情感的重要手段。本次班会旨在通过"忆师恩，感师爱；颂师恩，谢师爱；升师恩，报师爱"的活动形式，引导学生体会老师的辛勤付出，感受老师的爱，激发学生对老师的感激之情，培养学生学会尊重老师，用自己的实际行动去感恩老师，进而感恩身边的每一个人。

【班会目的】

1. 知识目标：培养学生树立感恩的意识，懂得为什么要感恩老师。
2. 能力目标：培养学生在学习生活中具备感恩的能力。
3. 情感、态度与价值观目标：老师引导学生体会师爱，激发学生对老师的感激之情。

【活动准备】

张丽莉老师视频、所在班级师生照片、《感恩的心》视频。

【活动时间】

35 分钟。

【活动过程】

一、故事导入

1. 出示张丽莉的图片

师：孩子们，你们知道这位老师的双腿是怎么失去的吗？

（播放音乐，老师讲述张丽莉老师的故事）

（设计说明：通过播放张丽莉老师的视频创设情境，激发学生情感，导入主题。通过视频短片让学生从感官上感受教师的爱，触动学生心灵，激发学生对老师的感激之情，为"师恩难忘"主题做好铺垫。）

2. 出示主题（板书）：师恩难忘

二、回忆师恩，感受师爱

1. 观看图片，震撼心灵

（设计说明：利用古今中外名人不忘师恩的图片，使学生受到感染。）

师：这些名人有了伟大的成就仍然不忘曾经为自己付出心血和无私关怀的老师。

2. 了解教师节的由来

（设计说明：紧接着出示学生与自己老师朝夕相处的图片，让学生重温老师浓浓的爱意，使学生心灵再次受到震撼。）

师：你觉得老师在你心里像什么？在和老师朝夕相处的日子里，你和老师之间一定发生过许多让你感动和难忘的事，谁来讲讲老师和你之间的故事？

（学生讲完故事老师点拨：你想对爱你的老师说什么？学生面对老师说说心里话。）

（设计说明：让学生深切地感受到教师的爱无处不在，老师就是通过点点滴滴的行为关心学生的学习和生活，这就是点滴师恩情。但是，因为这种爱融入到了平凡的日常生活中，往往被我们忽视了，觉得老师的关爱是理所当然的。设计这个环节，使学生发现老师的爱，明白自己为什么要感恩老师。）

3. 出示谭秋秋老师的图片

（老师讲述谭老师的故事）

师：孩子们，假如你遇到了危险，你觉得你的老师会怎么做？

（四人小组讨论，指名汇报）

三、感谢师恩，赞颂师爱

师：现在请你用自己喜欢的方式表达对自己老师的感激之情，比如一首诗、一句话、一幅画、一个拥抱等。

（学生现场写心里话或者画一幅画，教师巡视。指名几个学生现场说出想对老师说的话。）

（设计说明："感谢师恩，赞颂师爱"这一环节，学生可以用自己喜欢的方式，比如，一句话、一句诗、一幅画、一个拥抱来表达对老师的感激之情。师生之情在此环节可以得到面对面的交流，这个场景感动着我们每一个人。这样的设计，也是为了突破本次活动的知识和能力目标。）

四、升华师恩，回报师爱

1. 采访师愿，表明决心

师：此时此刻，猜猜现场的老师们最想得到什么礼物？请你采访现场听课的领导和老师们。

（设计说明：通过现场采访、小组交流讨论、表决心、师生互动、生生互动的方式，让学生懂得老师真正需要的回报和今后自己怎样才能报答老师的爱。学生在感受到老师的关爱后，明白不管自己今后取得多么伟大的成功，都应当饮水思源，不忘师恩。在此，浓浓的师生情再一次得到升华，学生学会感恩的能力再一次得到提升。）

2. 以歌谢恩，饮水思源

师：我们不仅要感恩老师，还要感恩谁？

（播放《感恩的心》视频，师生齐唱，并做手语操）

师：在小区里，在上学、放学的路上，遇到需要帮助的人，你会怎么做？

（设计说明：由感恩教师上升到感恩身边的每一个人、感恩生活、感恩社会，付诸行动。从现在开始，以行育情，以情导行，持之以恒，将感恩变为发自内心的、自觉的行为，让学生明白一个人要常怀感恩之心。这一环节升华了本次主题活动的内涵，让学生在以后的学习生活中做一个会感恩的人。）

师：现在请大家起立，请给为我们的成长呕心沥血的老师们鞠一个躬。

（全体学生给本班老师鞠躬）

请给在场听课付出辛劳的老师们、全天下默默辛勤耕耘的老师们深深地鞠一个躬。

（学生给现场听课的老师们鞠躬）

五、拓展延伸，报恩于行

（由感恩老师引申到做一个会感恩的人）

师：孩子们，今天我们不仅懂得要感恩老师，更加懂得要感恩曾经关心、帮助过我们的人，懂得要感恩社会、感恩祖国。相信不久的将来，大家一定会成为老师的骄傲！

（宣布主题班会结束。）

　　通过这节主题班会课，学生的心灵得到洗涤，情感得到呼唤。感恩的种子在孩子们心里已经生根发芽，他们懂得如何去感恩老师，进而拓展到感恩身边的每一个人、感恩社会，真正体现了主题班会课的实效性。本届主题班会课以小见真、以实见情，师生互动、生生互动，学生的知情意行得到了有效的锻炼。

（柳江县壮校附小　韦柳玲　　广西师范学院　曾丽群）

"《弟子规》引领，做有德少年"班队活动设计

【活动背景】

养成教育是小学教育的主要目标之一，特别是小学阶段中的低年段学生。由于他们年龄很小，模仿性强，可塑性大，辨别是非能力差，如何做好这个年段学生的习惯养成教育尤为重要。结合我所带的 13（3）班（低年段二年级）学生实际，确立了"用经典引领，促养成教育"为主题的班级管理行动计划。该计划以"孝亲、尊师、友学、立志"四德中的"孝亲"为内容，以学习践行《弟子规》为重点，通过构建家校合一"德育场"，达到预设目标。

【活动目的】

1. 理解《弟子规》中"入则孝篇"片段中的"父母呼，应勿缓；父母命，行勿懒"这些经典话语的大意。

2. 通过情境再现，以读促思，体验感悟"孝敬"行为，促进"知行"结合。（重点）

3. 利用家长、教育专家资源，通过现场互动交流，达成学生、教师与家长有关"孝亲"教育的共识，构建家校合一的"德育场"。（难点）

【活动准备】

准备多媒体课件，邀请知名教育专家及全体家长参与课堂。

【活动时间】

40 分钟。

【活动对象】

三（3）班学生。

【活动过程】

一、情境创设，交流感知

师：同学们看，这个字你认识吗？

（出示幻灯"孝"字）

师：看到这个字你会联想到什么词？

这个"孝"字有着深刻的含义，今天老师跟同学们及家长朋友们一起来上一节班队活动课，聊的就是有关"孝"的话题。首先请大家看两个情景剧。

（情境再现一学生铭铭和妈妈共同表演）

难得的周末，8 岁的铭铭按照和父母的约定，有 30 分钟玩电脑的时间。30 分钟过去了，妈妈做好饭菜对铭铭说："铭铭，该吃饭了。"铭铭头也不回应了声："哎，行了，知道了！"过了几分钟，妈妈没见儿子过来，赶忙过来叫道："铭铭，听见了吗？把电脑关啦，说好的 30 分钟，怎么还不过来吃饭呢？"铭铭不耐烦地答道："知道了，知道了，真啰唆！我正玩得起劲儿呢，讨厌！"然后百般不舍地懒洋洋起身。

师：看完了情景剧，你想说些什么？

（和学生讨论）

（情境再现二学生小锐和爸爸反串表演）

小锐正在餐桌上吃饭，下班的妈妈回来了，说："锐锐，我回来了！"小锐爱理不理，继续吃饭，妈妈连声叫着："锐锐，听到妈妈说话了吗？过来帮妈妈将刚买回来的新米一起抬到厨房去，我一人扛不动。"小锐依旧装作没听见，津津有味地吃着饭，妈妈无可奈何长叹了一口气。）

师：看完了情景剧，你觉得他们反串得怎样？哪位同学和家长愿意和大家分享你的感受？

（学生、家长交流观后感）

师：很好，懂得了为人父母的不易，为孩子的懂事鼓掌！是啊，同学们，家长上班这么累，孩子不帮忙，这真的让人心酸。父母长辈在外操劳奔波，我们应该对父母有一份孝心。

（设计意图：以"孝"字导入，直奔主题，简单明了。接着用贴近学生生活实际的两个反面案例，以情景剧的表演形式再现，让学生、家长在角色互换的情境体验中体会到为人父母、为人子女的不易，在交流感受中激发学生对父母尽孝的情感。这样的创设，活生生地再现学生生活情境，营造浓厚的学生和家长共同学习氛围，为后面学生的孝心行动、家长的自我反思做了很好的铺垫。）

二、以读促思，体验感悟

师：在古代，古人行孝也是值得我们学习的。
（幻灯《弟子规》）
师：《弟子规》中"入则孝"篇里也对"孝"进行了很好的诠释，其中就有（幻灯"父母呼，应勿缓；父母命，行勿懒"）这两句。
师：谁会读？
（学生、家长两至三名个别读，全班读）
师：大家都会读会背了，那么你能理解其中的意思吗？孔子曰："三人行，必有我师焉。"下面请你跟你的同伴或者与你的家长一起讨论讨论，并且用你喜欢的方式表达你对句子的理解。
师：谁自告奋勇，愿意和大家分享你对句子的理解？
生：刚才我和妈妈一起讨论，我们认为"父母呼，应勿缓；父母命，行勿懒"的意思是父母叫你的时候，要立刻答应，不能慢吞吞地；父母让你做事的时候要马上去做，不能拖拖拉拉。
师：她的理解对吗？谁还有补充？
（学生、家长交流看法）
（引入正面教育案例的情境重现：
难得的周末，一名学生按照和父母的约定，有30分钟玩电脑的时间。30分钟过去了，做好饭菜的妈妈过来叫女儿："女儿，该吃饭了。""好的，妈妈，我马上来。" 女儿立即起身，还帮妈妈盛饭，请妈妈坐下。）
师："父母命，行勿懒。"这句话有没有人来演呢？
（教师发现第一环节中情景剧二的表演者小锐举手很高，于是趁机让他和爸爸再次表演，这一次是角色归位。）
师：我发现小锐的手举得那么高，还想演吗？这回还演妈妈吗？
生：刚才演妈妈很心酸，这回我想演个乖女儿，做个孝顺的孩子，让爸爸感到自豪!

师:好孩子,期待你们俩的精彩展示!

(情境展示:

小锐正在餐桌上吃饭,下班的爸爸回来了,对她说:"锐锐,我回来了!"小锐边回答"哎,爸爸回来了",边迅速起身向爸爸走去,给爸爸一个拥抱。爸爸说:"这是爸爸刚买回来的一袋新米,有点重,你能跟爸爸一起抬到厨房去吗?"小锐说:"没问题,爸爸。"于是就跟着爸爸一起抬大米走进厨房。)

师:大家觉得他们这次演得怎样?

(学生、家长发表观后感。)

师小结:同学们,"父母命,行勿懒"说的是:父母叫你做事时,要主动积极去帮忙。孝敬父母就是要多帮父母做事,要听父母的话。

(设计意图:通过创设学生、家长一起诵读《弟子规》的形式,使学生和家长产生共鸣,进而通过以读促思,再深入创设让学生自主选择喜欢的方式理解经典诗句的含义的环节,充分发挥了学生的主体性、家长参与的积极性。为了检验学生是否真的理解经典诗句的含义,通过学生与家长讨论、表演等灵活多样的形式加深理解,以此引导学生知道今后要按照《弟子规》的要求去做;家长在参与活动中增进了与孩子的情感,家长和孩子在活动的体验中达到了共同学习和成长,同时顺水推舟地达到了导之以行的目的。)

三、视频点拨,专家引领

师:我有个问题:父母的话不管是对是错都要完全听吗?咱们一起来看一个视频。

(播放视频。视频大体内容:孩子完成作业后,家长检查很满意,于是孩子想放松看一下电视。但家长以班级竞争激烈为由,要求孩子继续看书,孩子很不情愿去看书;接着还提出让孩子周末上兴趣班的要求,孩子一脸无奈地接受。)

师:看完了视频,你有什么想说的?

(学生说)

师:听父母的话,孝敬是绝对要听父母的话吗?想听听家长们有什么认识?

(家长说)

师:今天有很多教育专家,咱们请专家对这个问题发表看法好不好?

(专家说)

(设计意图:本环节通过观看当今家庭普遍存在的教育现象视频,围绕"父母的话不管是对是错都要完全听吗"这一热点问题进行讨论、交流。这一环节重在搭建学校、家长、学生互动交流的平台,让孩子敢于说出真心话,家长勇于审视自己的教育行为,达到"面对面,心交心"的有效沟通。)

四、诉说心声，升华情感

师：同学们，听了刚才专家和爸爸妈妈的心声，此时此刻你有什么话想对他们说的？下面老师给大家一个难得的机会，走到你爸爸妈妈的身边，把你心里想说的话大声告诉爸爸妈妈，好不好？

（配乐，生对父母说心里话）

（设计意图：此环节意在通过让孩子诉说心声，水到渠成地拉近了孩子和家长的距离，使他们的心靠得更紧，彼此的情感得到了升华，无形中达到了动之以情的目的。教育需要彼此的理解与尊重。）

五、总结提升，孝心延续

师：此时此刻，我们的教室充满着暖暖的感动。亲爱的家长朋友们，用心教育孩子是我们一生的事业；可爱的孩子们，你们是父母的骄傲，孝敬父母是我们义不容辞的责任！通过今天的学习，同学们更深刻地理解了《弟子规》中这两句话的深刻含义。好，咱们的孩子和家长一起再来读读这两句。

（课件出示"父母呼，应勿缓；父母命，行勿懒"）

师：老师希望同学们不仅仅是今天做到了孝敬长辈，今后也能这样做，我们要共同行动起来，孝敬长辈，做一个真正有修养的人。

（设计意图：在学生和家长的再次诵读声中，在班主任的寄语中，本次活动结束了，实现了家校协同有效地对孩子进行孝亲教育。同时，这不只应停留在课堂上，还应融入广阔的生活当中去。要鼓励孩子在日常生活中践行《弟子规》，用行动孝顺父母长辈，做一个真正有修养的人。孩子、家长在活动体验中共同成长，收获满满；家校合一的"德育场"在这节课中得到了的延伸。）

点评

德育在于活动，班会是最有魅力的德育；触动学生心灵的班会，才是成功的德育活动。今天，全程观摩了潘老师与孩子互动生成的这节主题班会，让我不禁感慨，"德行兼美"的学生是这样培养出来的，立体化教育场的魅力竟如此之大，贴近实际的主题班会是那样的打动人心！纵观本节课，设计独具匠心，师生互动积极，家长参与面广，教育效果突出。我认为凸显了三个字，即：小、实、新。

一、小——小中展大

《中共中央国务院关于进一步加强和改进未成年人思想道德建设若干意见》中指出："教育要遵循坚持贴近实际、贴近生活、贴近未成年人的原则。""小"，即主题班会的主题尽量小，尽量从小处着眼，以小见大，小到可以触摸，事情越小越贴近学生，反而更可以从小事着手解决大问题。潘老师以"孝"为话题，依托《弟子规》中"入则孝篇"片段中的"父母呼，应勿缓；父母命，行勿懒"这一具体内容，以学习为主，通过情境再现、角色扮演，以读促思，体验感悟孝敬行为。不仅增进家长和孩子的情感交流，而且很好地引导他们把这些语句与生活联系在一起，并在生活中根据文中的要求努力去做，体现了学以致用原则。我们都知道，每个孩子都想成为爸爸妈妈的乖孩子，都想在他们面前表现得好，所以，《弟子规》中的内容正是他们希望能做到的。用《弟子规》引导学生懂得孝亲，学会感恩；用《弟子规》对他们的行为进行指导，通过学习与实践，使他们时刻严格要求自己，变得懂事、心胸宽广，学会尊敬长辈。

二、实——实中寻真

"实"是要务本求实，以实见效，要像治病一样对症下药，只有"药方"对路，治疗效果才好。我们要在培养学生的真实情感上下功夫。主题班会在重结果的同时更要重过程，要在全过程中让学生参与，直接体验，亲身感受。本节课，潘老师针对班级独生子女比较多，父母宠爱他们，什么事情都不用做；做事以自我为中心，很少考虑其他人的感受；对自己的家长不耐烦，性情急躁，亲子关系紧张等现状，在班会课上晓之以理，动之以情，对学生进行耐心的教育。通过引用《弟子规》的内容，辅以情景表演、话题讨论，效果更加明显。将书本上的理论运用到实践中去，学生的思想得到了教化，明白了行动要跟诵读一致。从书本到生活，架起了知识与能力、思想与德行的桥梁。同时，针对"孝敬父母是否是绝对地听父母的话"这一观点，通过观看当今家庭普遍存在的教育现象视频，围绕热点问题进行讨论交流、思维碰撞，搭建起教师、家长、学生三方互动交流的平台。从课堂生成上看，孩子敢于说出真心话，家长敢于审视自己的教育行为，达到了"面对面、心交心"的有效沟通，最后通过教育专家党雪妮教授的解答，家长和学生豁然开朗，达成了教育共识。

三、新——新中求趣

"新"即内容和形式的新，这是激起学生兴趣的关键。内容的新，要求教师从现实生活中发现新问题，引导他们去思考。学生天生好动，喜欢刺激，采用学生易感兴趣的形式，充分利用现代化信息技术手段，能让学生的思想得到进一步升华。本节课，潘老师从"孝"字入手，采用字理解析的方式，让学生进行丰富的联想，从而引进课题；通过呈现两个发生在学生身边真实的反面案例，让学生、家长在角色互换的情境体验中体会到为人父母、为人子女的不易，在交流谈感受中激发学生对父母尽孝的情感；把全班家长请进课堂参与讨论，构建了立体化教育的活动场。在这个场域里，家长与孩子共读《弟子规》，共同理解《弟子规》、共同演绎《弟子规》，教师组织现场评价与讨论，较好地做到了导之以行，达成了"带孩子学习各种才艺，那只是掌握技能；跟孩子一起学做人，这才是正道"的教育理念，以及家长与孩子共同成长的良好效果。

（柳江县拉堡小学　潘文芳　　柳江县拉堡小学　韦琴丽）

"爱妈妈" 主题班会活动设计

【班会背景】

《幼儿园教育指导纲要（试行）》指出："要培养幼儿'爱父母，爱老师，爱同伴，爱家乡，爱祖国'。"幼儿园阶段是进行道德教育的基础阶段，孝亲教育必须从小抓起。当今，大多数孩子都是独生子女，从小到大备受家人的关爱；他们总是心安理得享受着家人的爱，但却不懂如何关爱家人。幼儿进入中班，年龄小，理解能力和表达能力有限，他们像一棵棵幼苗，享受父母的精心呵护，但很少懂得父母的爱，更不知道如何去爱父母。如何让幼儿懂得一杯茶、一句话、一个拥抱……都是表达对妈妈的爱，并逐步延伸到学会爱亲人、爱老师、爱同学是一个难题。为解决这个问题，我们设计了"爱妈妈"主题班会课。

【班会目的】

1.让幼儿感知妈妈的爱。
2.通过各种活动，激发幼儿爱妈妈的情感。
3.让幼儿尝试用动作、语言表达对妈妈的爱。

【活动准备】

多媒体课件、背景音乐、邀请家长现场互动等。

【活动时间】

30分钟。

【活动过程】

一、情境创设，体验感知爱

（一）爱的导入
师：今天，老师请来了一个字宝宝，它是谁呢？
（屏幕上出现爱心图案里的"爱"字）
师：老师爱小朋友，小朋友爱我吗？（爱）爱我就过来抱抱我吧！
（师幼开心地做爱的拥抱）
（二）律动操《爱我你就抱抱我》
师：请小朋友找一个宽松的地方站好，一起跟着音乐跳个"爱的拥抱"吧！
师：小朋友跳得真好！接下来，老师给你们讲一个关于爱的故事——《猜猜我有多爱你》
（三）教师利用课件讲述故事《猜猜我有多爱你》
（四）讨论故事，教师指导幼儿感受故事中小兔和兔妈妈之间的爱
师：故事中小兔先用什么动作来表示对妈妈的爱？
（张开手臂）

师：你能学一学吗？小兔边张开手臂边怎么说？

（我的手臂开得多大，我就有多爱你！）

师：我们一起来用这个动作表示对妈妈的爱。记住噢！手臂开得多大，就有多爱妈妈。兔妈妈又是怎么说，怎么做呢？

（以同环节 1 的提问方式让幼儿用举高双手、跳远的方式体验小兔对兔妈妈的爱。）

师小结：小兔爱妈妈，妈妈更爱小兔。

（五）感知妈妈对自己的爱

师（引导讨论）：兔妈妈爱小兔。我们的妈妈也很爱我们，所以她为我们做了许许多多的事。妈妈为你做了什么事呢？

（小朋友大胆自由地说出妈妈为他（她）做的事。）

师：小朋友说得真好！接下来，请大家一起来看看，妈妈还为我们做了哪些事？

（教师结合 PPT 课件，有感情地讲述妈妈在孩子成长过程中的付出。）

（设计意图：以爱字导入，用律动操《爱我你就抱抱我》激发孩子的兴趣，通过听绘本故事《猜猜我有多爱你》，让幼儿懂得兔妈妈的爱总比兔宝宝的爱多，为后面感知妈妈的爱作了很好的铺垫。播放幼儿成长中的生活图片，让幼儿体会妈妈养育自己的辛苦，从而激发幼儿爱妈妈的情感。）

二、引导感悟，实践表达爱

（一）说一说：自己能为妈妈做什么事

师：妈妈这么爱宝宝，宝宝爱妈妈吗？爱妈妈的宝宝们会为妈妈做什么事呢？

（鼓励幼儿说出自己曾为妈妈做过的事。）

（二）演一演："爱妈妈"

（教师扮演刚下班回到家的妈妈，让幼儿做宝宝，大胆表演自己会为妈妈做的事。）

师：小朋友，你们那么爱妈妈，为妈妈做了这么多事情，让妈妈感到很幸福，很快乐！其实呀，一个笑脸、一个拥抱、一声问候、一句"妈妈，我爱你"，都是爱妈妈的表现，都能让妈妈感到幸福快乐。

（三）做一做：向妈妈大声说出自己的爱

师：小朋友，今天，老师请来了你们的妈妈。需要大家准备一个最好的礼物送给妈妈。这个最好的礼物是什么呢？（一句爱妈妈的话）。先想好自己想说的爱妈妈的话，等会儿见到妈妈的时候，对着妈妈大声地说出来，向妈妈表达你的爱，好吗？

现在小朋友用一句"妈妈，我爱你"把妈妈请出来吧！

（四）唱一唱，跳一跳：《我的好妈妈》

（请幼儿为妈妈表演歌曲《我的好妈妈》，表达自己对妈妈的爱。）

（设计意图：主题班会课重在实践体验，《3～6 岁儿童学习与发展指南》提出："幼儿是通过自由观察、积极探索进行学习的。"根据这一认知发展规律，我设计了让孩子"说一说，演一演，做一做，唱一唱"的教学环节，创设了"妈妈下班回到家"的教学情境，让孩子在玩"爱妈妈"的角色游戏中，学会了具体表达爱妈妈的方式。然后，为幼儿表达爱，搭建互动平台，请家长走进课堂，导之以行，让幼儿在真实的生活环境中学会表达爱。）

三、拓展延伸，传递纯真爱

师：小朋友，爱我们的人很多。我们有妈妈的爱，还有谁的爱？

生：爸爸，爷爷、奶奶、老师……

师：大家爱我们，我们也要爱大家！今天，来到我们现场的，还有很多客人老师，他们也像爸爸妈妈一样爱我们。请小朋友轻轻走下去，给客人老师一个爱的拥抱，把我们的爱传递给他们。

（设计意图：对孩子进行爱的教育不能仅停留在班级的课堂上，应融入更广阔的生活中。此环节的设计体现了《幼儿园教育指导纲要（试行）》指出的"培养幼儿爱父母、爱老师、爱同伴"的情感目标。）

案例评析

本节班会课设计，符合《幼儿园教育指导纲要（试行）》中提出的："要培养幼儿'爱父母，爱老师，爱同伴，爱家乡，爱祖国'的基本精神。"以爱妈妈作为幼儿爱父母的起步，让幼儿懂得一杯茶、一句话、一个拥抱……都是表达对妈妈的爱，并逐步延伸到学会爱亲人、爱老师、爱同学。整节课设计有三大亮点。

一、目标定位"准"

感恩的教育永远是一个不过时的话题，它更是一种以人为本、人情化的教育，是一种以德报德的道德教育。父母是孩子的第一任教师，是孩子成长的引路人，幼儿园的幼儿像一棵棵幼苗，备受父母的关爱，但很少懂得父母的爱，更不知道如何去爱父母。因此本节课《爱妈妈》的目标定位符合了社会大背景下感恩教育中最值得倡导的孝亲教育。在活动中，遵循孩子的年龄认知特点，开展"让孩子抱一抱妈妈""给妈妈捶捶背""为妈妈倒杯茶"等体验活动，让孩子知道这就是爱妈妈。没有刻意,没有拔高,自然地让孩子迈出了人生中"爱的第一步"。这样的目标制定是合理的、准确的,设计的每一个活动环节,都能紧紧围绕活动目标开展,做到了目标准、方向明。

二、活动体验"实"

幼儿品德形成的过程中,"知、情、意、行"是不可缺少的构成因素。本节课设计能遵循了这一规律,同时又注意了幼儿的年龄特点开展活动。《3～6 岁儿童学习与发展指南》中指出:"幼儿的学习是以直接经验为基础,在游戏和日常生活中进行的。"本节课设计的活动形式丰富,体验真实有效。教师创设了多个真实、有效的情境:爱的律动、爱的故事、爱的游戏、爱的表达、爱的歌唱等,让学生体验情感,体验亲情,触动学生的心灵,达到了预期目的。设计中还有教师及时的评价鼓励,配合多媒体课件演示,激发幼儿积极参与活动的热情。活动安排有序,一环紧扣一环,真正做到了幼儿是主体,教师是倾听者、点拨者。

三、情感流露"真"

《幼儿园规程》指出:"幼儿园的品德应从情感教育和培养行为习惯为主,对幼儿进行爱父母的启蒙教育,从小培养他们爱父母的情感,是幼儿园德育的重要内容。"为此,本节课通过培养幼儿"情感链",以爱为突破口,以爱妈妈教育为起点,萌发中班幼儿爱妈妈的情感,实施爱的教育。在课堂教学设计中,教师努力创设教育教学情境,由"爱"字导入,通过师生拥抱和律动为幼儿创设轻松、愉快而充满爱的学习氛围;通过讲故事、议故事《猜猜我有多爱你》,引导幼儿学会表达爱;通过观看《妈妈照顾宝宝》的图片,让孩子体会到妈妈的辛苦,从而激发幼儿爱妈妈的情感;通过实践"爱妈妈"的角色游戏,邀请妈妈们现场参与互动,让幼儿大胆表达爱;最后通过与现场听课的老师们互动,传递幼儿纯真的爱。整堂课以"爱"为主线,让幼儿在活动中体验,在体验中真实地流露自己的情感,这种情感的流露是自然的、纯真的,是幼儿真实情感的表达。

总的来说,教师遵循幼儿的认知特点,从"知、情、意、行"四个方面来设计本节课,从体验感知爱、践行表达爱、传递纯真爱三个环节来层层推进,环环相扣,让孩子在活动中有感、有悟、有提升。

(柳江县教育幼儿园　熊赛群　　柳江县拉堡小学　韦琴丽)